지도로 읽는다

불가사의 중동 이슬람 지식도감

REKISHIZUKAI CHUTOU ISLAM SEKAI GA IKKI NI WAKARU HON
Copyright ⓒ Miyazaki Masakatsu 2015
All rights reserved.
Korean translation rights arranged with Nippon Jitsugyo Publishing Co., Ltd.
through D&P Co.,Ltd., Gyeonggi-do.

이 책은 (주)디앤피코퍼레이션(D&P Co.,Ltd.)을 통한 저작권자와의 독점계약으로
이다미디어 에서 출간되었습니다.
저작권법에 의해 한국 내에서 보호를 받는 저작물이므로 무단전재와 복제를 금합니다.

지도로 읽는다

불가사의 중동 이슬람 지식도감

미야자키 마사카츠 지음·안혜은 옮김

이다미디어

들어가는 글

중동과 이슬람을 알아야
세계사와 국제 정세가 보인다!

중동 세계의 기원부터 현대까지 쉽게 설명하는 세계사

　아랍의 봄(2010년 튀니지에서 시작되어 중동 및 북아프리카 일대로 확산된 반정부 운동) 이후, 시리아 내전과 팔레스타인 하마스의 이스라엘 침공 등 중동의 정세 불안이 세계의 이목을 집중시키고 있다.
　부족과 종파의 세력이 강한 중동은 튀르키예, 이란, 이집트 등을 제외하면 대부분 근대국가가 뿌리내리지 못하고 유력 부족 간의 결합으로 질서가 유지되었다. 그 세력이 각지의 독재 정권을 몰아내고 군웅할거하면서 지역과 종파의 성격에 따라 보수파와 과격파가 탄생했다.
　그러한 사태는 이슬람국가(IS) 등장으로 이어졌고, 수니파 과격 단체가 시리아 내전과 이라크의 분열을 이용해 시리아 동부부터 이라크 북부 일대를 점거하고 폭력적으로 지배했다. 그들은 인터넷으로 자료를 뿌려 자신들의 권력을 정당화하며 국제 테러를 부추겼다.
　중동 지역에서 무력 충돌은 항상 역사적 뿌리가 있기 마련이므로 누적된 역사 속에서 그 배경을 이해하는 자세가 필요하다. 이 책은 우리에게는 낯선 중동 세계를 현대사뿐 아니라 기원부터 차근차근 알기 쉽게 설명하는 색다른 세계사라고 보면 될 것이다.

현생인류는 약 3만 년 전, 동아프리카 대지구대(아프리카 동부를 남북으로 종단하는 대규모 지구대)에서 유라시아로 잇달아 이주했고, 대지구대가 끝나는 지역에서 보리를 재배하며 최초의 문명권을 구축했다. 이곳이 이집트·메소포타미아 문명에 해당하는 지금의 중동 지역이다.

이 세계는 유목민이 많고, 낙타로 이동하는 사막 상인과 배로 이동하는 동지중해 상인의 비중이 높다는 지리적 특징이 있었다. 건조한 기후 때문이었다. 사막 상업의 중심지인 시리아(지금의 시리아, 팔레스타인, 요르단 일대)와 동지중해의 레바논이 인류 초기의 문명을 각지로 전파했다. 시리아는 현재 유럽, 서아시아·중앙아시아에서 쓰는 문자와 기독교·이슬람교의 뿌리인 유대교가 탄생한 곳이다.

서양사와 동양사를 연결하는 중동과 이슬람 세계

그런데 기존의 서양사와 동양사에는 이 지역의 역사가 빠져 있어 불완전한 세계사가 돼버렸다. 단순히 서양사와 동양사를 이어 붙여도 완전한 세계사가 성립하지 않는 것이다. 그것이 내가 세계사를 가르치는 사람으로서 중동과 이슬람의 역사를 다시 공부한 이유이다.

그 결과 대항해 시대 이전, 사막(육지의 바다)에 의해 거대 공간이 통합된 이슬람의 '낙타 시대(이슬람 상권의 성립)'와 중앙아시아 대초원에 의해 유라시아 대부분이 통합된 '말 시대(몽골제국)'가 유라시아 역사의 판도를 바꿨다는 확신을 갖게 되었다.

본문에서 자세히 설명하겠지만 숭농·이슬람 세계를 완벽하게 이해하면 세계사적 전근대의 움직임도 쉽게 이해할 수 있다. 즉, 이 지역의

고대 페르시아의 〈샤나메〉 불투명 수채화, 1560년경. '샤나메'는 피르다우시의 서사시로 왕들의 책이라는 뜻이며, 창세에서 7세기 이슬람의 이란 정복 때까지의 신화와 역사를 쓴 것이다. 로스앤젤레스 카운티 미술관

역사를 알아야 세계사의 통합적 이해가 가능한 것이다.

제1차 세계대전 이후 오스만제국의 붕괴와 함께 영국·프랑스에 의해 재편된 중동 지역은 서구 국가들의 영향력이 쇠퇴하면서 오늘날 분열과 변혁의 몸살을 앓고 있는 중이다.

본서는 앞서 언급한 최초의 문명권 시대부터 현재에 이르는 중동의 역사를 다루되, 다른 책과 차별화된 내용으로 구성했다.

동서양 세계사의 연결고리인 중동과 이슬람 세계에 대해 많이 공부하게 해 준 이 책은 이후 여러 나라에서 번역·출판되었고, 유럽이 아닌 아시아의 관점에서 쓴 알기 쉬운 중동과 이슬람의 역사서로서 많은 독자를 확보했다.

이 책을 집필할 때 가장 염두에 둔 것은 쉽게 잘 읽히는 문장이었다. 뿐만 아니라 이 책을 통해 중동과 이슬람의 이미지를 바르게 전하고 싶었다. 아무쪼록 이 책이 중동과 이슬람 세계의 과거와 현재를 이해하고, 또 그들의 미래를 읽어내는 데 도움이 되었으면 좋겠다.

미야자키 마사카츠

차례

들어가는 글 — 중동과 이슬람을 알아야 세계사와 국제 정세가 보인다! · 4
서장 — 얽히고설킨 중동 세계와 이슬람을 한눈에 꿰뚫는다! · 14

1장 · 동서양의 교차로 중동과 이슬람

불가사의한 풍토와 역사를 이해하는 중동 가이드북 · 22

인류 문명의 출발지 중동 – 동서양 연결하는 중동이 세계사의 토대를 완성 · 25
이슬람 세계의 확장 – 3단계에 걸쳐 교세를 확장한 20억 명의 이슬람 세계 · 28
중동이란 용어의 유래 – 왜 중동이라 부르고, 대체 중동은 어디인가? · 31
중동의 풍토와 기후 – 사막과 산악의 건조 지대가 유목민의 생활 무대 · 34
이슬람 세계와 서로마제국 – 이슬람의 대정복으로 서로마제국이 탄생했다? · 38
이슬람교의 탄생과 움마 – 종교의 울타리 넘어 세속화 이룬 이슬람교의 움마 · 42
중동의 아랍인은 누구인가? – 중동의 아랍인은 무슬림의 20%에 불과하다 · 46
이슬람교도의 종교와 생활 – 하루 5회 예배가 무슬림 종교 생활의 중심 · 50
이슬람력의 라마단과 순례 – 9월에 라마단 실시, 12월에는 메카 순례 · 53
《코란》과 이슬람 교리 – 무슬림이 돼지고기와 음주를 금지하는 이유는? · 56
이슬람교도의 베일과 턱수염 – 무슬림 여성의 부르카, 남성 턱수염의 의미는? · 59
칼럼 – 지도자를 선택하는 이슬람식 민주주의 · 62

2장 · 문명의 출발지 중동 세계

복잡한 중동 역사를 지리로 읽는다 · 64

메소포타미아 문명 – 강의 습지대에서 탄생한 인류 최초의 문명 · 68
이집트 문명 – 나일강의 '검은 흙'에서 탄생한 이집트 문명 · 71
시리아의 사막 교역 – 세계에서 가장 오래된 도시, 시리아의 다마스쿠스 · 75
레바논의 지중해 교역 – 지중해 항로 개척해 중동과 연결한 해상 강국 · 78
팔레스타인의 3대 종교 – 팔레스타인 예루살렘은 세계 3대 종교의 성지 · 81
중동의 사막 지대 – 교역을 위한 거대한 회랑, 시리아 · 아라비아 사막 · 88
중동의 외곽 고원지대 – 아나톨리아, 아프가니스탄과 이란고원은 중동의 외곽 · 91
칼럼 – 로마 공중목욕탕이 튀르키예 하맘의 원조 · 94

3장 · 이란인의 1,000년 패권

이란인 왕조가 1,000년 동안 중동 세계를 지배했다 · 96

아시리아와 신바빌로니아 – 이라크 북부 아시리아가 중동을 처음으로 통일 · 99
아케메네스 왕조 – 아케메네스 왕조가 통일한 중동의 페르시아제국 · 103
조로아스터교 기원전 – 중동의 조로아스터는 아케메네스 왕조의 국교 · 107
헬레니즘 시대와 파르티아 – 헬레니즘 시대의 도래와 파르티아제국의 등장 · 111
사산 왕조 – 아케메네스 왕조를 계승한 이란인의 마지막 대제국 · 114
칼럼 – '오른손에는 《코란》, 왼손에는 칼'의 진실은? · 118

4장 · 아라비아반도의 이슬람교 탄생

예언자 무함마드의 이슬람교 창시와 확대 · 120

이슬람의 성지 메카 – 사막의 상업 도시 메카가 이슬람 성지로 탈바꿈 · 123
무함마드의 탄생 – 40세에 신의 계시 받은 사막 카라반 무함마드 · 127
메디나로 헤지라 – 메디나로 이주한 후부터 이슬람 교세 급성장 · 131
무함마드의 죽음 – 무함마드의 죽음 이후 대정복 운동 나선 칼리파 · 134
이슬람 경전 《코란》 – 이슬람 육신오행을 기록한 무슬림의 생활 규범 · 137
이슬람의 움마 시스템 – 부족과 씨족을 해체하고 신앙 중심의 공동체 결성 · 140
이슬람 사회와 지하드 – 칼리파가 지휘하는 이슬람의 군사 활동 '지하드' · 143
칼럼 – 대정복 시대 주도한 아랍 유목민의 영웅 우마르 · 146

5장 · 아랍인의 이슬람제국

'대정복 운동'이 만든 이슬람의 거대 제국 · 148

사막의 교역 네트워크 – '육지의 바다' 사막이 교역으로 세계사를 바꾸다 · 151
이슬람 대정복 운동 – 이슬람 대정복 운동은 아랍인의 포교와 정복 활동 · 154
이슬람 모스크 – 정복과 포교 활동으로 중동 각지에 모스크 확산 · 158
초기 칼리파의 대립 – 무함마드 혈통의 칼리파와 우마이야 가문의 왕권 세습 · 162
이슬람 시아파의 분리 – 시아파는 무함마드의 혈통만 칼리파로 인정 · 166
우마이야 왕조 – 우마이야 세습 왕조가 이슬람제국의 칼리파 계승 · 170
아바스 왕조 – 다양한 민족이 평등하게 통합된 이슬람제국 · 173
칼럼 – 궁중의 하렘과 칼리파의 방탕한 생활 · 176

6장 · 이슬람 상인의 유라시아 네트워크

세계사는 무슬림 상인의 교역 네트워크에서 탄생했다! · 178

이슬람 네트워크 확장 – 이슬람 상업망을 토대로 몽골이 대제국을 건설 · 181
바그다드 건설 – 인구 150만 명의 바그다드는 세계 교역의 중심지였다! · 184
아바스의 4개 간선도로 – 유라시아 상권을 연결한 아바스의 4개 간선도로 · 187
대정복 운동의 확대 – 지중해 제해권을 장악한 이슬람 세력의 대공세 · 190
사하라 사막의 소금 무역 – 사하라 사막을 남북으로 연결한 소금 무역 · 193
오아시스 루트의 완성 – 지중해와 중국을 연결하는 사막의 오아시스 루트 · 197
바이킹과 이슬람 경제권 – 바이킹이 볼가강을 통해 이슬람과 모피 교역 · 200
동남아시아의 이슬람 전파 – 이슬람 상인이 범선 다우로 인도양 항로 개척 · 204
중국과 이슬람의 교역 – 중동과 중국을 잇는 이슬람 상인의 바닷길 · 207
아라비안 르네상스 – 유라시아 문명을 융합한 아라비안 르네상스의 도래 · 210
칼럼 – 이자가 금지된 이슬람 은행의 영업 비밀? · 216

7장 · 투르크와 몽골이 중동의 지배자

중동으로 진출한 유목민, 투르크인과 몽골인 · 218

아바스 왕조의 쇠퇴 – 시아파의 부상으로 아바스 왕조는 몰락의 길 · 221
셀주크 왕조의 개막 – 아바스 왕조 멸망시킨 투르크인의 셀주크 왕조 · 224
십자군 원정 – 셀주크 왕조의 침공에 유럽은 십자군 원정을 강행 · 227
몽골제국의 바그다드 함락 – 바그다드 함락하고 중동을 지배한 몽골제국 · 231
이집트의 맘루크 왕조 – 투르크인 노예 군사가 세운 이집트의 맘루크 왕조 · 235
티무르제국 – 몽골제국의 재건을 꿈꾼 '전복왕' 투르크인 티무르 · 238
이슬람 무굴제국 – 티무르 계승한 무굴제국이 힌두교의 인도를 지배 · 242
오스만 왕조의 탄생 – 투르크인 오스만 1세가 아나톨리아반도의 패권 장악 · 246
오스만제국의 확장 – 3개 대륙을 지배한 오스만제국의 술탄 · 249

데브쉬르메 제도 – 발칸반도 슬라브인을 오스만제국의 인재 등용 · 253
커피의 유럽 전파 – 유럽에 건너간 커피는 이슬람의 알코올음료 · 256
이란의 사파비 왕조 – 시아파 신비주의 교단이 이란에 사파비 왕조를 건국 · 260
칼럼 – 십자군을 무찌른 쿠르드인의 영웅 살라딘 · 263

8장 · 유럽 근대화와 오스만제국 몰락

유럽의 눈부신 성장과 오스만제국의 쇠퇴 · 266

오스만제국의 쇠퇴 – 오스만제국과 유럽의 세력이 역전되기 시작 · 269
그리스 독립전쟁 – 그리스 독립전쟁으로 오스만제국 붕괴 시작 · 273
오스만제국의 분할 – 유럽과 러시아의 대립으로 분할되는 오스만제국 · 276
수에즈운하 건설 – 프랑스가 건설한 수에즈운하, 이집트가 영국에 헐값 매각 · 280
영국과 페르시아만 – '바다의 지배자' 영국이 페르시아만의 상권을 장악 · 284
이란의 왕정 붕괴 – 사파비 왕정의 붕괴로 영국과 러시아의 본격 침탈 · 287
3B 정책과 3C 정책 – 영국에 대항하기 위해 독일은 오스만제국에 접근 · 290
중동의 석유 시대 – 오스만제국 붕괴를 재촉한 강대국의 석유 쟁탈전 · 294
청년투르크혁명 – 오스만제국을 붕괴시킨 청년투르크의 군사혁명 · 297
칼럼 – 요르단과 모로코의 왕족이 무함마드 직계 자손들? · 300

9장 · 영국과 프랑스의 중동 분할

제1차 세계대전 이후 중동의 골격이 형성 · 302

제1차 세계대전과 중동 – 오스만제국의 패전으로 격변하는 중동의 재편 · 305
케말 파샤의 튀르키예혁명 – 케말 파샤의 혁명으로 튀르키예공화국 출범 · 308

영국의 팔레스타인 정책 – 영국의 이중 외교가 팔레스타인 문제의 시작 • 311
오스만제국의 영토 분할 – 영국과 프랑스가 주도한 중동의 분할과 식민 지배 • 314
중동의 국경선 획정 – 영국과 프랑스가 결정한 중동의 직선 국경선 • 317
중동의 쿠르드인 문제 – 왜 이란계 쿠르드인은 나라를 갖지 못했는가? • 320
영국의 중동 정책 – 영국의 이집트 지배와 사우디아라비아의 독립 • 323
칼럼 – 사우디아라비아가 중동의 강자로 부상한 이유는? • 326

10장 · 석유 분쟁과 중동의 민주화

열강의 석유 분쟁과 근대국가를 향한 진통 • 328

제2차 세계대전 이후 – 격동의 중동 현대사를 6단계 시기로 나눠 이해한다 • 331
팔레스타인전쟁 – 이스라엘의 독립 선언과 아랍군의 팔레스타인 침공 • 337
아랍 민족주의의 등장 – 아랍 민족주의 등장으로 영국·프랑스 식민지 동요 • 341
범아랍주의와 이란 백색혁명 – 미국이 팔레비를 지원, 이란에 친미 정권 수립 • 344
수에즈전쟁 – 서구에 대항한 나세르가 아랍 세계의 리더로 부상 • 347
제3차 중동전쟁 – 이스라엘의 대공습으로 6일전쟁에 패한 이집트 • 350
제4차 중동전쟁과 오일 쇼크 – 세계 강타한 '오일 쇼크'로 아랍 산유국이 승리 • 353
레바논 내전 – 종교 갈등과 주변국 개입, 레바논 전역이 초토화 • 356
팔레스타인 자치정부 수립 – 이스라엘과 PLO의 오슬로 협정도 유명무실화 • 359
호메이니의 이란혁명 – 이슬람 원리주의 내세운 호메이니의 종교혁명 • 362
이란·이라크전쟁 – 이란·이라크전쟁에서 미국은 사담 후세인 지원 • 365
걸프전쟁 – 쿠웨이트 방어를 위해 미국이 개입한 걸프전쟁 • 369
알카에다 9.11 테러 – 알카에다가 여객기로 뉴욕 세계무역센터를 테러 • 373
이라크전쟁 – 이라크의 민족과 종교 분쟁으로 끝없는 분열의 악순한 • 377
중동 아랍의 봄 – 독재와 왕권 통치의 이중주, 아랍의 봄은 언제 오는가? • 380
시리아 내전 – 50년 독재 정권을 축출한 시아파와 수니파의 종교 전쟁 • 384
이슬람국가(IS) – 종파, 민족, 지역의 3대 불씨가 중동을 화약고로 만들었다! • 388

서장

얽히고설킨 중동 세계와
이슬람을 한눈에 꿰뚫는다!

세계사의 변방으로 취급받은 5,000년 중동의 역사

　인류 문명의 발상지가 중동의 일부인 메소포타미아와 이집트라는 것은 누구나 아는 상식이다.

　고대 그리스의 전성기에 발발한 페르시아전쟁에 관한 책 《역사》의 저자이자 역사가인 헤로도토스는 기원전 5세기에 나일강 유역을 방문했다. 그곳에는 2천 수백 년 전에 지어진 높이 약 144미터 규모의 피라미드가 우뚝 서 있었다.

　또한 로마제국과 약 600년에 걸쳐 항쟁을 거듭한 이란인의 제국(페르시아제국)과 3개 대륙을 아우르는 이슬람 국가들, 그리고 북아프리카, 유라시아가 하나의 거대 상업권을 형성했다. 모두 교과서를 통해 익히 아는 내용일 것이다.

　하지만 우리가 공부한 세계사는 이러한 중동의 역사를 맥락에 관계없이 동서양의 역사에서만 단편적으로 다룰 뿐이다. 중동이 세계사 전반에 깊이 관여하고 있지만, 중국이나 유럽을 중점적으로 다룬 역사에는 끼워 넣기가 애매했을지도 모르겠다.

페르시아만 연안에 자리잡은 카타르의 루사일 스타디움, 사우디아라비아의 네오더블루, 아랍에미리트의 버지할리파시티와 함께 중동의 막강한 경제와 놀라운 변화를 보여주는 중동의 상징이다. 루사일 스타디움 홈페이지

19세기에 유럽이 강력한 정치·군사·경제 시스템을 확립하고 전 세계에 잇달아 식민지를 건설하자, 그동안 유럽에 큰 영향력을 행사했던 중동은 인도, 중국과 함께 정체된 세계로 취급받았다.

유구하고 풍요로운 역사는 의도적으로 외면당했고, 유럽 중심의 세계사(서양사)에 적당히 장단만 맞추는 형태로 실렸다.

중동사는 서양사 이전의 역사, 다양한 왕조의 역사, 식민지화의 역사 따위로 토막 나고 만 것이다.

또한 중화제국 중심으로 구성되는 동양사에서도 중동은 주변의 역사로 다루어졌다. 그 때문에 중동사는 오랫동안 세계사의 변방으로 취급받을 수밖에 없었다.

중동의 3대 민족인 이란인, 아랍인, 투르크인을 축으로 정리

이 책은 이란인, 아랍인, 투르크인을 축으로 중동 지역과 이슬람의 역사를 이해한다. 이처럼 중동을 중심으로 세계사를 이해하면 이전에 알고 있던 세계사의 이미지는 완전히 달라질 것이다.

중동의 역사를 완전체로서 파악할 때 비로소 통합적이고 균형 잡힌 동서양의 역사를 구축할 수 있다. 중동의 역사는 5,000년 세월을 자랑하는 성숙한 고도 문명, 유목민의 끊임없는 침략에 따른 복잡한 역사의 전개 과정, 활발하고 광범위한 상업권, 유라시아와의 단단한 결속, 보편성을 띤 이슬람교의 보급 등이 복잡다단하게 얽혀 있다. 따라서 과감하게 정리하지 않으면 역사의 전체상을 파악하기 어렵다. 그래서 다소 무모한 방법이지만 단순하게 시기를 구분하고자 한다.

이론과 가설은 여러 가지가 있겠으나 여기서는 중동을 구성하는 3대 주요 민족인 이란인, 아랍인, 투르크인을 축으로 정리한다. 이렇게 구분하면 복잡다단한 중동의 역사도 한층 단순해진다. 하지만 이 3대 민족은 각기 다른 시기에 외지에서 중동의 중심부로 이주했을 뿐, 처음부터 그곳에 살지는 않았다.

기원전 6세기에는 이란인이 중동의 질서를 세웠고, 7세기 이후 이슬람화와 아랍어 보급으로 아랍인이 다시 주도권을 잡으면서 중동 일대가 아랍화되었다. 중동 지역 사람들을 아랍인으로 한데 묶은 것은 이 시기 이후이다.

오랜 세월 수많은 민족이 뒤섞여온 중동에는 국가 단위의 민족이라는 개념이 없다. 그 대신 이슬람교와 부족의식 등으로 뭉쳐 독특한 세계를 형성했다.

여러 민족과 부족으로 구성된 중국이 오랫동안 한자와 중국어에 의해 동화되면서 중국인이라는 이미지를 만들어낸 것과 비슷하다. 중화 세계도 아랍 세계처럼 여러 민족이 거미줄처럼 얽혀 있는 거대한 문명권인 셈이다.

중국인에게 강한 동향의식과 동족의식이 있듯, 아랍 사회도 강한 부족의식을 토대로 형성되었다. 덧붙여 일반적으로 언급되는 이슬람 세계란 이슬람교를 주로 믿는 지역 또는 이슬람제국을 중심으로 연결된 네트워크 등을 의미하므로 지극히 피상적인 이미지밖에 그려지지 않는다.

이슬람의 사전적 의미는 복종 · 평정 · 평화인데 현재는 이 세 가지를 항상 마음에 새기며 신에게 모든 것을 맡기는, 유일신에 대한 절대 귀의를 뜻하게 되었다. 한편 이슬람 세계란 어디까지나 풍토와 역사, 이슬람교 수용 과정이 서로 다른 광활한 공간의 사람들을 포괄적으로 표현한 말이다.

복잡한 중동 역사를 쉽게 파악하는 시대 구분법

중동의 역사를 완전하게 파악하기 위해 중동의 발자취를 다음과 같이 여섯 시기로 나누고, 누구나 이해하기 쉽도록 간단하고 명료하게 설명하려고 한다.

제1기 이집트와 메소포타미아의 문명 시대(기원전 3000~기원전 550년)

광활한 건조 지대인 중동은 나일강, 티그리스 · 유프라테스강 유역의 농경민과 주변의 사막, 초원, 산악, 해양 민족이 교역과 분쟁을 반복하며 복잡한 역사를 써 내려갔다.

기원전 1500년경, 말이 끄는 이륜 경전차가 보급되어 1,000년에 걸친 전란 시대에 돌입했으나 패권의 주인공은 중앙아시아 지역을 기반으로 하는 이란(페르시아)인이었다.

제2기 이란인의 패권 시대(기원전 550~기원후 651년)

이란인이 중동 세계를 통합하고 200년간 유지된 아케메네스제국을 건설한 후, 1,000년 동안 이란인의 패권 시대가 계속된다.

알렉산드로스의 동방 원정과 헬레니즘 시대(기원전 330~기원전 30년)를 중간에 끼고 이란인의 제국이 재건되지만, 지중해 일대에 새로운 질서가 만들어지면서 중동은 이란인의 제국과 로마제국으로 분열된다. 이란인의 제국은 지중해 일대를 지배한 로마제국과 약 600년간 분쟁과 공존의 역사를 반복한다.

제3기 아랍인의 패권 시대(632년~11세기)

그다음 500년은 이슬람교로 통합된 아라비아반도의 유목민, 즉 아랍인이 주도한 시대이다. 이슬람교도(아랍어로 무슬림)가 대정복 운동을 통해 이란인 제국과 로마제국 남부를 정복하면서 지금의 형태로 중동의 윤곽이 잡혔다.

이 시기에는 이슬람교에 기초해 지배 질서를 확립한 이슬람제국을 중심으로 유라시아 규모의 거대 상업권이 형성되면서 본격적으로 이슬람 세계가 구축되었다.

그러나 아랍인의 수적 열세로 인해 체제 유지에 어려움을 겪은 이슬람제국은 11세기 이후 정치적 혼란기를 맞이한다.

제4기 투르크인의 패권 시대(11세기~19세기 후반)

다음 800년은 중앙아시아에서 진출한 유목민인 투르크인과 몽골인이 중동의 질서를 뒤흔든 시대이다.

다만 중동과 멀리 떨어진 몽골고원의 몽골인은 13세기부터 14세기까지 단기간 동안 중동을 지배했고, 그 몽골인의 나라를 사이에 끼고 투르크인의 양대 왕조인 셀주크 왕조와 오스만제국이 패권을 쥐는 시대가 계속되었다.

특히 오스만제국은 비잔틴제국의 영역까지 지배하며 3개 대륙을 아우르는 대제국으로 성장, 이슬람제국을 성공적으로 재건한 중동의 실질적인 지배자였다.

제5기 유럽의 침공과 식민 시대(19세기 후반~20세기 전반)

다음 100년은 산업혁명을 발판으로 세계 패권 세력으로 등장한 유럽 국가들이 민족주의 이념에 입각해서 오스만제국을 내부부터 철저히 무너뜨리고 전쟁을 벌이며 중동으로 진출한 시대이다. 이 시기는 제1차 세계대전과 제2차 세계대전을 거치면서 식민지 쟁탈전의 정점을 찍는다.

제1차 세계대전에서 독일과 동맹을 맺고도 영국과 프랑스에 패한 튀르키예(오스만제국)는 영토 대부분을 잃지만 간신히 식민지 신세는 면한다. 그러나 전쟁이 끝나자 영국과 프랑스는 일방적으로 중동을 분할한다.

특히 영국은 예언자 무함마드와 시아파의 시조 알리를 배출한 아랍 최고의 명문가 하심 가문을 이용해 사실상 아랍의 지배권을 손에 넣는다.

제6기 중동의 자립과 혼란의 시기(제2차 세계대전 이후)

제2차 세계대전 이후 약 60년은 영국과 프랑스의 지배 체제가 무너지고, 아랍 국가들이 독립하면서 중동의 질서가 재편된 시기이다.

서유는 현대 문명의 발전을 주도하는 에너지원이며, 대부분 중동에서 산출된 까닭에 미국을 비롯한 서구 강대국들이 여전히 영향력을 행사하고 있다. 오늘날 이 지역에 대한 강한 영향력 없이는 세계의 패권 유지가 불가능하기 때문에 미국 등 서구 국가, 러시아, 중국 등이 여전히 중동의 지배권을 두고 신경전을 벌이고 있다.

어느 시대건 세계사와 깊이 연결되어 있는 중동은 지금도 국제 정치와 경제에 지대한 영향을 미치는 핵심 지역인 것이다. 동서양을 연결하는 지정학적 위치를 비롯해 석유를 둘러싼 강대국들의 신경전은 현재 진행 중인 중동 지역의 분쟁에 큰 영향을 미치고 있다.

1장

동서양의 교차로 중동과 이슬람

> 불가사의한 풍토와 역사를
> 이해하는 중동 가이드북

중동은 사막 지대에서 다양한 민족이 교류와 분쟁을 반복

평소에 의식은 거의 못 하지만 우리는 문명의 옷을 걸치고 살아간다. 언어·문자, 종교, 사회관·자연관, 가치관, 미의식, 생활 습관, 인간관계, 생활에 필요한 물건과 도구, 질서 유지를 위한 다양한 제도 등이 모두 문명, 즉 문화에 해당한다.

문명은 새로운 요소를 거듭 받아들이며 변화한다. 현재든 미래든 한 가지 모습으로 고착되는 법은 없다.

문명이 탄생하고 5,000년이 흐른 지금, 세계는 문자·언어·종교적 공통점이 있는 몇 가지 문명권으로 나뉘었고, 이를 바탕으로 발전된 제도와 기술 등을 공유하며 세계화가 이루어지고 있다. 인류 사회는 다양하고 이질적인 문명이 공존하기에 더욱 흥미롭다. 민주주의는 그 이질성에 대한 이해와 존중이 있을 때 비로소 실현된다.

이때 가장 중요한 것은 각 문명의 개성과 그것이 비롯된 풍토와 역사를 올바르게 이해하는 것이다. 지구는 다양한 기후, 지형, 식생의 조합(풍토)과 인간 집단의 교류, 전쟁, 정복, 공생, 이주의 조합(역사)으로 이루어져 있다.

한눈에 보는 주요 종교의 세계 분포도

주요 종교 비교표

	✝ 기독교	☪ 이슬람교	☸ 불교	🕉 힌두교
교조	예수 그리스도	무함마드	석가(붓다)	없음
경전	구약성서, 신약성서	코란	반야심경 등 다수	베다, 마하바라타 등
숭배 대상	신, 예수, 성령	알라	석가의 가르침	시바신 등 다수
계율·교리	성서의 가르침	육신오행(六信五行)	삼법인(三法印)	카스트
기념일	이스터(부활절) 등	이드 알피트르 (라마단 종료 축하 파티)	석가탄신일 등	디왈리 (선의 승리를 기념하는 축제)

이슬람과 무슬림을 상징하는 초승달과 별기, 초승달은 어둠을 밝히는 빛의 시작으로 유일신을 상징하고, 초저녁에 가장 먼저 떠오르는 샛별, 즉 오각별은 이슬람교의 5대 계율을 의미한다.

중동은 사막이 많은 대건조 지대에서 다양한 민족이 교류와 분쟁을 반복하고, 그러한 풍토에 뿌리내린 이슬람교가 그들의 생활과 문화를 강하게 지배한다. 우리에게는 매우 이질적이기 때문에 이 낯선 문명을 이해하는 것은 쉽지 않다.

1장에서는 중동의 독특한 풍토와 문명을 대략적으로 파악하는 데 중점을 두었다. 중동의 역사와 문화를 제대로 배우기 위한 사전 작업이라 생각하고 편하게 읽기 바란다.

중동의 범위, 중동과 이슬람 세계의 관계, 유럽과 중동의 관계 등 기본적인 지식과 상식도 폭넓게 다룰 예정이다.

인류 문명의 출발지 중동

동서양 연결하는 중동이 세계사의 토대를 완성

유라시아 역사 무대의 주인공은 중동과 이슬람 세계

아프리카 서단의 모로코에서 중국 신장웨이우얼자치구까지 동서로 펼쳐져 있는 대건조 지대에는 이슬람을 신봉하는 수많은 무슬림이 살고 있다. 유럽에서 아시아에 이르는 해역 세계, 즉 지중해 남쪽에서 인도양·남중국해로 이어지는 동남아시아 해역도 마찬가지이다.

일찍이 유라시아를 연결한 바닷길, 실크로드, 초원길을 따라 이슬람 세계가 퍼져나간 것은 전근대사에서 이슬람 세력이 갖는 비중의 크기를 가늠케 한다.

그러나 유라시아 동쪽 변방의 우리는 오랜 세월 중국의 영향권 아래 있었다. 그래서 중화제국 중심의 세계관과 울타리를 벗어나지 못한 채 살아온 것이다.

18세기 후반 산업혁명으로 유럽이 부상하기 전까지 인간의 주요 이동 수단은 낙타, 말, 배 등이었다. 그런데 4대 문명이 탄생한 이래 유라시아의 역사 무대에서 중국, 인도, 유럽을 제외한 거대 공간을 이슬람 세계가 차지하고 있다.

이것을 어떻게 이해해야 할까? 거대한 로마제국은 이슬람교도(무슬

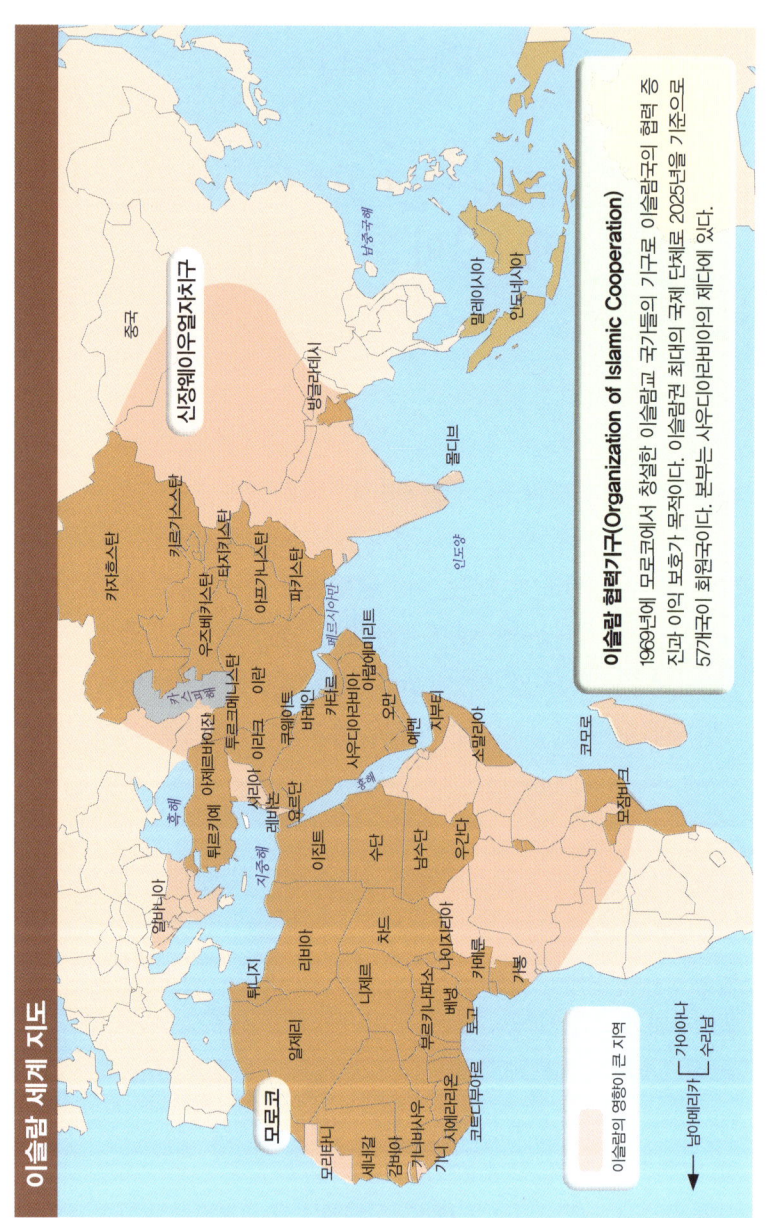

림)의 대정복 운동으로 해체되었지만, 그 옛날 이슬람제국은 지금도 이슬람 세계의 중심으로서 유지되고 있다.

유라시아의 육지와 바다의 교역로를 지배한 이슬람 상인

우리는 늘 지리적으로 중국의 영향을 받았고, 이슬람 문화와 접할 일이 거의 없었기 때문에 이슬람 세계에 대한 이미지를 떠올리기 쉽지 않다. 하지만 3개 대륙을 아우르는 이슬람제국의 영역은 몽골제국을 서쪽으로 평행 이동시킨 듯이 광활했다.

지중해, 인도양, 남중국해의 수많은 해역과 사하라 사막 종단 교역 루트, 실크로드, 초원길, 발트해와 카스피해를 잇는 러시아의 볼가강 루트까지 모두 이슬람제국의 상업권 안에 있을 정도였다. 아프리카와 유라시아를 아우르는 이슬람 상업권이 동서양을 연결하는 세계사의 토대가 된 것이다.

우리에게 이질적인 중동 세계는 인류 문명의 출발지로 오랜 역사가 축적된 지역이다. 또한 역사상의 이슬람 세계는 지리적인 이미지가 명확한 유럽, 동남아시아, 동아시아와는 확연히 다른 복합적이고 광활한 지역에 걸쳐 있다.

유목민의 군사력이 탁월한 중동에서는 부족·군사력·종파가 결합해 정치권력을 형성해왔다. 그래서 유라시아 규모의 네트워크형 거대한 제국을 중심으로 해서 그 부속 네트워크가 영향을 미친 지역이 바로 역사상의 이슬람 세계인 것이다. 대항해 시대 이전에 유라시아의 육지와 바다의 대교역로를 지배한 것도 이슬람 상인이었다.

> 이슬람 세계의 확장

3단계에 걸쳐 교세를 확장한 20억 명의 이슬람 세계

이슬람 세계는 중앙아시아, 아프리카, 동남아시아까지 확대

이슬람 세계는 중앙아시아, 아프리카, 동남아시아까지 확대되었다. 또한 중동을 중심으로 각지에 확산된 이슬람교도는 현재 전 세계적으로 20억 명에 가까운 신도(2025년)를 거느린 거대 세력이다. 물론 아랍 세계를 가장 큰 이슬람권으로 생각하기 쉬운데 인구수에서 압도적 비중을 차지하는 곳은 인도권(인도, 파키스탄, 방글라데시)이다.

이슬람이라는 단어가 복종, 평화의 뜻을 담고 있듯이, 이슬람은 알라신에게 완전히 귀의해 평화로운 질서 안에 사는 것을 지향하는 종교이며 딱히 성직자를 두지 않는다.

이슬람교는 평범한 일상생활에 수행의 장이 있다고 생각하는 재가종교이며, 만물은 알라가 창조한 것이라는 전제 안에서 문화의 다양성을 인정한다. 그 때문에 같은 이슬람교도라 해도 각자 자기 지역의 전통을 계승하며 다양한 방식으로 종교 생활을 영위한다.

《코란》과 아랍어라는 공통분모 안에 다양한 문명이 공존하는 세계인 것이다. 음주를 예로 들면 튀르키예는 음주에 매우 관대한 반면, 사우디아라비아와 파키스탄은 엄격하다.

인구수에도 차이가 있어서 중동과 북아프리카의 이슬람교도가 약 3억 2,000만 명인 데 비해, 사하라 사막 남쪽의 아프리카는 2억 5,000만 명, 아시아 태평양 지역은 약 10억 명에 달한다. 현재 규모가 가장 큰 이슬람 국가는 2억 명이 넘는 이슬람교도를 가진 인도네시아이다.

3단계에 걸쳐 확장된 이슬람 세계

610년에 창시되어 지금도 세력을 키우고 있는 이슬람교는 역사적으로 3단계에 걸쳐 크게 확대되었다.

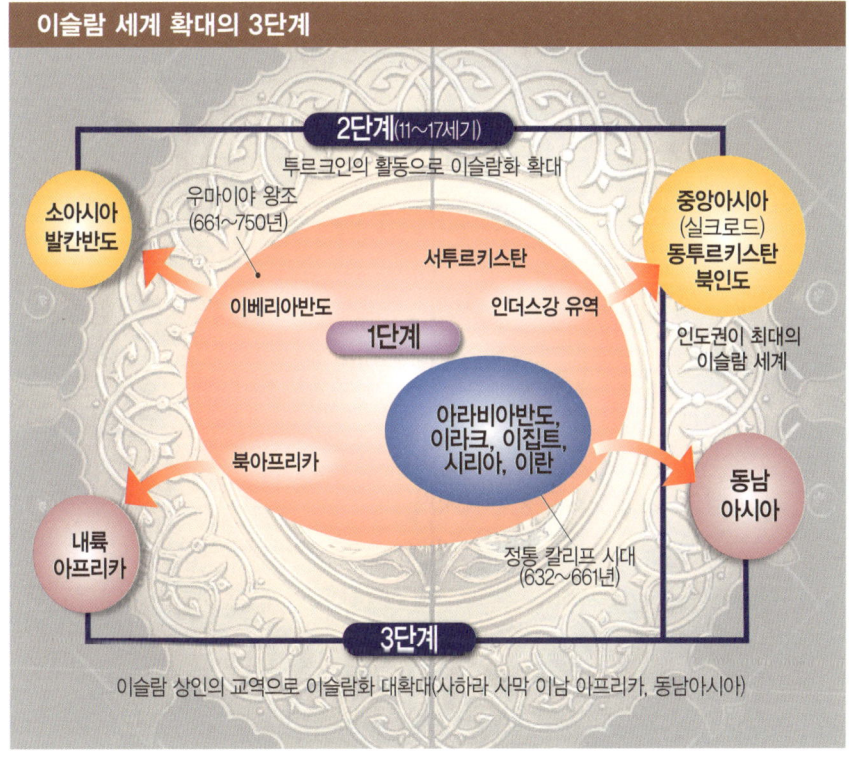

제1단계

624년 아라비아반도에서 처음으로 무슬림 공동체가 생겼고, 아랍인이 이란 전역과 지중해 남반부를 정복하면서 지금의 중동 지역에 이슬람제국이 형성되었다.

제2단계

이후 이슬람 세계는 투르크인의 정복 활동에 힘입어 중앙아시아, 인도 북부, 동유럽 등지로 확장되었고, 그 광활한 지역은 오스만제국, 무굴제국 등에 의해 지배되었다.

제3단계

무슬림 상인들의 활발한 교역으로 동남아시아와 사하라 남쪽 아프리카까지 이슬람 세계가 확장되었다.

이슬람 세계는 여러 고대 문명의 유산을 계승하는 한편, 인도 등 동방 문명과의 교류를 통해 다방면으로 발전을 거듭하며 세계사를 이끌었다. 아라비아반도를 중심으로 3단계에 걸친 확장을 통해 3개 대륙과 동남아시아까지 세력권을 확대한 것이다.

유럽이 부상하기 전까지 이슬람교도가 세계를 움직였다는 사실은 역사 지도에서도 확인할 수 있다. 이후 이슬람 세계는 유럽의 근대화와 영국, 프랑스의 중동 지배로 20세기 초까지 식민지 상태의 종속적 지위에 놓였다. 하지만 20세기 후반부터 지정학적 특성을 바탕으로 독특한 신앙과 사회 구조, 무슬림으로서의 연대감, 풍부한 석유 자원을 무기로 삼아 국제 사회에서 중요한 위치를 차지하게 되었다.

중동이란 용어의 유래

왜 중동이라 부르고, 대체 중동은 어디인가?

중동과 극동은 영국이 자국 기준으로 붙인 아시아의 명칭

중동은 제2차 세계대전 이후 일반적으로 쓰이게 된 국제 정치상의 지역 개념이다. 서쪽의 모로코부터 동쪽의 이란, 아프가니스탄, 튀르키예까지 포함한다(넓은 의미의 중동). 경우에 따라 리비아 서남쪽과 아프가니스탄은 제외된다(좁은 의미의 중동).

중동과 극동은 19세기 세계를 호령하던 영국이 자기 나라를 기준으로 붙인 아시아의 명칭인데, 인도는 영국의 식민지였기 때문에 명칭이 따로 없었다. 그러나 영국은 식민지 인도의 서쪽 지역 중 유럽과 가장 가까운 오스만제국의 지배 영역을 근동, 이란과 아프가니스탄을 중동, 중국을 비롯한 동아시아를 극동이라 불렀다. 또 서아시아와 북아프리카를 중근동이라 불렀고, 제2차 세계대전 당시 영국군의 작전 용어였던 동남아시아가 지역명이 된 것처럼 당시 용어들도 종전 후 전 세계에서 일반적으로 쓰이게 되었다.

즉, 중동은 동남아시아처럼 제2차 세계대전 이후 일반화된 새로운 지역 개념이며, 유럽이 전 세계적으로 식민지를 확장했던 19세기의 이미지가 고스란히 반영된 유럽 기준의 지역 명칭이다. 한편 이 지역

넓은 의미의 중동과 좁은 의미의 중동

■ 전통적으로 인식되는 중동의 범위
■ 유럽에서 정의한 대중동 권역
■ 캅카스산맥(때때로 대중동 권역에 포함)

중동(中東, Middle East)
동지중해에서 페르시아만까지의 아시아 중서부 지역을 말한다. 정확한 경계선이 없고 일반적으로 인식하는 중동과, 미국과 유럽 등 서구권이 인식하는 대중동권이 포함된다. 페르시아만 인근의 대다수 국가들은 산유국이며, 정치, 경제, 문화, 종교적으로 여러 분쟁이 발생하고 있다.

좁은 의미에서 인식하는 중동 국가
- 이라크
- 이란
- 이스라엘
- 이집트(시나이반도)
- 요르단
- 레바논
- 사우디아라비아
- 시리아
- 예멘
- 쿠웨이트
- 아랍에미리트
- 바레인
- 카타르
- 오만
- 키프로스
- 북키프로스
- 튀르키예
- 팔레스타인

대중동 권역에 포함한 국가
- 아프가니스탄
- 파키스탄
- 알제리
- 리비아
- 수단
- 튀니지
- 모리타니
- 지부티
- 모로코
- 사하라아랍·민주공화국
- 소말리아
- 소말릴란드
  (미승인 국가)

은 5,000년 전 세계 최초로 도시가 건설되었을 뿐 아니라 가장 유서 깊은 인류 문명의 발상지이기도 하다.

세계적으로 중동보다 오랜 기간 동안 다양한 역사가 축적된 지역은 없으며, 그만큼 역사의 발전 과정이 방대하고 복잡하기까지 하다. 그러한 중동을 이해하려면 이슬람이라는 베일 아래에 감춰진 역사의 시대별 변천 과정을 주목해야 한다.

유럽인들이 비문명 세계로 낙인찍은 중동에 대한 오해와 편견

이질성의 공존은 민주주의의 기본 원리 중 하나이다. 남성과 여성, 장애인과 비장애인은 서로의 다름을 인정하고 하나의 공동체 안에서 남녀가 평등한 사회, 장애인 차별이 없는 사회를 만들어나가야 한다.

그러나 인간은 이질적 존재와 만났을 때 편견과 오해, 무지에 따른 상대적 우월감 등을 품기 마련이다. 일찍이 신대륙을 발견한 스페인인은 비기독교도 원주민(인디오)을 인간 개체로 인정하지 않았다. 기독교도로 개종시킨다는 명분 아래 그들을 노예로 만들고, 신대륙을 제2의 스페인과 제2의 유럽으로 바꾸는 무자비한 식민지 정책을 시행한 것이다. 인류의 역사를 한 꺼풀 벗겨보면 근거 없는 편견으로 인해 역사적 비극을 되풀이해왔다는 사실을 알 수 있다. 19세기 유럽인들도 특정한 지리적 환경과 종교를 가진 중동 사회에 대해 비문명 사회, 전제 정치가 지배하는 사회, 정체된 사회, 관능적인 문화라는 편견을 가진 채 무시하고 핍박했다. 그러한 생각은 지금도 여전히 남아 있는 듯하다.

중동의 풍토와 기후

사막과 산악의 건조 지대가 유목민의 생활 무대

사우디아라비아 등 아랍 국가의 국기에 녹색이 많은 이유는?

우리가 중동을 이해하기 어려운 요인 중 하나가 풍토의 차이이다. 사계절이 있고 강수량이 풍부한 우리나라와 달리 이 지역은 비가 거의 오지 않는 적갈색 대지가 끊임없이 펼쳐져 있다.

아프리카 대륙의 3분의 1을 차지하는 사하라 사막, 팔레스타인 지방의 시리아 사막, 아라비아반도의 4분의 1을 차지하는 룹알할리 사막 등이 모두 중동에 포함된다. 사우디아라비아의 영토이자 세계에서 두 번째로 큰 룹알할리 사막은 면적이 무려 65만 제곱킬로미터에 달하지만, 사람이 살 수 없는 땅이라 인구는 3,000만 명에 불과하다. 혹독한 자연환경을 이겨내지 않고는 살아갈 수 없는 환경이다.

중동은 건조한 기후와 사투를 벌이며 물과 숲을 갈망한 역사가 5,000년 동안 계속되었다. 사우디아라비아, 리비아를 비롯한 이슬람 국가의 국기에 녹색이 많은 것은 물과 숲에 대한 강한 염원의 표현이다.

물이 없으면 농사짓는 것은 물론 도시도 세울 수 없다. 중동의 대건조 지대에서는 물이 풍부한 지역에서 문명이 시작되었다. 나일강, 티

대건조 지대로 이루어진 중동 지역

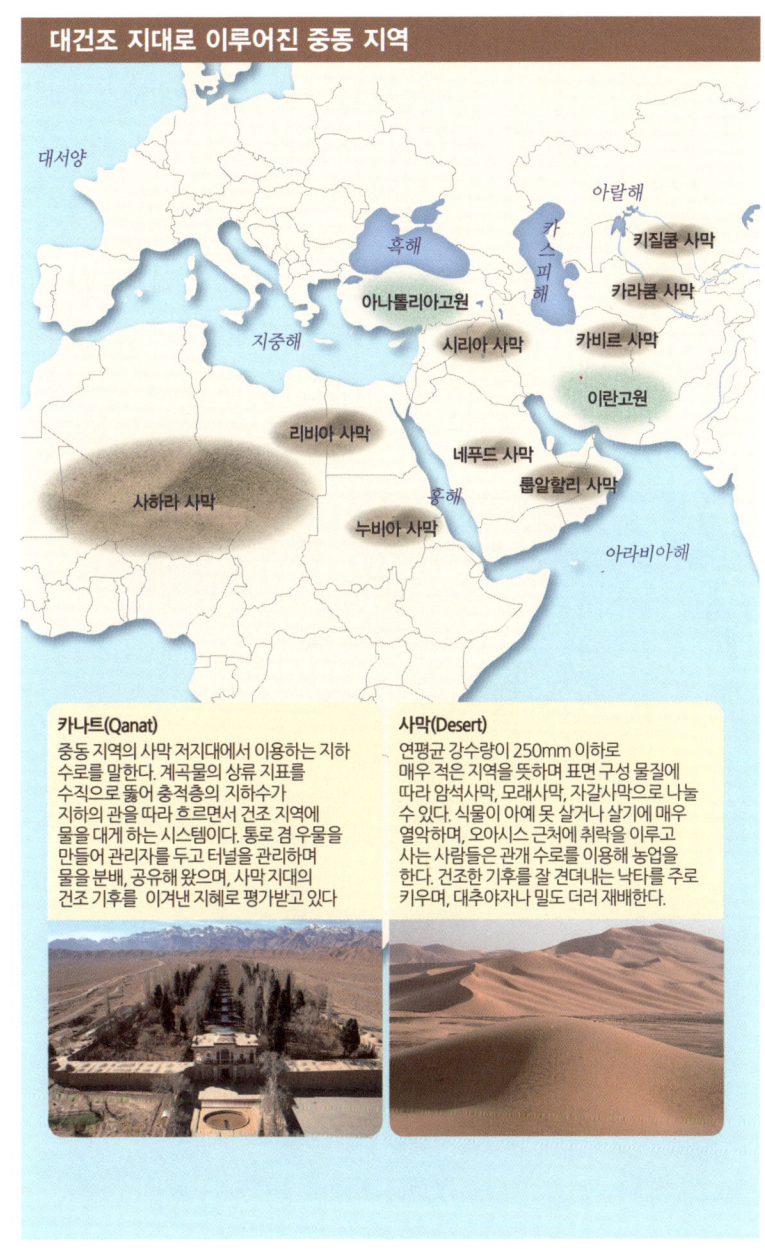

카나트(Qanat)
중동 지역의 사막 저지대에서 이용하는 지하 수로를 말한다. 계곡물의 상류 지표를 수직으로 뚫어 충적층의 지하수가 지하의 관을 따라 흐르면서 건조 지역에 물을 대게 하는 시스템이다. 통로 겸 우물을 만들어 관리자를 두고 터널을 관리하며 물을 분배, 공유해 왔으며, 사막 지대의 건조 기후를 이겨낸 지혜로 평가받고 있다

사막(Desert)
연평균 강수량이 250mm 이하로 매우 적은 지역을 뜻하며 표면 구성 물질에 따라 암석사막, 모래사막, 자갈사막으로 나눌 수 있다. 식물이 아예 못 살거나 살기에 매우 열악하며, 오아시스 근처에 취락을 이루고 사는 사람들은 관개 수로를 이용해 농업을 한다. 건조한 기후를 잘 견뎌내는 낙타를 주로 키우며, 대추야자나 밀도 더러 재배한다.

그리스강, 유프라테스강 등 반사막 지대를 흐르는 하천 유역은 예외적으로 물이 풍부해서 자연히 이집트 문명과 메소포타미아 문명처럼 화려한 문명이 꽃필 수 있었다.

이런 환경에서 이란인은 8세기경부터 인공 지하수로(카나트)를 만들어 생활용수와 농업용수에 사용할 용천수, 산 위의 눈 녹은 물을 끌어왔다. 건설과 관리를 전담하는 전문가까지 두었던 카나트는 30~50미터 간격으로 얕은 구덩이를 파서 지하수로를 만들고 수 킬로미터를 연결한 것이다. 길이가 긴 것은 50킬로미터를 넘기도 했다. 또한 이런 관개법은 아프리카를 비롯한 중동 전역으로 확산되었다.

이란의 카나트 터널, 2018년 촬영, ⓒ Basp1

건조한 대지에서 탄생한 유목 문화가 상업의 발달을 견인

하지만 아나톨리아〔소아시아, 비잔틴제국이 에게해 옆 튀르키예 서안에 설치한 군관구(軍管區, 이민족의 침략에 빠르게 대응하기 위한 행정 제도)인 아나톨리콘(그리스어로 해 뜨는 곳)에서 유래한 지명〕는 반건조 지대이고, 지중해, 흑해, 카스피해 연안 지대는 여름에도 비가 온다. 아라비아반도 남부의 예멘 지방도 몬순 기후의 영향으로 비가 내린다. 그 덕분에 다른 건조 지역과 달리 다양한 작물을 재배할 수 있었다.

그러나 그 외 지역은 겨울에만 극소량의 비가 내리는 사막과 황무지여서 가축, 양, 염소, 말, 낙타 등 무리 지어 사는 성질의 가축을 키우며 생활하는 유목민의 생활 터전이 되었다. 그들은 교역을 통해 생존에 필요한 곡식을 구해야 했기 때문에 자연히 중동은 먼 옛날부터 유목 상인들의 활발한 활동 무대가 되었다. 결국 건조한 대지에서 탄생한 유목 문화가 상업의 발달을 재촉한 셈이다.

> 이슬람 세계와 서로마제국

이슬람의 대정복으로 서로마제국이 탄생했다?

지중해와 유럽 세계는 동쪽에서 서쪽으로 문명이 발달했다

이슬람교도는 계전(啓典, 모세 오서 등 신의 계시가 적힌 책이라는 뜻)의 백성으로서 유대교와 기독교 신도들 역시 자신들과 같은 신앙을 가졌다고 생각했다. 유일신을 믿고 착하게 살면 최후의 심판의 날에 천국에 갈 수 있다고 믿는다는 점이 같았기 때문이다.

그러나 이슬람교도는 예언자 무함마드가 신의 마지막 계시를 전하면서 이슬람교가 탄생했다고 믿었다. 따라서 유대교도와 기독교도는 신앙의 포기를 강요당하지는 않았지만, 잘못된 신앙을 가진 종속적 위치에 놓인 것이다.

세 가지 종교를 비교해보면, 역사가 가장 긴 유대교는 《구약성서》만을, 기원후 1세기에 탄생한 기독교는 《구약성서》와 《신약성서》를, 7세기에 탄생한 이슬람교는 《코란》을 경전으로 삼는다.

19세기에 체계가 잡힌 서양사는 그리스·로마의 역사와 중동의 역사를 철저히 구분하고, 후자를 '오리엔트사'라 명명해서 그리스·로마 역사의 전사(前史)로 취급했다.

하지만 이는 올바른 역사 인식이 아니다. 지중해 세계는 동쪽에서

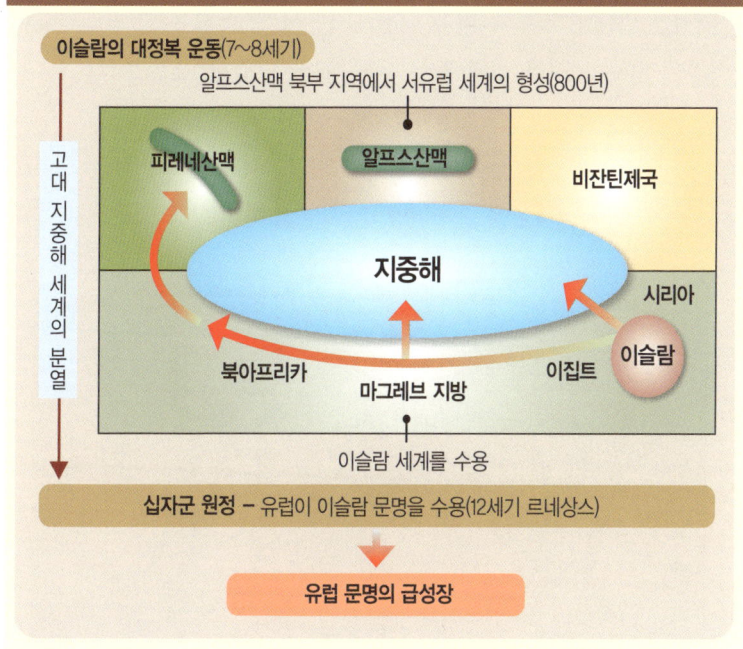

서쪽으로 문명이 발달했는데, 그 출발점이었던 이집트 문명은 레바논 삼나무, 올리브유 등 지중해의 생산물이 대량으로 필요했다. 페니키아인, 그리스인이 이집트와 거래하며 해상 교역이 활성화되자 지중해는 하나의 경제 공동체를 이루게 되었다. 이를 계승해서 기원전 1세기에 지중해를 지배한 해양 제국이 바로 로마제국이다.

이슬람의 무함마드 없이는 서로마제국의 카를 대제도 없다!

서쪽 해양 세국(로마제국)과 동쪽 내륙 제국(페르시아제국)의 대립은 7세기까지 이어졌다. 로마제국이 지배한 북아프리카 베르베르인 거주 지역을 '마그레브(아랍어로 해가 지는 곳을 의미)'라고 부르기까지 했으며 두 제국은 치열하게 다투었다.

6세기 말에는 전투가 더욱 격렬해지면서 양국 모두 국력이 극도로 쇠약해진다. 그러한 상황에서 이슬람교로 단결한 아랍인(그리스어 아이깁투스Aegyptus를 아랍 식으로 깁트라 발음했고, 이것은 이집트인을 뜻하는 콥트의 어원이 되었다)들이 정복 활동을 펼치기 시작했다. 7세기에는 페르시아제국이 이슬람제국에 흡수되었고 시리아, 이집트 등 지중해 세계의

마그레브 사람들 일러스트, 1905년, 뉴욕 스미스소니언박물관

카를 대제의 대관식, 1514년, 라파엘, 바티칸 박물관

남반부를 이슬람제국이 장악했다. 이로써 지중해를 중심으로 유럽과 중동의 역사는 새로운 단계에 돌입했다.

당시 알프스산맥 북쪽의 유럽은 로마제국의 변방에 지나지 않았다. 그러나 이슬람교도가 7세기에서 8세기 사이 대정복 운동을 펼치며 지중해를 장악하면서, 기독교 세계의 중심이 라틴인·게르만인이 사는 구 켈트인 거주 지역으로 자연스럽게 옮겨졌다. 무함마드 없이는 카를 대제(샤를마뉴)도 없다고 했던 벨기에의 역사학자 앙리 피렌느의 지적대로였다.

800년에 프랑크 왕국의 카를 대제가 서로마제국 황제의 관을 받은 것은 서유럽 세계의 탄생을 상징하는 사건이었다. 서유럽은 이슬람제국의 등장에 대응하기 위해 유럽의 새로운 중심 세력으로 부상한 것이다.

> 이슬람교의 탄생과 움마

종교의 울타리 넘어
세속화 이룬 이슬람교의 움마

《코란》은 어떻게 이슬람 세계의 중심이 되었는가?

　중동은 기존의 아라비아반도를 중심으로 하는 이슬람제국과 제2의 이슬람제국이라 불리는 오스만제국을 바탕으로 이루어졌다. 두 제국은 알라신의 말씀을 모아 기록한《코란》에 따라 사회 질서를 유지하는 종교 제국이었다. 《코란》은 대천사 가브리엘이 예언자 무함마드에게 전달한 신의 말씀으로, 인간이 따라야 할 완벽한 기준으로 여겨진다.

　이슬람교도의 독특한 가치 기준은 민족, 국가를 초월해서 중동 사람들의 생활 전반에 스며들었다. 그 때문에 과학의 발달로 종교의 세속화가 이루어진 다른 지역 사람들에게는 이해하기 어려운 사회가 되었다.

　이슬람교는 특별한 종교 수행을 중시하지 않고 일상 속에서 신앙생활을 하는 전형적인 재가 신앙이다.

　시아파는 예외적으로 이맘(아랍어로 지도자, 규범을 뜻하며 크고 작은 이슬람교도의 집단 예배를 인도함)을 섬기지만 원칙적으로 성직자는 존재하지 않는다. 이슬람교도는 세상을 떠날 때까지 항상 신의 뜻에 따라 생활해야 한다. 가장 중시하는 것은 알라신의 말씀 안에서 하루하루를

이슬람 세계의 종교와 사회

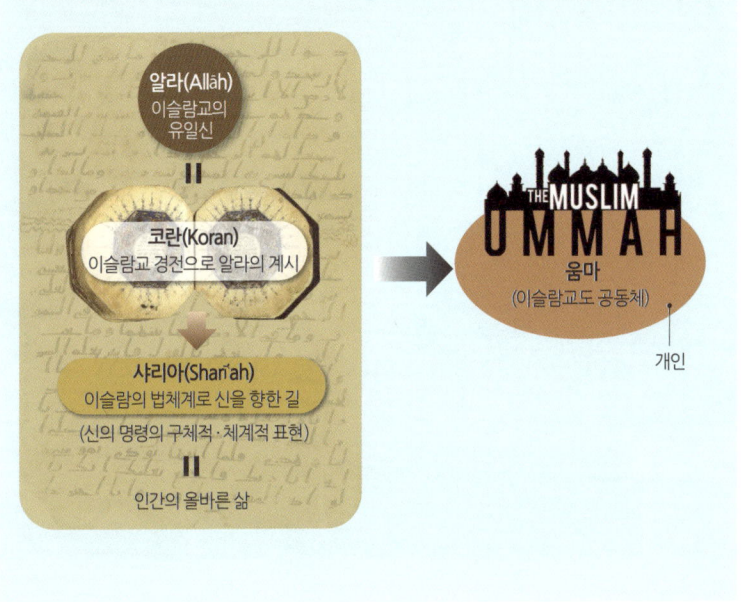

충실하게 사는 것이다.

그 때문에 분쟁 해결, 경제 행위, 국제 문제, 전쟁에 이르기까지 모든 사안을 이슬람의 교리에 따라 결정한다. 이슬람교도에게 도덕의 기준이 되는 것은 이슬람법(샤리아)이며, 법률은 그 일부를 문장으로 옮긴 것에 지나지 않는다. 이것이 이슬람교가 종교의 울타리를 넘어 세속 사회에 깊이 침투하게 된 이유이다.

이슬람 세계는 움마라는 이슬람 공동체와 함께 팽창

사회 문제도 무슬림(이슬람교도) 간의 합의를 최우선으로 했으나, 인구가 늘고 사회 규모가 커진 현재는 이슬람 법학자 울라마(종교 지식이

오스만 시대의 옛날 메디나, 1890년, 라자 라비 바르마, 프라이빗 컬렉션

있는 사람들을 의미)들의 공통 견해를 중시한다.

 이슬람 세계는 움마라는 이슬람 공동체가 팽창하면서 확장되었다. 움마는 알라가 자신의 말을 전하기 위해 사도를 보낸 집단이라는 뜻이다. 모세의 움마, 예수의 움마도 같은 의미로 사용한다.

 그래서 무함마드도 메카에서 포교를 처음 시작했을 때는 신과 개인의 계약에 따른 신앙을 설파했다. 그러나 포교의 거점을 메디나(야스리브)로 옮긴 후에는 예언자이자 신도의 지도자인 무함마드와 신도의 계약에 따른 신앙으로 바뀌었다. 종교 지도자가 일상생활의 지도자가 된 셈이다. 그리고 생활 밀착형 종교인 이슬람교는 민족과 국가를 초월해서 확장되었다.

먼 옛날부터 부족을 중심으로 생활했던 아랍 세계는 족장 중심의 혈연과 부족 내 연대감을 중시했다. 그래서 혈연 집단인 부족을 국가보다 우선순위에 둔다. 움마는 그러한 관계와 연대감을 종교로 포장해서 재편성한 것이다. 그 때문에 중동의 서구화에 반대하고 움마의 이상을 회복하자고 주장하는 이슬람 원리주의가 지금도 큰 영향력을 행사하는 것이다.

중동의 아랍인은 누구인가?

중동의 아랍인은
무슬림의 20%에 불과하다

원래 중동 세계는 이슬람교, 기독교, 유대교가 공존했다

역사상의 아랍인은 원래 아라비아반도에 살다가 중동 지역으로 진출한 사람들을 가리킨다. 아랍어에는 수많은 방언이 있으며, 표준어는 《코란》에 쓰인 아랍어(푸스하, 문법과 문자 중심의 언어)이다. 이 언어로 아랍 세계는 하나가 되며, 일상생활에서는 구어체인 암미야를 사용한다.

지금은 일반적으로 아랍어 사용자를 아랍인, 거주자 대부분이 아랍어를 쓰는 지역을 아랍 세계로 본다. 중동에서도 튀르키예어를 쓰는 튀르키예와 페르시아어를 주로 쓰는 이란은 아랍으로 보지 않는다. 무슬림 중에 아랍인은 20%에 불과하며, 대부분은 동남아시아, 북인도에 거주한다.

19세기에 유럽의 국가나 민족이라는 개념이 들어오기 전까지 중동은 이슬람교, 기독교, 유대교가 공존했다. 그런데 중동 전역으로 이슬람교가 보급되면서 아랍인의 범주가 한층 넓어졌다. 중동은 모두 이슬람 국가라고 생각하기 쉬운데, 팔레스타인은 기독교의 발상지이며 이집트, 시리아, 레바논은 예전에 비잔틴제국령이었다. 현재도 중동

하지 기간 동안 메카에 모여 기도하며 순례하는 무슬림들, 2009년 11월.
ⓒ Al Jazeera English, W-C

국가 어디나 기독교인이 살고 있다.

예를 들어 레바논은 국민의 3분의 1이 마론파 중심의 기독교인이고, 이집트와 시리아는 국민의 약 10퍼센트가 기독교인이다. 이스라엘은 알려진 대로 국민의 대다수가 유대교인이다.

유대교와 기독교의 예언자도 이슬람교도의 신앙 대상

이슬람은 '한 손에는 《코란》, 한 손에는 칼'이라는 표현 때문인지 다른 종교에 배타적이라는 오해를 받는다. 하지만 이슬람교와 유사성이

이슬람교가 이어받은 유대교 및 기독교 예언자의 이름

	인물	아라비아어
구약성서	아담(인류의 조상)	아담
	모세(출애굽을 지도)	무사
	노아(노아의 방주)	누흐
	아브라함(약속의 땅으로 이주)	이브라힘
	이스마엘(예언자)	이스마일
	솔로몬(이스라엘 왕)	술레이만
	요셉(이집트 이주)	유수프
	욥(욥기)	아이유브
신약성서	예수	이사

있는 기독교와 유대교 신자는 지즈야(인두세)를 지불할 경우 자기의 신앙을 지킬 수 있었다.

　실제로 아랍인은 두 부류로 나뉜다. 원래 아라비아반도에 살던 부족들, 그리고 이슬람교가 확산되는 과정에서 개종해서 아랍어를 쓰게 된 신생 아랍인이다. 시리아, 이집트 등이 이에 해당한다.

　이슬람교도가 신앙의 중심으로 삼는 육신(六信, 유일신, 천사, 사도, 경전, 내세, 천명)은 유대교와 기독교 신자들이 믿는 내용과 대부분 겹친다. 이슬람교는《구약성서》,《신약성서》,《코란》을 신봉한다. 즉, 유대교와 기독교의 예언자는 이슬람교도의 신앙 대상이기도 한 것이다.

이슬람교도는 자녀의 이름을 지을 때 주로 《코란》, 《구약성서》, 《신약성서》에 등장하는 인물의 이름을 따온다. 가장 흔한 이름으로는 무함마드에서 딴 무함마드 또는 마하무드, 예수에서 딴 이사, 십계의 모세에서 딴 무사, 솔로몬에서 딴 술레이만 등이 있다. 또한 아랍인의 본명은 대부분 굉장히 길다. 본인, 아버지, 할아버지 이름에 이어 네 번째에 부족명, 출신지, 직업 등이 따라오는 식이다.

이슬람교도의 종교와 생활

하루 5회 예배가
무슬림 종교 생활의 중심

상업과 유목 생활을 하는 무슬림은 태음력을 사용

이슬람력은 하늘의 대시계인 달의 차고 기울어짐에 근거해서 초승달이 뜬 날부터 다시 초승달이 뜨는 날까지를 한 달로 보았다. 태양을 축으로 시간을 따지는 우리는 일출이 하루의 시작이라고 생각한다. 그러나 메소포타미아 문명의 영향으로 달이 차고 기우는 것을 시간의 척도로 삼아온 중동은 일몰을 하루의 시작으로 본다.

그들은 하루를 야간(일몰부터 일출 직전)과 주간(새벽부터 일몰 직전)으로 나누고 각각 10등분해서 한 시간으로 정했다. 이슬람력은 달이 열두 번 차고 기울면 1년으로 치는 완전한 태음력이므로 1년은 354일이며, 태양력과는 약 11일의 차이가 생긴다. 이슬람교도의 생업은 주로 상업과 유목이기 때문에 계절의 차이는 크게 문제 되지 않았다.

농경민은 종교력인 이슬람력과 전통적인 농업력을 동시에 사용했다. 하지만 현재는 대부분 태양력에 따라 생활한다.

'알라는 위대하다'와 '알라 외에 다른 신은 없다'

이슬람교도는 하루에 다섯 번씩 의무적으로 예배를 드린다. 중동에

이슬람 성지 메카를 향한 예배

카바 신전
무함마드가 최초로 이슬람을 선언한 곳으로 사우디아라비아 메카에 있는 이슬람교 신전을 말한다. 신전은 검은 커튼으로 가려져 있으며, 이브라힘과 그의 아들 이스마일이 알라의 명을 받들어 창건한 것으로 알려져 있다. 전 세계의 모든 무슬림은 이곳을 향해 기도를 올리며, 순례자들은 이곳을 7바퀴 돌면서 의식을 진행한다.

예배를 올리는 때
하루 5회 일몰→밤→새벽→낮→오후

가면 모스크에 딸린 미나레트(첨탑)에서 기도 시간을 알리는 아잔을 들을 수 있다. 또한 아잔의 내용은 '알라는 위대하다'로 시작해서 '알라 외에 다른 신은 없다'로 끝나는 낭랑한 기도 소리로 독특한 분위기를 자아낸다.

예배는 1,400년 이상 이어져온 이슬람교도의 생활 리듬으로 일몰(일몰 직후) 밤(일몰 후 낙조가 어둠에 덮일 때) 새벽(동 트기 직전) 낮(태양이 한가운데 떴을 때) 오후(서 있는 기둥과 기둥의 그림자 길이가 같아질 때) 등 하루 5회 드린다.

예배 방식은 상당히 세부적인 부분까지 상세히 정해져 있다. 먼저 똑바로 선 자세에서 90도로 허리를 굽혔다 펴고, 이마가 바닥에 닿도록 절한 후 무릎을 꿇고 앉는 순서로 이루어진다. 통일된 집단 예배의 형태로 이 네 가지 동작을 반복한다. 하루 다섯 번의 예배에 걸리는 시간은 총 30분 정도이다.

유대교는 토요일, 기독교는 일요일이 안식일로 정해져 있는데 이슬람교는 금요일을 야움 알 주므아(아랍어로 집회의 날)로 정하고 있다. 이 날은 모스크에서 이맘의 인도로 집단 예배를 드리는 특별한 날이다.

이슬람교는 예배를 천국에 이르기 위한 열쇠, 즉 신앙의 중심으로 여긴다. 이맘은 예배에 앞서 알라를 찬양하며 예언자 무함마드에게 축복을 구하고 《코란》을 몇 구절 낭독한다. 그때 종종 당대의 지배자에게 축복을 비는 설교가 이루어졌는데, 그것은 알라가 지배자의 지배를 인정한다는 의미였다.

안식일이 아니므로 예배가 끝나면 신도들은 일상으로 돌아간다. 그러나 최근에는 금요일을 휴일로 정하는 국가와 지역이 늘고 있다.

이슬람력의 라마단과 순례

9월에 라마단 실시, 12월에는 메카 순례

매년 9월 단식월은 함께 고난을 견딘다는 것에 큰 의미

 이슬람교도의 의무는 오행, 즉 신앙고백, 예배, 희사, 단식, 순례이다. 이슬람력 9월에 있는 라마단, 즉 단식월(斷食月)에는 일출부터 일몰까지 오랜 시간 동안 음식, 물, 흡연은 물론 성관계, 논쟁 등도 금지된다. 오로지 인내와 자제가 의무적으로 요구된다.

 더운 사막에서는 한낮에도 물을 마실 수 없기 때문에 고행과 마찬가지지만 다 함께 고난을 견디는 것에 큰 의의를 둔다. 눈앞에 음식과 물이 있어도 알라의 가르침에 따라 먹고 마시는 것을 참는 것이다.

 이슬람교도는 라마단을 통해 음식의 소중함을 되새기고 신에게 감사하며 굶주림에 허덕이는 사람들의 고통을 이해한다. 또한 같은 달 무함마드가 받은 최초의 계시이자 교단의 성장에 발판이 되었던 바드르 전투(무함마드가 메카의 아랍 부족을 무찌른 전쟁)가 알라의 가호 덕분이었음을 상기한다. 라마단 단식은 무슬림의 단결과 일체감을 더욱 북돋우기 위해 매년 거행되는 중요한 행사이다. 단식월이 끝나면 단식 종료를 축하하는 성대한 축제가 열린다.

 수많은 무슬림이 1,400년에 걸쳐 한낮의 단식을 한 달 동안 집단적

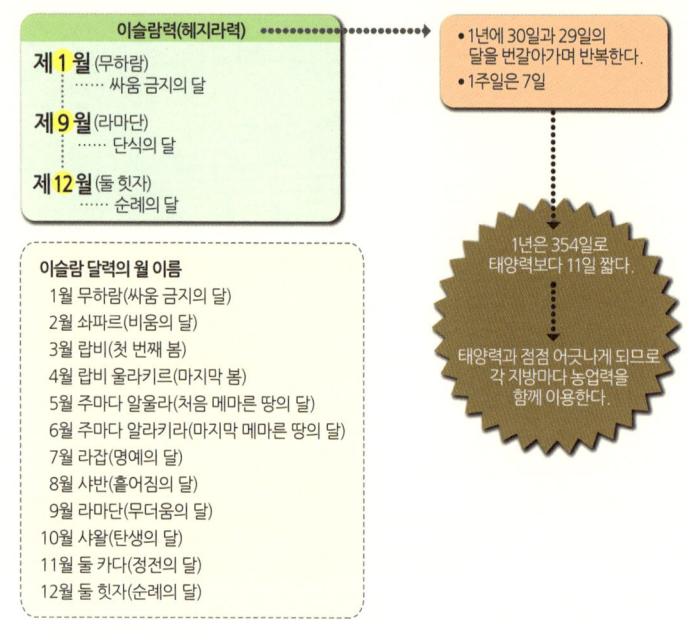

으로 반복해왔다는 것은 실로 대단한 일이다. 하지만 배가 곯은 상태에서 폭식하기 때문에 오히려 단식월의 음식 소비량은 다른 달의 2~3배라고 한다.

무슬림이 매년 12월에 메카를 순례하는 이유

이슬람교 신앙의 의무 중 하나로 메카 순례(아랍어로 하지)가 있다. 이슬람교도는 12월을 순례월로 정하고, 7일에서 13일간 일정한 방법과 순서에 따라 단체로 순례길에 오른다. 200만 명의 사람이 메카에 모여 7일간 단체 예배를 드리는 광경은 말 그대로 장관이다. 집단 순례를 통해 이슬람은 하나라는 의식, 즉 이슬람 집단에 대한 귀속의식이 자연스럽게 싹트는 것이다.

순례 시에 모든 남성 무슬림은 육체와 정신의 결백을 드러내기 위해 이음매가 없는 흰색 천 두 장을 몸에 두르고 민족, 노소, 빈부에 관계없이 알라 앞에서는 모두 평등하다는 것을 확인한다.

여성은 평상복으로 순례길에 올라도 관계없다. 메카의 카바(신의 집) 신전을 일곱 바퀴 돌면서 시작되는 순례는 무함마드가 632년에 실행한 고별 순례(죽음 직전에 행한 메카 순례)를 따라 하면서 관행이 되었다. 현재의 카바 신전은 세로 12미터, 가로 10미터, 높이 15미터의 석조 건조물로서 키스와라는 검은 천으로 덮여 있다.

당시에는 아라비아반도 각지에 매달 정기적으로 장이 섰고, 유목민은 메카에서 약 15킬로미터 떨어진 아라파트의 장터를 방문한 뒤 메카를 방문하게 되어 있었다. 그런데 무함마드가 메카에서 아라파트로 갔다가 다시 메카로 돌아오는 것으로 루트를 정해서 카바 신전의 종교적 상징성을 드높였다. 메카 순례는 무함마드가 이러한 아랍 유목민의 습관과 제사 의례를 토대로 만든 정식 종교 행사이다.

《코란》과 이슬람 교리

무슬림이 돼지고기와 음주를 금지하는 이유는?

《코란》의 말씀을 따르는 것이 곧 신에 대한 복종

중동 거주민의 대다수를 차지하는 이슬람교도는 지금도 《코란》이 정한 계율에 따라 살아간다. 《코란》은 '읽어야 하는 것, 통독해야 하는 것'이라는 뜻으로서 알라가 23년간 예언자 무함마드의 입을 빌려 일인칭 시점으로 말한 것을 3대 칼리파(아랍어 할리파의 유럽식 표기로 신의 사도의 대리인, 후계자라는 뜻) 우스만 때(650년경) 집대성한 것이다.

《코란》은 최후의 심판 때까지 인간이 지향해야 할 삶의 태도, 알라를 섬기는 방법을 제시하는 신앙의 지침서이자 신의 뜻 자체이다. 따라서 《코란》의 말씀을 따르는 것이 곧 신에 대한 복종이라고 여긴다. 즉 《코란》이 명시하는 대로 생활 전체가 할랄(합법)과 하람(비합법)으로 나뉘어 있다.

알라의 뜻에 따라 금지되는 행위를 하람이라고 하며 살인, 간통, 중상, 음주, 절도, 돼지고기나 죽은 고기를 먹는 것, 이자를 취하는 것, 생리 중인 여자와 성관계를 갖는 것 등이 해당된다. 돼지고기가 금지되는 이유는 정확히 밝혀진 바가 없는데, 유대교 역시 돼지고기를 엄격하게 금지하는 계율이 있는 것으로 보아 중동 지역의 생활 속에서

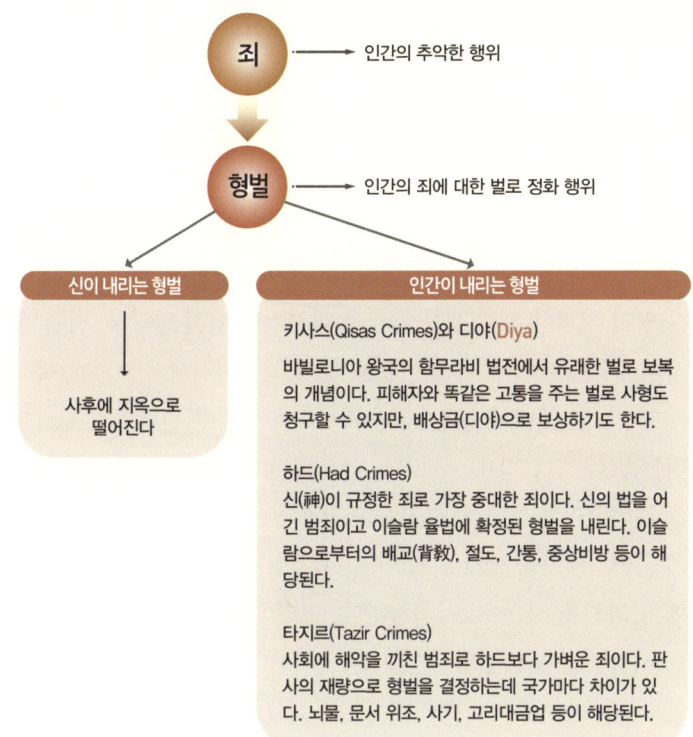

오랫동안 이어져온 관습으로 추정된다.

또한 《코란》은 죽은 고기, 흐르는 피, 알라 이외의 이름으로 도살된 동물의 고기, 뿔에 찔려 죽은 동물의 고기, 야수가 잡아먹은 고기, 도박으로 분배된 고기를 금지한다. 식품 보존 기술이 발달하지 않은 시대에는 썩은 고기와 출처를 알 수 없는 고기가 역병의 원인이 되었기 때문에 이러한 계율이 만들어졌을 것으로 추정한다.

고기는 알라의 이름으로, 알라는 위대하다고 읊조리며 경동맥을 끊고 피를 제거한 것만 할랄(허락된 것)로 인정되어 먹을 수 있다. 동물의 영혼이 빠져나가 사물이 되었다고 여긴 것이다.

술은 천국에 가서 마셔야 한다는 이슬람의 금주 계율

무함마드 시대에는 술로 인한 다툼이 잦았다. 그래서 술은 천국에 가서 마셔야 한다는 금주 계율이 정해졌다. 계율은 무함마드를 통해 인간에게 보내는 신의 뜻인데, 계율을 어겨도 형벌을 받는 일은 없다.

다만 각 지역의 오랜 생활 습관을 바꾸기는 쉽지 않았다. 가령 술은 인생의 즐거움이기에 어떤 이유를 붙여서든 허락했다. 사우디아라비아, 파키스탄, 리비아 등을 제외하면 금주 규정이 완벽하게 지켜지는 나라는 없다. 튀르키예는 이러한 금주 규정을 '과음하지 말라'라는 정도로 해석하며 공공연하게 술을 즐긴다.

옛날부터 와인을 즐긴 튀르키예, 시리아, 이집트 등지에서는 슈퍼마켓에서 와인을 사는 것도 가능하다. 그러나 단식월만큼은 종교적 계율에 따라 음주를 금한다.

이슬람교도의 베일과 턱수염

무슬림 여성의 부르카, 남성 턱수염의 의미는?

남성을 성적으로 자극하지 않기 위해 부르카 착용

2004년, 프랑스 정부는 이슬람교 이민자의 자녀가 부르카를 두르고 공립학교에 다니는 것을 금지하는 부르카 금지법을 시행해서 논란이 되었다.

일반적으로 이슬람 사회의 여성은 베일(부르카 또는 히잡)을 착용해서 남성에게 자신이 성인임을 나타낸다. 따라서 어린이는 보통 베일을 착용하지 않는다. 이슬람교도 여성은 외출 시 부르카(전신을 가리는 천)나 히잡(얼굴을 가리는 천)을 둘러 머리카락, 피부, 몸의 실루엣을 가려야 한다. 부르카는 원래 눈만 남기고 몸 전체를 가리는 천(주로 얇은 비단)이다.

부르카로 몸을 가리는 것은 남성을 성적으로 자극하지 않고 스스로 정절을 지키며 조신하게 살기 위한 이유도 있지만, 가정의 건사와 육아라는 일상생활의 장을 어디서든 의식하기 위한 이유도 있었다. 이슬람에서는 가정이야말로 여성을 위한 수행의 장이라고 여긴 것이다.

가족 이외의 사람에게 피부를 드러내지 않는 관습은 고대 그리스와 로마, 이란에도 있었다. 얼굴만 가리는 베일부터 몸 전체를 가리는 하

부르카를 입은 아프간 여성들, 1840년, 제임스 엣킨슨, 카불

바라(페르시아어로 차도르)까지 천의 종류는 매우 다양하다.

터번은 더위를 피하는 모자, 턱수염은 권위의 상징

《아라비안나이트》 삽화 등에서 볼 수 있는 남성의 터번은 더위를 피하기 위해 쓰는 일종의 모자이다.

머리에 딱 맞는 면 소재의 둥근 모자를 쓰고 그 위에 천을 감아 모양을 잡는데 천의 색상으로 종파, 가문, 왕조, 직업 등을 구별하는 기능도 있었다.

가령 녹색 터번은 옛날에 예언자 무함마드의 자손임을 나타냈다. 또한 왕조에 따라 사용할 수 있는 터번의 색상이 달라서 아바스 왕조는 검은색, 이집트의 파티마 왕조는 흰색을 사용했다고 한다. 현재 이란은 흰색과 검은색 터번을 사용하는데, 검은색 터번은 예언자의 자손에게만 허용된다.

이슬람 세계는 수염, 터번과 같은 독특한 관습이 있다. 또한 이슬람 세계의 남성은 대부분 수염을 기르며, 터번은 다양한 부족과 언어가 뒤섞인 이슬람 세계에서 자신과 종파, 출신을 나타낸다. 이것도 수메르 문명 때부터 이어지는 오랜 관습이다.

특히 예언자는 무함마드와 예수처럼 턱수염을 기르는 관습이 있었다. 턱수염이 인간의 위엄을 나타내는 상징이었던 것이다. 이슬람 세계에서는 턱수염을 걸고 맹세한다는 표현이 있을 정도이다. 그래서 젊은이가 턱수염을 기르면 오히려 새파란 놈이 건방지다면서 경멸당할 수도 있다.

콧수염은 남성의 위엄을 상징했기 때문에 온전한 성인 남성이 되면 누구나 콧수염을 길렀다. 수메르인의 조각에 수염이 표현된 것을 볼 수 있고, 고대 그리스에서도 남성은 누구나 수염을 길렀다.

지도자를 선택하는 이슬람식 민주주의

최근 이슬람 사회의 민주화라는 표현이 자주 쓰인다. 이슬람 사회는 알라에게 주권이 있다고 생각하며 국민 주권이라는 개념이 없다. 그만큼 민주주의는 이슬람 세계 사람들에게 낯선 개념이다.

그러나 이슬람법은 《코란》과 예언자 무함마드가 생전에 남긴 언행(순나), 그리고 '무슬림 간의 합의'를 중시한다. 이것이 어느 정도는 민주주의 개념과 비슷할지도 모르겠다.

종교와 생활이 융합된 이슬람교는 특별히 성직자를 두지 않는다. 다만 지도자로서의 영향력은 신에 대해 해박한 울라마에게 있으며, 울라마들은 이슬람법을 해석하고 집행하는 권한을 갖는다.

울라마는 일므(지식)가 있는 사람들이라는 뜻으로 학자, 교사, 설교사, 재판관, 모스크 관리자 등의 지위에 올랐다. 그러다가 아바스 왕조 시대부터 특정 계층이 되었다. 그러나 울라마에게 권위를 부여하는 공적 시스템은 없으며, 다수의 신도에게 지지를 얻으면 비로소 사회적 지도자로 인정된다. 민중의 지지를 잃으면 오래된 지도자도 그저 종교 지식인에 불과하다. 결국은 신도에게 최종 결정권과 지도자 선택권이 있는 셈이다. 민주 사회의 선거 제도와는 다르지만 이슬람식 민주주의라 해석할 수 있다.

이슬람 사회를 이해하려면 오랜 역사에서 비롯된 특유의 사회 시스템을 먼저 이해해야 한다.

2장

문명의 출발지
중동 세계

복잡한 중동 역사를 지리로 읽는다

바다, 사막, 강, 초원, 평야 등 지리로 읽는 중동 세계

지도로 중동의 지형을 살펴보자. 가장 먼저 육지의 바다라고 할 수 있는 드넓은 사막, 세계에서 가장 긴 나일강, 티그리스강·유프라테스강 유역의 대충적 평야, 그 옆의 중앙아시아 대초원, 세계에서 가장 큰 내해(內海, 육지에 둘러싸인 바다) 지중해, 페르시아만, 홍해, 흑해가 눈에 들어올 것이다.

대충적 평야에서 성립한 고대 이집트 문명과 메소포타미아 문명은 유목민의 활약으로 융합되면서 주변의 사막, 초원, 해양과 어우러져 방대한 역사를 써 내려갔다.

중동의 역사가 복잡한 것도 어쩌면 당연하다. 인류 문명의 출발지인 중동의 고대사만 다루어도 책 몇 권은 족히 나올 것이다. 여기서 고대사를 다루면 지면이 부족할뿐더러 안 다루는 것만 못하게 된다.

그러므로 이 장에서는 지역별로 중동을 해체해서 역사와 문화의 다양성을 살펴보고자 한다. 처음 시도해보는 방식이다.

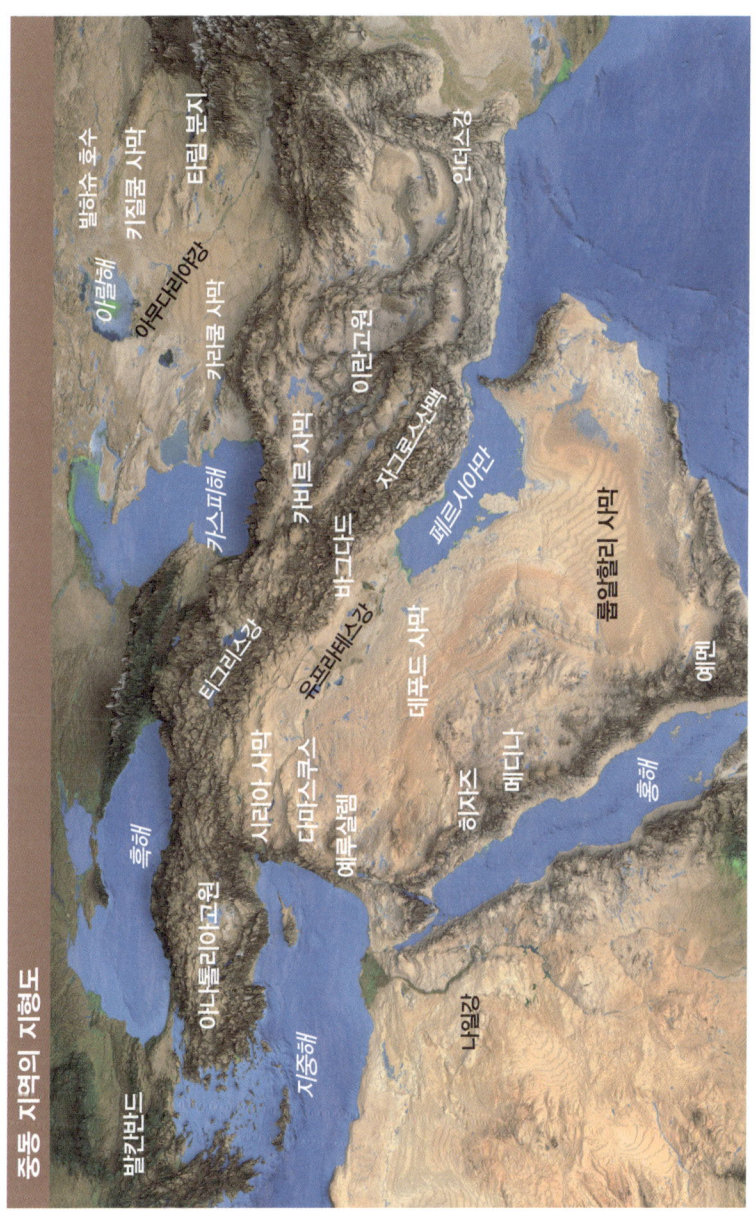

2장 문명의 출발지 중동 세계 — 65

중동을 구성하는 개념도

지중해 교역의 중심지
레바논은 서아시아의 지중해 동쪽 해안에 있다. 아랍인들에게 정복된 후 이슬람화되었으며, '중동의 파리'로 불릴 만큼 지중해 무역의 중심지로 번성했다.

중동 세계
소아시아로 불리는 아나톨리아는 광활한 고원의 대지로 동서 교류의 중계지였고, 현 튀르키예의 원형이다.

중국 세계 / 실크로드

마 와라 알 나호르 (서투르키스탄)

아나톨리아 / 외곽 지역 / 아프가니스탄

레바논 / 시리아 / 이란고원

사마르칸트강 너머의 땅으로 동방으로부터의 외적을 막는 지역이었다.

마그레브 / 시리아 사막 / 메소포타미아

이집트 / 아라비아 사막 / 인도 세계

예멘

마그레브
Maghreb, 동방에 대한 서방(西方)을 뜻하는 아랍어로 북아프리카의 모로코, 알제리, 튀니지, 리비아 등을 말한다.

거대한 회랑
시리아 사막과 아라비아 사막은 교역을 위한 거대한 회랑이나 마찬가지이다.

인도양 교역의 중심지
예멘은 가장 오래된 인류 거주지 중 하나로, 아랍인의 전통과 문화를 가장 잘 이어가고 있는 나라이다. 인도양 교역의 중심지로 '풍요로운 아라비아'로 유명한 시바(Sheba) 왕국으로 번성했다.

중동의 고대사는 수많은 민족의 교류와 분쟁의 역사

중동의 고대사는 수많은 민족의 교류와 교역, 전쟁과 이주 등으로 정신을 차릴 수 없을 만큼 복잡하다. 이는 다른 문명과 비교해보면 쉽게 알 수 있다.

황허 유역에서 발생한 중국 문명은 남쪽의 장강 유역으로까지 퍼져나가며 대륙을 하나의 문화권으로 확장했다. 그런데 만리장성 건설이 상징하듯이 중국은 유목민을 야만족으로 취급했고, 주기적으로 반복되는 황허 하류의 대범람 때문에 해양 세계와도 거의 접점이 없었다.

우리는 중국 고대사가 거대한 무대에서 펼쳐졌다고 생각하지만, 중동 고대사에 비하면 강을 중심으로 하는 한정된 지역의 역사에 불과한 것이다.

히말라야산맥 등에 의해 유라시아 중앙부와 격리된 인도 문명도 마찬가지였다. 인도 문명은 인더스강 유역에서 갠지스강 유역으로 중심이 이동하면서 중부 데칸고원으로, 벵골만에서 동남아시아로 전파되기도 했으나 지리적으로 한정된 움직임이었다.

| 메소포타미아 문명 |

강의 습지대에서 탄생한 인류 최초의 문명

인류 최초의 서사시인 수메르인의 〈길가메시 이야기〉

　인류 최초의 문명은 티그리스강과 유프라테스강 사이의 충적평야(수메르)에서 발생했다. 문명을 이끈 수메르인은 인간이 신의 노예로 만들어진 존재이며, 가축과 곡식도 신이 준 것이라고 믿었다. 메소포타미아는 그리스어 명칭으로 유럽에서 만든 말인데, 아랍어로는 강기슭 지대, 저지대라는 뜻으로 지금의 이라크를 가리킨다.

　두 강의 수원지는 북쪽의 튀르키예 산악 지대였다. 해발고도 2,000미터 위에 있는 눈 녹은 물이 남동으로 흘러 페르시아만으로 들어가면서 형성한 습지대인 두 강의 하류에서 운하나 관개 설비를 연결해서 보리를 재배했다. 그러나 그 물은 종종 갑작스러운 홍수를 일으켜 밭과 도시를 집어삼켰고 인간을 곤경에 빠뜨리기도 했다.

　메소포타미아 최초의 서사시인 〈길가메시 이야기〉에는 우트나피시팀이라는 현인과 그의 가족이 대홍수에서 살아남는다는 이야기가 있다. 《구약성서》의 '노아의 방주'는 여기서 유래했다. 이 지역도 마음 편히 농사지을 수 있는 환경은 아니었던 것이다.

노아의 방주, 1846년, 에드워드 힉스, 필라델피아 박물관

두 강의 하류는 세계 최고 기온으로 기록될 만큼 더운 곳이다. 연간 강우량이 겨우 150밀리미터로 사막과 다름없는 상태이다.

함무라비 법전은 중동 사회의 법과 질서의 모태

유프라테스강 서쪽에는 요르단과 아라비아반도로 이어지는 시리아 사막이 펼쳐져 있다. 이처럼 혹독한 환경에서 인간은 햇볕에 말린 점토 벽돌로 신전을 쌓고, 이곳을 중심으로 도시를 성장시켰으며 부드러운 점토판에 갈대를 펜 삼아 설형문자를 기록했다. 또한 달이 차고 기울어짐으로 날짜를 헤아리는 태음력, 1년을 12개월로 하는 개념, 60진법, 글씨를 새긴 은화 등을 고안해서 이집트 문명 등에도 영향을 미쳤다.

사막과 황무지에서 온 유목민과 산악 민족이 수시로 메소포타미아

점토판에 새겨진 함무라비 법전의 일부, 1780년, 루브르 박물관

를 침략한 까닭에 도시와 국가는 흥망을 반복했다.

주변 세력들과 끊임없는 분쟁과 교류 덕분에 상업은 발달했지만 생활 습관과 가치관이 다른 부족들이 뒤섞여 사회의 통일성을 유지하기가 매우 어려웠다. 따라서 '계약'에 따라 사회의 질서를 확립할 수밖에 없었다.

기원전 18세기, 메소포타미아 전체를 통일한 고바빌로니아 왕국의 제6대 왕 함무라비는 전문과 282조로 이루어진 함무라비 법전을 제정해서 '눈에는 눈, 이에는 이'로 유명한 동해보복법(同害報復法)을 원칙으로 사회 질서를 확립했다. 이 법은 훗날 유대법에 계승되는 등 중동 지역에서 사회의 법과 질서를 만드는 데 큰 영향을 미쳤다.

> 이집트 문명

나일강의 '검은 흙'에서 탄생한 이집트 문명

나일강 유역은 중동 지역 최대의 곡창 지대

세계에서 가장 긴 강인 나일강의 삼각주와 이 강의 중류를 끼고 있는 이집트 문명의 발상지는 이라크와 함께 중동의 역사를 이끈 대농업 지역이다. 그렇게 비옥한 땅이었다.

하지만 지금의 이집트는 국토 대부분이 사막이고 비가 몇 년에 한 번꼴로 내리며, 나일강 유역의 카이로 역시 연간 강우량이 고작 30밀리미터에 불과하다. 상류인 에티오피아고원에서 매년 같은 시기(6월 중순부터 10월 하순)에 내리는 비가 한 달에 걸쳐 지중해로 흘러 들어가는 동안 나일강 유역이 서서히 범람했고, 이것이 매년 반복되면서 대량의 검은 흙이 강 하류에 쌓이게 되었다.

이처럼 비옥한 경작지 위에 파라오(왕)를 지배자로 하는 왕조가 기원전 3000년부터 시작해 2,900년 동안 이어졌다. 5세기에 그리스의 역사학자 헤로도토스가 이집트는 나일강의 선물이라는 명언을 남겼듯이, 나일강 유역에 쌓이는 검은 흙은 언제나 중동 지역 최대의 곡창 지대로 만들었다.

메소포타미아 문명과 이집트 문명의 비교

이집트 문명
- 정기적인 주기로 일어나는 홍수
- 삶을 긍정적으로 보는 마음가짐
- 폐쇄적인 지형으로 조용한 사회
- 파라오의 안정적인 지배
- 태양력 사용
- 금(金)을 중요하게 생각함.
- 3,000년 동안 이어짐.

메소포타미아 문명
- 강의 홍수와 범람으로 삶을 고통으로 인식
- 개방적인 지형으로 이민족의 잦은 침입
- 왕조의 잦은 교체와 경제 발전
- 페르시아만·인도양과 연결
- 태음력 사용
- 은(銀)을 중요하게 생각함.
- 법률이 발달함.

18왕조 고대 이집트 파라오 투탕카멘의 장례용 가면, 2016년, ⓒ David Monniaux W-C

이집트의 파라오는 천지를 창조한 태양신의 아들

나일강에 의존한 이집트에서는 세상이 '원초의 물'에서 시작되었으며, 그 물에 떠내려온 알(연꽃이라는 설도 있다)에서 천지의 창조자인 태양신 '라'가 탄생했다고 믿었다. 곡식을 여물게 하는 태양이 만물을 창조하고 지배한다고 여긴 것이다.

라는 대기, 대지, 하늘의 신을 낳아 다스렸고, 수많은 신을 지배하는 신들의 왕으로서 하늘을 빠르게 나는 매(라의 성스러운 새)의 머리를 가진 존재로 묘사되었다. 역대 파라오들은 스스로를 태양신 라의 아들이라고 칭했다.

왕은 나일강의 중요한 위치에다 수위를 측정하는 나일로미터를 설치해서 강을 관리했다. 나일강은 파라오의 재산이었기 때문이다.

기원전 3000년경부터 나일강에서 성장한 이집트 문명은 모든 면에서 강과 밀접한 관련이 있었다.

매년 나일강이 범람할 때 동쪽 지평선 위에 밝은 별이 주기적으로 나타나는 것을 보고 태양력(달이 12번 차고 기울어지는 360일과 수확 후의 5일을 더해서 1년으로 친다)을, 강어귀에서 2~3미터씩 자라는 파피루스로 일종의 종이를 만들었다. 또한 거기에 쓰는 상형문자, 파피루스로 만든 범선, 나일강 범람으로 망가진 밭을 복구하기 위한 측량술(기하학의 뿌리) 등을 고안해냈다.

태양신 라의 상징은 오벨리스크(4개의 면을 지닌 높고 좁은 탑으로, 점점 가늘어지는 피라미드 모양의 꼭대기를 하고 있다)이고, 라의 아들 파라오가 승천하는 제단은 현재 80기가 남아 있는 피라미드이다.

최소 4,500년 전에 높이 약 144미터, 밑변 약 230미터, 개당 평균 2.5톤에 달하는 마름돌을 무려 200만 개 이상 쌓아 만든 쿠푸 왕의 피라미드는 왕과 태양신 라에 대한 당시 이집트인의 뜨거운 신앙심을 보여주고 있다.

> 시리아의 사막 교역

세계에서 가장 오래된 도시, 시리아의 다마스쿠스

시리아의 아람어는 고대 중동 전체의 공통어

고대 역사에서 '시리아'라고 불렸던 지역은 지금보다 훨씬 넓었다. 북쪽은 튀르키예 남부, 남쪽은 요르단 남단, 동쪽은 유프라테스강, 서쪽은 지중해와 맞닿아 있었다. 직선으로 국경이 그어진 현재의 시리아는 프랑스의 위임 통치 시대에 만들어졌다.

약 3,000년 전 이 지역에서 활약한 사막의 상업민은 반유목 생활을 하던 아람인(Aramean, 이스라엘 구약 시대, 지금의 시리아에 있었던 나라 아람의 주민으로 이스라엘을 침략해 괴롭혔다고 알려짐)이었다. 메소포타미아에서 이집트로 연결되는 시리아 사막을 낙타로 이동하던 아람인의 언어(아람어, 예수가 사용했던 언어로 알려짐)는 고대 중동에서 통용되는 공통어가 되었다. 국제 공통어인 지금의 영어와 같다고 보면 된다.

시리아의 중심은 남서부 바라다강 남안의 다마스쿠스이다. 이곳은 5,000년 전 도시를 형성한, 현존하는 가장 오래된 도시이다.

다마스쿠스는 메소포타미아와 이집트, 아라비아반도와 아나톨리아를 연결하며 동서남북으로 종횡무진 활약한 카라반 무역의 거점이 되었고, 인근 오아시스에서 재배한 농산물의 집산지로 번성했다.

사막 지대 무역의 중심지였던 시리아

시리아

지중해와 접하고 메소포타미아 문명이 발생한 나라의 하나로 고대에는 여러 왕국의 지배를 받았다. 특히 메소포타미아와 이집트가 교류를 하려면 페니키아를 포함한 팔레스티나 지역과 시리아 지역을 통과해야 했다. 또한 팔레스티나와 시리아의 좁은 통로를 벗어나면 바로 사막이 나오기 때문에 지리적인 요지이기도 했다.

시리아는 중동을 연결하는 무역의 핵심지로 상업이 번창했으며, 수도 다마스쿠스는 아랍인들이 선망하는 중요한 도시로 이름을 날렸다. 이들은 1920년에 아랍 왕국으로 독립을 선언했지만 프랑스의 거부로 실패하고, 다시 제2차 세계대전 중에 독립을 선언, 1946년에 독립을 이루었다. 독립 후에도 잦은 쿠데타와 내전으로 정부군, 반군, 극단주의자들이 난립하면서 20만 명이 넘게 사망하고 인구의 절반이 난민이 되었다. 전 국민의 68%가 이슬람교의 수니파 교도이며 쿠르드족이 50만 명 가까이 살고 있는데, 현재는 50년 동안 2대에 걸쳐 무자비한 독재 권력을 휘두른 알아사드 정권이 무너지고 반군 지도자였던 아흐마드 알샤라가 신정부의 수반으로 등장했다.

육로 교역의 요충지 시리아에 주변국의 끊임없는 침략

중동 육로의 중심이었던 시리아는 편리한 교통로와 경제적 부유함이 화근이 되어 기원전 8세기에는 아시리아, 기원전 6세기에는 신바빌로니아, 기원전 4세기에는 알렉산드로스제국, 기원전 1세기에는 로마제국에 지배당하는 등 수난의 역사가 반복했다.

이후 시리아는 로마제국과 파르티아(고대 이란의 왕국)의 완충 지대가 되었고, 2~3세기에는 사막의 교역 도시 팔미라가 양국의 상품 거래 및 교류의 장이 되었다. 팔미라는 파르티아를 통해 비단을 비롯한 실크로드의 물자가 유입되던 곳이라 한때는 실크로드의 종착지라 불렸지만 나중에 로마제국에 멸망당하고 만다.

또한 동서남북을 연결하는 시리아의 중심 도시 다마스쿠스는 이슬람이 확산되던 시기에 아랍인이 주요 교역 장소로 삼았던 곳이자 7세기 아라비아반도에서 시작된 원정에서 제일 먼저 정복 대상이 된 곳이기도 하다.

아라비아반도 남부의 예멘 지역은 몬순(계절풍)의 영향으로 중동에서는 드물게 비가 많이 내려 '아라비아 펠릭스(행운의 아라비아)'라고 불렸다.

예멘은 산물이 풍부한 농경 지대였을 뿐 아니라 상업 도시 아덴을 거점으로 대규모 무역을 펼치기도 했다. 특히 동아프리카, 아라비아반도 남부에서 생산되는 유향과 몰약 등의 향료는 이집트, 메소포타미아에서 매우 귀하게 여기는 특산품이었다. 이 향료들은 낙타를 이용해 아라비아반도 서안 지방과 시리아 지방을 거쳐 가는 카라반에 의해 이집트, 메소포타미아로 운반되었다.

> 레바논의 지중해 교역

지중해 항로 개척해
중동과 연결한 해상 강국

고대 페니키아 사람들이 지중해 대항로를 개척

고대에 지중해 항로를 개척한 페니키아인의 생활 터전 레바논은 길이 200킬로미터 이상, 폭 40~80킬로미터의 좁고 기다란 해안 평야지대로서 레바논산맥에 의해 시리아와 격리되어 있었다.

농사지을 땅이 부족했던 고대 페니키아 사람들은 레바논삼나무로 배를 만들어 중동과 지중해 연안 지역을 연결했을 뿐만 아니라 지중해를 횡단하는 대항로를 개척했다.

레바논의 역사는 기본적으로 시리아와 함께했는데, 산맥으로 격리된 탓에 수많은 종교 집단의 피난처가 되었다. 그리고 주변의 다양한 민족이 유입되면서 다민족이 혼재하는 지금의 레바논 특징이 형성되는 원인으로 작용했다.

레바논은 인구의 약 30퍼센트가 기독교도이며, 마론파(예수가 인성을 갖지 않고 신성만 가졌다고 보는 레바논 고유의 기독교로 아랍어로 예배를 본다), 동방정교회, 아르메니아교회 등으로 종파가 나뉜다. 이슬람교도는 대부분 시아파이며, 신이 신앙을 확립하기 위해 지상에 재림한다고 믿는 드루즈파가 약 5퍼센트를 차지한다.

강대국의 침략과 종교 분쟁으로 초토화된 레바논의 역사

일찍이 페니키아인이 지중해를 무대로 활약한 레바논의 역사는 파란만장하다. 레바논은 기원전 64년 로마에 정복당해서 시리아주의 일부로 로마제국에 편입된 후 기독교화되었다.

630년대 아랍인에게 정복당했고, 11세기에는 이슬람교 시아파에서 분리된 드루즈파(시아파가 이집트에 세운 파티마 왕조의 제6대 칼리파 하킴을 숭배하는 신비파(神秘派)로 중동 전역에 약 100만 명의 신도가 있다)가 정주했으며, 1099년부터 13세기까지는 십자군의 지배를 받았다. 16세기에는 오스만제국의 지배하에 들어갔고, 19세기 중반까지 마론파와 드루즈파가 독자적으로 발전했다.

제1차 세계대전에서 오스만제국이 패하자 기근이 확산되어 수많은 기독교도가 미국으로 이주했고, 종전 후에는 프랑스의 지배하에 들어갔다. 1926년 레바논공화국이 수립되었으나 식민지 상태는 계속되었고, 1946년 프랑스군이 철수하고 나서야 겨우 독립할 수 있었다.

11세기 이후 시작된 기독교도와 이슬람교도의 대립은 1970년 팔레스타인해방기구PLO의 본부가 요르단에서 레바논으로 이전하면서 1975년에는 급기야 내전으로 불꽃이 튀었다. PLO와 시리아, 이스라엘이 내전에 뛰어들면서 진흙탕 싸움이 되었지만, 1990년 시리아군의 침공으로 종결되었다.

이후 20년 만에 총선거가 실시되는 등 질서를 회복하는 듯했으나 이란의 지원을 받은 시아파 원리주의 조직 헤즈볼라(아랍어로 신의 당을 뜻한다. 이스라엘이 점령한 레바논 영토를 해방시키고 이슬람 국가를 건설하는 것이 목표이며 이란으로부터 자금을 지원받고 있다)가 이스라엘을 공격했고, 이에 대한 보복으로 이스라엘군이 공격을 개시하면서 정국은 다시 혼란에 빠졌다. 이처럼 쉴 새 없이 이어진 전쟁 때문에 수도 베이루트를 비롯한 레바논 전역이 폐허가 되고 말았다.

> 팔레스타인의 3대 종교

팔레스타인 예루살렘은 세계 3대 종교의 성지

아시아와 아프리카의 접점 팔레스타인에서 유일신 종교 탄생

이스라엘을 중심으로 하는 지중해 연안 지역은 로마인이 유대인의 저항을 진압하고 이 지역을 강압적으로 지배하면서 팔레스티나(속인의 땅)라고 부르게 되었다. 팔레스타인은 여기서 유래한 말이며, 옛 지명은 가나안이다.

아시아와 아프리카의 접점에 위치한 팔레스타인은 기원전 3000년 경부터 가나안인(동지중해에서 상인으로 활약하는 동안 헤브라이어를 전파했다는 설이 있으며, 가나안은 적갈색 염료를 뜻하기도 했다)이 살면서 이집트, 메소포타미아, 시리아의 영향을 받으며 독자적인 종교를 형성했다. 유대교, 기독교, 이슬람교는 그 신앙을 모태로 형성되었다.

기원전 2000년경 팔레스타인으로 이주한 유대인은 고난의 역사 속에서 유대교를 창시했다. 유대교는 유일신 야훼(스스로 존재하는 자)가 천지와 인간을 창조하고 정의와 율법을 세웠으며, 세상의 종말에 메시아(구세주, 그리스어로 크리스트)가 나타나 계약에 따라 야훼를 신봉하는 유대인만 구원한다고 믿는 종교(선민사상)로《구약성서》를 경전으로 삼는다.

사울과 다윗, 1650~1670년, 렘브란트, 암스테르담 마우리츠하이스 왕립미술관

유대인은 기원전 10세기 다윗 왕 시대에 예루살렘을 수도로 해서 이스라엘 왕국을 세웠고, 제3대 솔로몬 왕 시대에 전성기를 맞이했다. 그러나 솔로몬 왕이 죽은 후 이 왕국은 남북으로 분열되었고, 나중에 동쪽에서 등장한 아시리아와 신바빌로니아에 의해 남북이 모두 멸망했다.

특히 기원전 586년 남쪽의 유대 왕국이 신바빌로니아에 멸망했을 때는 신분에 관계없이 수많은 유대인이 바빌론으로 강제 연행되어(바빌론 유수) 혹독한 노역에 시달렸다. 이 포로 생활은 신바빌로니아가 아케메네스 왕조에 멸망할 때까지 계속되었고, 그 과정에서 유대교의 신앙은 더욱 깊어졌다.

사도들에게 보내는 권고, 1886~1894년, 제임스 티소,
예수가 열두 제자한테 말씀하는 모습, 뉴욕 브루클린 박물관

예수의 그리스도교 창시와 유대 민족의 디아스포라

 서기 6년, 팔레스타인은 로마의 속주가 되었다. 로마인이 높은 세금을 거두며 유대 사회의 관행을 무시하자 각지에서 반로마 민중 운동이 일어났다. 그 민중 운동을 이끈 지도자 중 하나가 예수였다.

 기원전 4년경 베들레헴에서 태어난 예수는 27년경 요한에게 세례를 받고 메시아 운동을 일으켰다. 그는 최후의 심판이 다가왔음을 알리고 신의 절대적인 사랑, 이웃 사랑을 설파하며 로마의 지배에 협조하는 유대교 지도층을 비판했다.

 30년경 유대인 의회와 로마 총독은 신성모독죄와 로마제국에 대한 반역죄로 예수에게 사형을 선고했다. 예수는 36세에 예루살렘 외곽에 있는 골고다 언덕의 십자가에서 처형되었다. 이후 그의 제자들은 예수의 부활을 믿고, 예수를 진정한 메시아로 여기는 그리스도교(기독

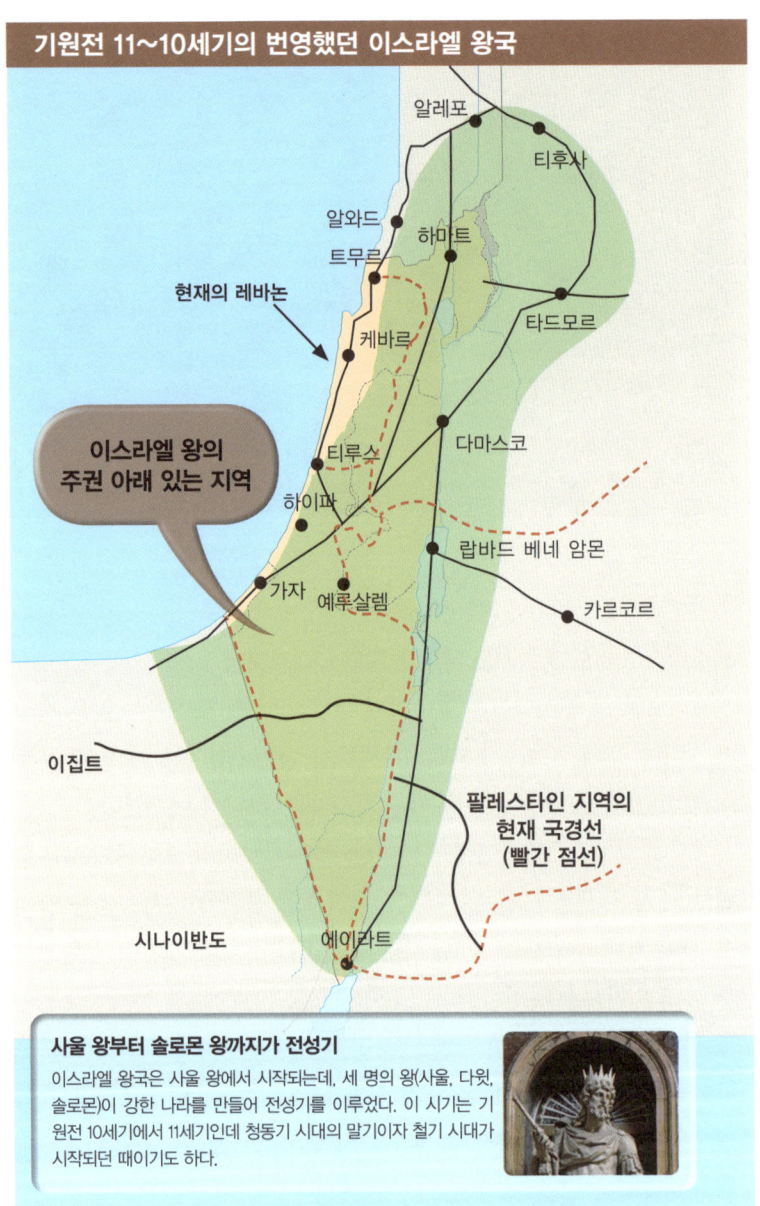

사울 왕부터 솔로몬 왕까지가 전성기

이스라엘 왕국은 사울 왕에서 시작되는데, 세 명의 왕(사울, 다윗, 솔로몬)이 강한 나라를 만들어 전성기를 이루었다. 이 시기는 기원전 10세기에서 11세기인데 청동기 시대의 말기이자 철기 시대가 시작되던 때이기도 하다.

교)를 창시했다.

　로마제국이 자국에만 유리한 가혹한 지배를 일삼자 유대인은 끊임없이 저항했다. 로마의 역사학자 타키투스가 "로마인은 폐허를 만들고 그곳을 평화라 부른다"라고 지적했을 만큼 속주민은 수도 로마의 화려한 생활을 책임지기 위해 세금 등 온갖 부담을 떠안아야 했다.

　속주 유대는 열심당을 중심으로 로마와 간헐적인 전쟁을 치렀으나 제1차 유대전쟁(66~70년), 제2차 유대전쟁(132~135년)에서 패했다. 특히 제2차 유대전쟁에서는 58만 명이 사망했고, 살아남은 유대인은 노예가 되었다. 이후 유대인은 예루살렘 출입이 금지되었으며, 이를 어길 시 사형에 처해졌다.

　고향을 잃은 유대인은 로마제국을 제외한 여러 도시로 뿔뿔이 흩어졌다. 그것을 디아스포라(Diaspora, 유대인들이 팔레스타인을 떠나 세계 각지로 흩어진 것)라고 한다. 참고로 로마인들이 이 땅을 팔레스티나라고 부르기 시작한 것도 이 시기였다.

　유대인들은 파괴된 예루살렘 궁전의 벽을 통곡의 벽이라고 부르며 신봉했다. 19세기에 전개된 민족주의에 의해 유럽 각지에서 유대교도를 거세게 탄압하자, 유럽에 흩어져 있던 유대인들 사이에 예루살렘(애칭은 시온)으로 돌아가 팔레스타인 국가를 부흥시키자는 시오니즘 운동이 확산된다.

　기독교의 일파인 청교도 역시 유대인의 팔레스타인 부흥이 예수 재림의 전제라 여겼기 때문에 유대인의 국가 건설에 힘을 보태려 했다. 제1차 세계대전 중 유대인의 민족적 고향 National Home 건설을 인정한 영국의 외상 밸푸어, 제2차 세계대전 후 유엔의 팔레스타인 분할을 지지한 미국 대통령 트루먼도 같은 입장이있다.

3대 종교의 성지가 있는 예루살렘의 구시가지

지도 레이블:
- 헤롯문
- 다마스쿠스문
- 이슬람교도 지구
- 사자문
- 새문
- 기독교도 지구
- 바위 돔
- 황금문
- 성분묘 교회
- 엘악사 사원
- 유대교도 지구
- 야파문
- 다윗의 탑
- 아르메니아인 지구
- 통곡의 벽
- 시온문

통곡의 벽
유대교인들의 최대 성지인 제2 성전의 서쪽 벽(18m)이다. 헤롯왕이 '지금까지 아무도 본 적이 없고, 아무도 들어본 적이 없는, 아름다운 건물'이라고 기록해 놓았을 정도이다. 유대인들이 이곳에 와서 나라를 잃은 아픔과 슬픔을 토로했다.

엘악사 사원
비잔틴 시대의 교회를 개조한 이슬람교 사원으로, 엘악사는 '가장 오래되었다'는 뜻이다. 《코란》에 '아득한 모스크'로 묘사되고 있으며, 7개의 홀과 스테인드글라스, 타일로 아름답게 꾸며져 있다. 은색 돔 지붕이라 '은의 돔'으로 불린다.

바위 돔
이슬람에서 가장 신성한 건축물 중 하나로 아브라함이 아들 이삭을 하느님께 제물로 바친 곳이다. 유대교, 이슬람교, 기독교의 종교적인 랜드마크로 2017년 예루살렘 수도 선언 후 성전 재건 운동의 목소리가 커지고 있다.

무함마드는 천마를 타고 예루살렘으로 가서 승천

610년 무함마드는 아라비아반도 메카에서 이슬람교를 창시했다. 그는 유대인의 경제적 지원을 얻기 위해 처음에는 키블라(예배드리는 방향)를 예루살렘으로 정했다가 메카로 바꿨다. 무함마드는 40세에 신의 계시를 받고 포교 활동을 시작했으나 처음에는 신도가 좀처럼 모이지 않았다.

무함마드가 죽은 후 신도들은 그의 생애를 전할 때 다른 종교에서 모티브를 얻어 전설을 덧붙였다. 예언자 무함마드가 포교의 중심지를 메카에서 메디나로 옮기기 직전, 카바 신전에서 날개 달린 천마(브라크)를 타고 예루살렘으로 가더니 빛 사다리(미라주)에 올라 승천해서 알라를 알현했다는 이야기이다. 이것은 예수의 승천을 모방한 이야기로 추측된다.

그런 이유로 예루살렘은 이슬람교의 성지가 되었고, 7세기 우마이야 왕조 시대에 지금도 남아 있는 팔각형 바위 사원이 세워졌다. 우마이야 왕조는 예루살렘의 어디에서나 보이는 바위 사원을 지어 이슬람의 권세를 과시한 것이다. 결국 예루살렘은 유대교, 기독교, 이슬람교라는 세 가지 일신교의 성지가 되었다.

예루살렘에는 유대교도 지구, 기독교도 지구, 이슬람교도 지구, 아르메니아인 지구가 형성되어 오랫동안 공존해왔다. 그런데 제2차 세계대전 후 이스라엘이 건국되면서, 팔레스타인에서는 이스라엘과 팔레스타인의 격렬한 분쟁이 여전히 계속되고 있다.

중동의 사막 지대

교역을 위한 거대한 회랑, 시리아·아라비아 사막

이집트와 메소포타미아를 연결하는 광활한 황무지와 초원

중동에는 2대 농업 지대인 이집트와 메소포타미아 사이에 사막을 중심으로 하는 광활한 황무지와 초원이 있다.

아라비아반도는 광활한 사막 지대로 이루어져 있으며, 현재 세계에서 가장 인구밀도가 낮은 지역이다. 아라비아반도 북부에서 시리아 남동부로 펼쳐지며 지중해와 유프라테스강으로 둘러싸인 시리아 사막, 북부의 네푸드 사막, 남부의 룹알할리 사막이 아라비아반도의 3분의 1을 차지한다.

현재 이라크의 면적은 약 44만 제곱킬로미터, 이집트의 면적은 약 100만 제곱킬로미터인데 사막의 면적이 이집트와 메소포타미아의 농경 지대보다 훨씬 크다. 사막 주변의 혹독한 자연환경 속에서 낙타, 염소, 양 등의 유목이 이루어졌고, 사막은 낙타를 타고 이동하는 상인들의 생활 근거지이자 교역을 위한 활동 무대가 되었다.

중동 사막에서는 단봉낙타(키 약 2미터, 무게 450~690킬로그램)를 가축으로 이용한다. 참고로 중앙아시아에서는 쌍봉낙타(키 1.8~2미터, 무게 450~650킬로그램)를 이용한다.

'사막의 배'로 이용한 단봉낙타의 특징

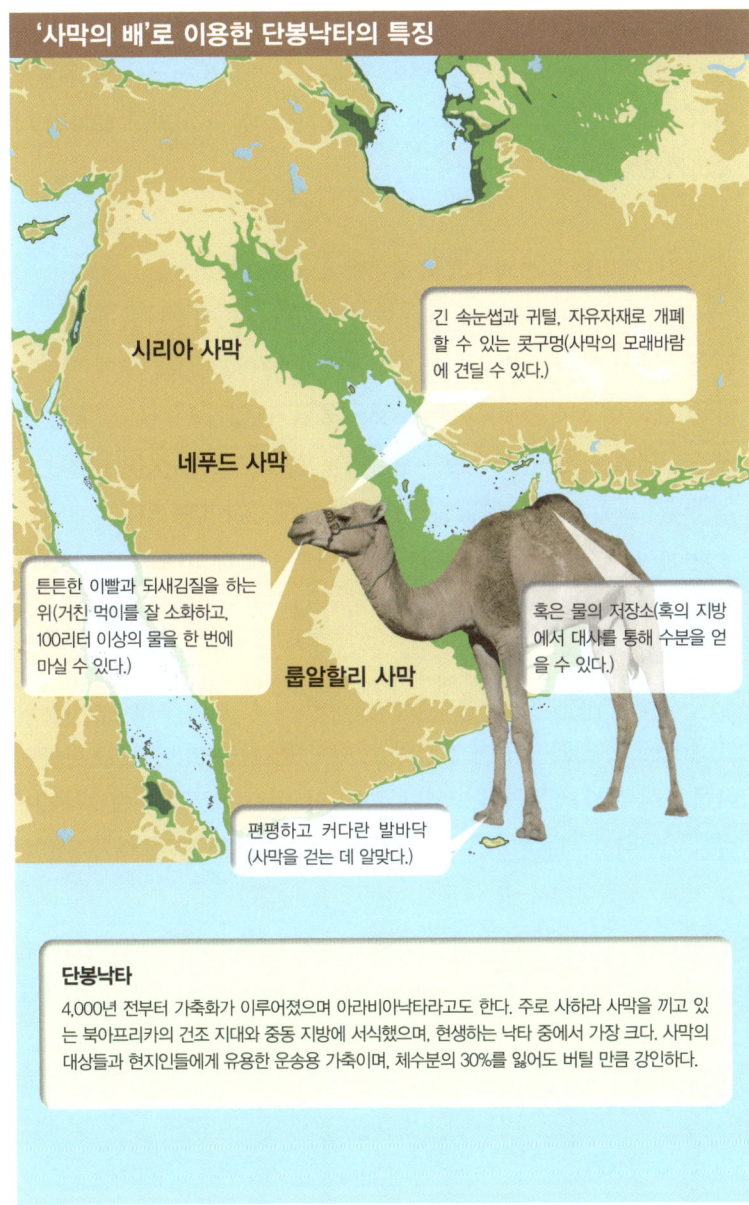

시리아 사막

네푸드 사막

룹알할리 사막

긴 속눈썹과 귀털, 자유자재로 개폐할 수 있는 콧구멍(사막의 모래바람에 견딜 수 있다.)

튼튼한 이빨과 되새김질을 하는 위(거친 먹이를 잘 소화하고, 100리터 이상의 물을 한 번에 마실 수 있다.)

혹은 물의 저장소(혹의 지방에서 대사를 통해 수분을 얻을 수 있다.)

편평하고 커다란 발바닥(사막을 걷는 데 알맞다.)

단봉낙타
4,000년 전부터 가축화가 이루어졌으며 아라비아낙타라고도 한다. 주로 사하라 사막을 끼고 있는 북아프리카의 건조 지대와 중동 지방에 서식했으며, 현생하는 낙타 중에서 가장 크다. 사막의 대상들과 현지인들에게 유용한 운송용 가축이며, 체수분의 30%를 잃어도 버틸 만큼 강인하다.

단봉낙타는 5,000년 전 문명 탄생기부터 인류와 함께 생활한 역사가 오래된 가축이다. 사막 주변의 유목민이 키우기 시작한 낙타는 장시간 물을 먹지 않고도 이동이 가능해서 상인들이 사막의 배처럼 이용하기도 했다.

사막에서 낙타를 이용해 최초로 교역한 민족은 아람인

사막과 사막 사이에 크고 작은 농경 사회가 오아시스처럼 흩어져 있는 중동에서 사막은 중요한 통상로였고, 400~500킬로그램에 달하는 짐을 싣고 하루에 30킬로미터 이상 이동할 수 있는 낙타는 중요한 운송 수단이었다. 중동 사람들이 낙타에게 얻을 수 없는 것은 곡물과 금속뿐이라고 할 만큼 낙타를 일상생활에 잘 활용하며 아꼈다.

3,000여 년 전, 시리아 사막에서 낙타를 이용해 최초로 장사를 한 상업 민족은 아람인이다. 그들은 시리아 다마스쿠스를 중심으로 중동을 누비며 폭넓게 활약했다.

그 결과 아람어는 광활한 중동 지역을 여러 곳 통일한 페르시아제국(아케메네스 왕조)의 공용어가 되었고, 아람 문자는 아랍 문자를 비롯한 여러 중동 문자의 뿌리가 되었다. 팔레스타인도 전통적인 헤브라이어 대신 아람어를 사용했다. 기독교의 창시자 예수도 아람어를 사용했다고 전해지며 《구약성서》 일부도 아람어로 쓰였다.

7세기에 아라비아 사막에서 아람인과 같은 사막 민족 아랍인이 주요 세력으로 등장해 중동을 정복하면서 아람어는 아랍어에 밀려 쇠퇴한다. 상업 언어인 아람어가 종교 언어인 아랍어에 주요 언어의 자리를 내준 것이다.

중동의 외곽 고원지대

아나톨리아, 아프가니스탄과 이란고원은 중동의 외곽

튀르키예 영토의 대부분을 차지하는 아나톨리아고원

중동 외곽에는 아나톨리아, 이란, 아프가니스탄의 3개 고원과 산악 지대가 있어서 중동을 주변 지역과 격리하고 있다.

현재 지중해 세계의 일부인 튀르키예공화국의 영토 대부분은 평균 고도 약 750미터의 아나톨리아고원이 차지한다. 에게해, 지중해, 흑해 등의 연안 지대가 산이 가깝게 붙어 있어서 농경지가 전체의 15~20퍼센트에 불과하다. 지중해 세계에 포함된 대도시인 이스탄불(구 콘스탄티노플)은 고대 그리스인의 식민 도시이기도 했다.

산으로 둘러싸인 중앙 아나톨리아고원(중심은 앙카라)은 연간 강우량 360밀리리터의 반건조 지대이며 초원과 경작지로 이루어져 있다. 동부 산악 지대는 티그리스강, 유프라테스강의 수원지이며, 가장 높은 산은 성서에 노아의 방주가 도착한 곳으로 나오는 표고 5,137미터의 아라라트산이다.

1,000년 동안 중동을 지배한 페르시아인의 이란고원

이란고원은 동쪽으로 아프가니스탄과 파키스탄 서부, 서쪽으로

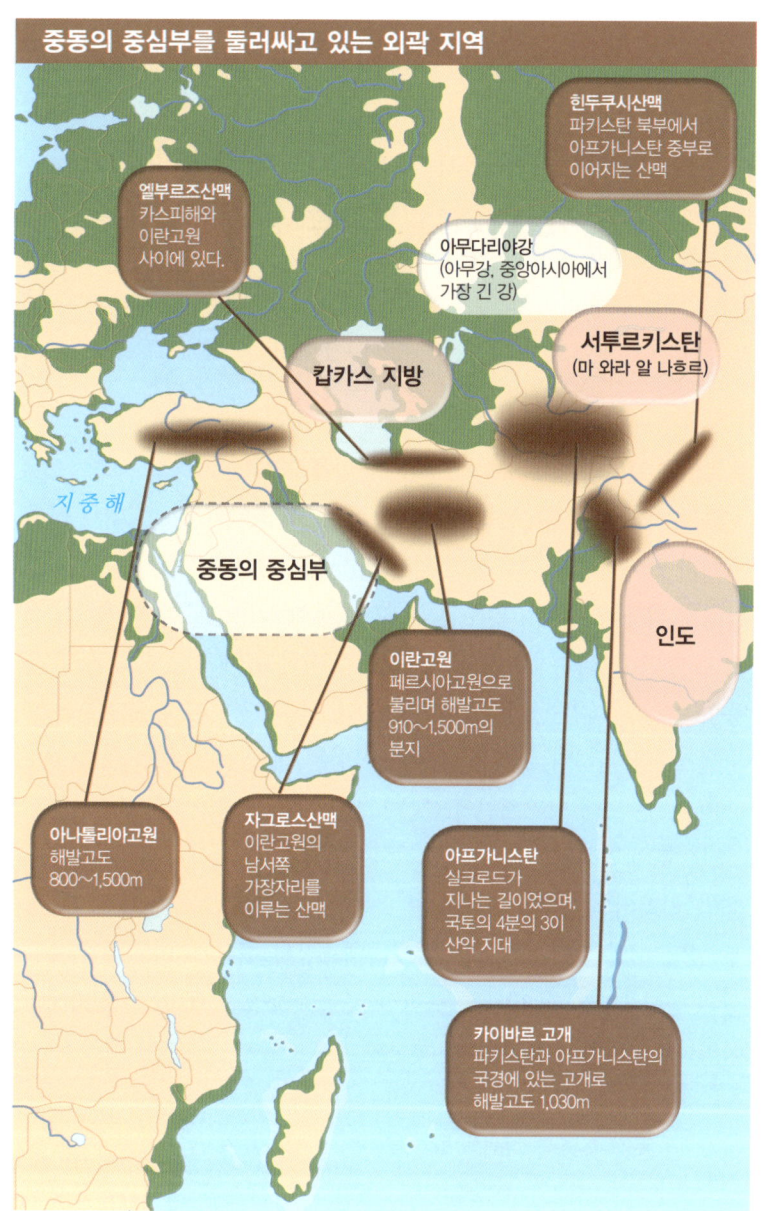

는 자그로스산맥, 북쪽은 엘부르즈산맥으로 둘러싸인 해발고도 500~1,500미터의 분지형 고원으로서 대부분이 황무지와 사막이라 기후가 매우 건조하다. 면적은 약 260만 제곱킬로미터로 아라비아반도의 절반 정도이지만 농업에 적합하지 않아서 인공 지하수로인 카나트가 발달했다.

이란고원 주민의 약 절반은 중앙아시아에서 온 이란인(페르시아인)이며 쿠르드인과 아랍인 등도 섞여 있다. 이란 국민의 95%는 시아파 이슬람교도이며, 이란고원에는 테헤란 남쪽의 콤을 비롯해 수많은 시아파 성지가 있다.

이란인은 기원전 6세기부터 기원후 7세기까지 약 1,000년간 중동을 지배한 민족으로서 중동이 이슬람화된 후에도 아랍인과 대립하며 분쟁과 협조를 반복했다. 지금도 시아파의 맹주로 주변 국가를 결집하는 한편, 이란 민족의 자부심을 지키고 있다.

아프카니스탄은 중동에서 인도로 가는 관문

아프가니스탄은 북부 아무다리야강 하곡과 남부 사막을 제외한 국토의 4분의 3이 산지이다. 가장 큰 산맥은 힌두쿠시산맥이며 인도 세계(지금의 파키스탄)와 경계를 이루고 있다. 북쪽 산맥은 중동과 타 지역을 구분하는 경계였으며, 이곳으로 여러 민족이 유입되었다.

일찍이 인도 세계로 가는 출입구였던 남쪽의 카이바르 고개는 중앙아시아가 인도 세계를 침략할 때 이용한 침입로이기도 했다.

북부를 흐르는 아무다리야강의 북쪽은 아랍어로 마 와라 알 나흐르(강 너머의 땅, 지금의 서투르키스탄)라고 부르며 이슬람 세계의 외부로 여겼다. 그곳이 바로 광활한 오아시스 덕분에 실크로드의 중심지가 된 시투르키스탄(현 우즈베키스탄)이다.

로마 공중목욕탕이 튀르키예 하맘의 원조

지중해 섬 마요르카의 중심 도시 파르마에는 이슬람교도가 사용하던 소규모 하맘(hamam, 목욕탕)이 유적으로 남아 있다. 로마제국에서 발달한 목욕탕이 이슬람 세계에서 변형되어 내려와 지금은 지중해의 관광 자원이기도 하다.

한편 5세기 말 고대 그리스에서 폴리스가 운영하던 최초의 목욕탕이 '사교의 장'이 된 후 헬레니즘 문화를 동경하던 로마제국에도 공중목욕탕이 만들어졌다.

3세기에 카라칼라 황제가 지은 공중목욕탕은 한 변이 450미터인 정사각형의 대규모 목욕탕으로 동시에 1,600명을 수용할 수 있었으며, 7세기 이후 이슬람교도가 지중해 남쪽을 정복하면서 이슬람 세계에 전파되어 '하맘 루미야(로마 목욕탕)'라 불렸다. 하맘은 증기탕을 뜻한다.

이슬람 세계는 청결을 중시하고 목욕을 즐기는 문화가 있어서 하맘이 널리 보급되었으며, 모스크가 있는 마을은 반드시 하맘이 있을 정도였다. 《아라비안나이트》에도 서민들의 사교 장소로 자주 등장하며, 10세기 아바스 왕조의 수도 바그다드에는 만 개 이상 있었다는 기록도 있다.

오스만제국 시대에는 커다란 돔 주위에 작은 방이 여러 개 딸린 대리석 소재의 하맘이 보급되어 이국적 정취로 가득한 튀르키예 목욕탕으로 유럽에 소개되었다.

3장

이란인의 1,000년 패권

이란인 왕조가 1,000년 동안 중동 세계를 지배했다

이란인의 제국 아케메네스 왕조와 사산 왕조가 중동 지배

　3장에서는 중동을 통일한 아케메네스 왕조, 알렉산드로스제국과 헬레니즘 시대, 파르티아, 사산 왕조까지 1,000년에 걸친 이란인 패권 시대에 대해 다룬다.

　중동의 역사에서 매우 중요한 위치를 차지하는 이 시기는 기원전 6세기부터 기원후 7세기 사이이다. 중국의 역사와 비교하면 춘추 시대부터 당나라 초기에 해당한다.

　1,000년이라는 세월에 걸맞게 역사도 복잡한 양상으로 전개되었다. 이 시기에는 지중해 주변이 중동에서 떨어져나가는 큰 변화가 있었다. 그 때문에 지중해를 중심으로 하는 3대 대륙의 역사를 움직이는 요소로서 대농경 세계와 유목 세계에 지중해 세계가 가세한다. 아케메네스 왕조와 그 부흥을 꾀한 사산 왕조는 대농경 지대를 기반으로 일어난 대제국이다.

　그러나 아케메네스 왕조가 이집트와 이라크의 대농경 지대를 지배한 반면, 사산 왕조 시대에는 지중해 세계가 자립했고, 로마제국에 의해 이집트가 중동에서 떨어져나갔다.

알렉산드로스 대왕의 동방 정복 당시의 세계

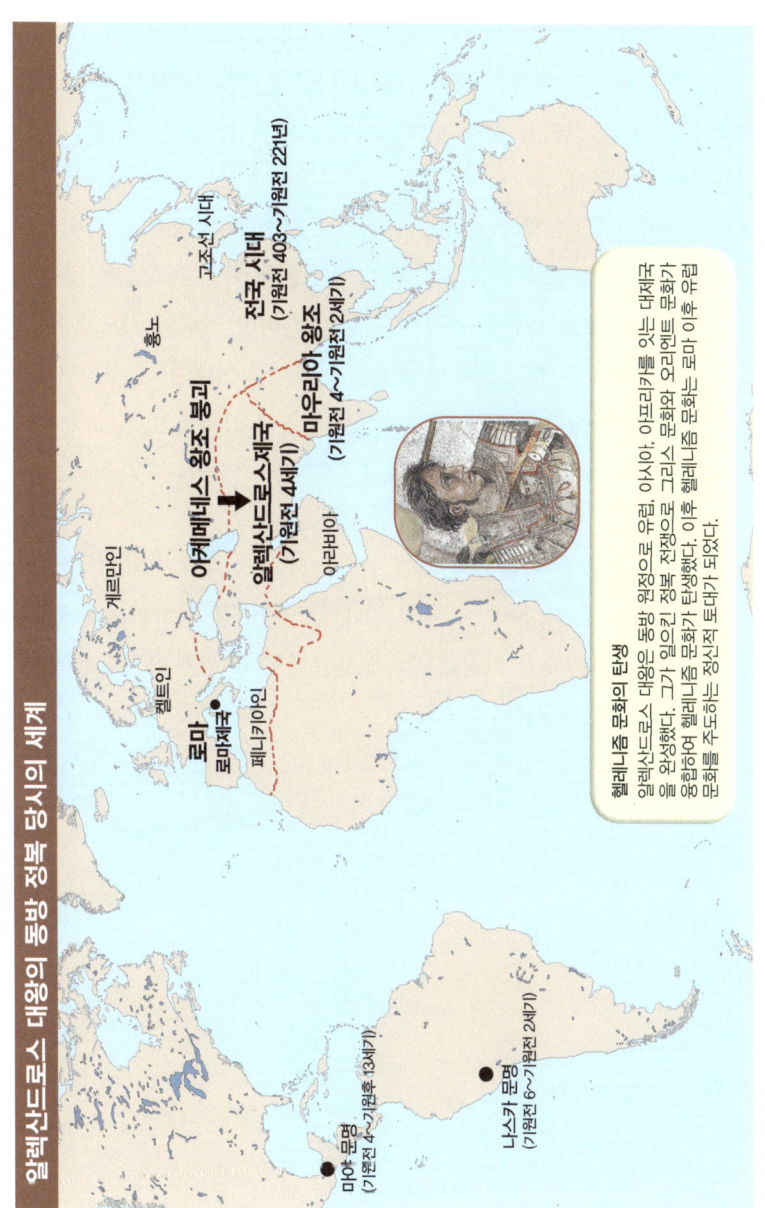

- 게르만인
- 켈트인
- 로마 / 로마제국
- 페니키아인
- 아케메네스 왕조 / 알렉산드로스제국 붕괴 (기원전 4세기)
- 아라비아
- 고조선 시대
- 흉노
- 전국 시대 (기원전 403~기원전 221년)
- 마우리아 왕조 (기원전 4~기원전 2세기)
- 마야 문명 (기원전 4~기원후 13세기)
- 나스카 문명 (기원전 6~기원전 2세기)

헬레니즘 문화의 탄생

알렉산드로스 대왕의 동방 원정으로 유럽, 아시아, 아프리카를 잇는 대제국을 완성했다. 그가 일으킨 정복 전쟁으로 그리스 문화와 오리엔트 문화가 융합하여 헬레니즘 문화가 탄생했다. 이후 헬레니즘 문화는 로마 이후 유럽 문화를 주도하는 정신적 토대가 되었다.

알렉산드로스 대왕과 이란계 유목민 파르티아의 페르시아 정복

 지중해 세계의 자립은 중동의 질서에 큰 혼란을 가져왔는데, 그 발단이 된 것은 그리스 북부 마케도니아의 알렉산드로스 대왕이 펼친 동방 원정이었다.

 그는 아케메네스제국을 멸망시키고 페르시아의 지배자가 되려 했으나, 아라비아 원정을 준비하는 중 33세의 젊은 나이에 죽음을 맞이했다. 알렉산드로스 대왕의 사후 부하들이 갈라져 왕국을 세우면서 그리스 문화와 오리엔트 문화가 융합해 헬레니즘 시대가 온 것이다. 그 시기에 중앙아시아의 이란계 유목민이 중동에 침략해서 정복 왕조를 세웠다. 그 왕조가 바로 로마제국과 끊임없이 전투를 벌인 파르티아이다.

 1,000년에 걸친 이란인의 패권 시대는 건조 지대에서 태어나 성장한 조로아스터교가 중동 전체에 막대한 영향력을 행사한 시대였다. 이후 조로아스터교가 이슬람교로 교체되어 중동 세계는 이슬람교 중심 사회로 바뀌어간다.

아시리아와 신바빌로니아 기원전 8세기~기원전 6세기

이라크 북부 아시리아가 중동을 처음으로 통일

메소포타미아는 활발한 교역으로 상업이 발달한 '민족 전시장'

중동의 역사는 이집트와 이라크(메소포타미아)의 대농경 지대를 중심으로 전개되었다. 다만 두 나라는 전혀 대조적인 길을 걸었다.

이집트는 사막과 바다에 둘러싸여 고립되어 있었던 반면, 메소포타미아는 주변 사막과 초원, 산악 지대로 주변의 여러 민족이 침입해서 흥망을 거듭했던 것이다. 메소포타미아는 주변과 활발한 교역으로 상업이 발달했고, 민족 전시장이라 할 만큼 수많은 민족이 침략을 거듭하는 과정에서 강대국이 등장했다.

먼저 기원전 1500년경 중앙아시아에서 침략한 인도·유럽계 유목 민족(히타이트인, 미탄니인 등)은 말이 끄는 경전차를 전파했다. 연이은 침략으로 무기의 수준이 발달하고, 따라서 교역의 중심지인 이 지역에서 대규모 전쟁이 반복되었다.

기원전 1530년경 고바빌로니아 왕국이 멸망한 뒤에는 인도·유럽어족의 나라가 이라크와 투르크에 공존하면서 혼란 시대에 들어선다. 그 영향이 이집트까지 미쳐서 나일강 삼각주 지역이 약 100년간 외부 민속에 점령되었고, 이집트 사회 또한 중동의 역사에 편입되었다.

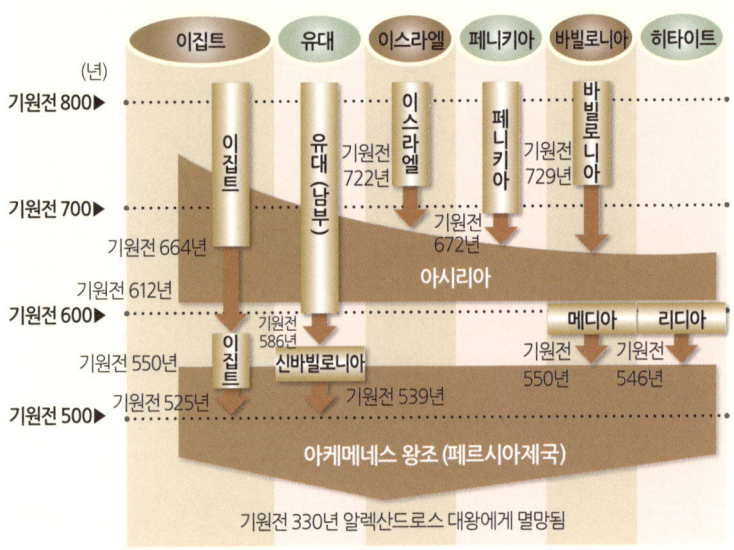

대제국 아시리아의 멸망과 신바빌로니아의 대두

　기원전 9세기, 이라크 북부의 상업 민족 아시리아인(현대 아람어를 쓰는 기독교도 소수 민족으로서 현재도 중동에 약 330만 명이 거주한다)이 등장한다. 그들은 이두전차와 기병이 있는 강력한 군대를 조직해서 여러 도시를 무참히 파괴했고, 저항할 경우 도시 앞에 시체 더미를 쌓는 등 무자비한 전쟁을 거듭했다. 마침내 기원전 7세기에 이라크와 이집트의 농경 지대를 정복해 대제국을 세웠다.

　그러나 아시리아는 피정복지에 과도한 세금을 매기고 각지의 전통, 관습, 종교 등을 무시하는 정책을 펼쳐 여러 민족 사이에 반란이 확산

포로들의 이동, 1896~1902년, 제임스 티소, 뉴욕 유대인 박물관

되었고, 마침내 기원전 612년 멸망을 맞이했다.

그 후 중동은 이집트, 이라크의 신바빌로니아, 이란고원의 메디아, 아나톨리아의 리디아로 이루어진 4개국 분립 시대가 50년 넘게 이어졌다.

4개국 분립 시대에 가장 강대국이 된 나라는 이라크를 지배한 신바빌로니아였다. 신바빌로니아는 유대 왕국 멸망 후(기원전 586년), 예루살렘을 파괴하는 동시에 이집트로 도망친 지도자와 최하층 농민을 제외한 유대인 귀족, 병사, 기술자, 농민을 수도 바빌론으로 깅세 연행해서 대지구라트(바벨탑 전설의 모티브로 알려짐) 건설 등에 투입한다. 이러한 유대인 강제 연행을 '바빌론 유수'라고 한다.

수 세기에 걸쳐 중동의 여러 지역을 전전하며 힘든 노예 생활을 강요당한 유대인 중에서 신의 말씀을 전하는 지도자(예언자)가 잇달아 나타나 메시아의 구원을 설파하면서 유대교의 틀이 잡혔다. 고난이 그들로 하여금 유대 민족으로서의 정체성을 자각하게 한 것이다. 유대인이 민족 전체를 일컫는 말이 된 것도 이 시기였다.

아케메네스 왕조 기원전 550~기원전 330년

아케메네스 왕조가 통일한 중동의 페르시아제국

아케메네스 왕조는 이란인인가, 페르시아인인가?

기원전 6세기 이란인은 이란고원부터 이집트까지 복잡한 중동 사회들을 통일해서 1,000년 넘게 지배했다.

이란이라는 명칭은 기원전 4세기 알렉산드로스 대왕의 동방 원정에 참여한 그리스인이, 이란고원에 사는 사람들은 스스로를 아리아(산스크리트어로 고귀하다는 뜻을 페르시아어화한 것)인이라 부른다고 전하며 이란고원을 아리아나(아리아인의 나라)라고 부른 데서 유래한다.

역사적으로는 이란인을 페르시아인이라고 한다. 그들이 이란고원 서쪽 땅을 페르시스(현 파르스)라 칭하고, 그 지역에서 세력을 확장해서 대제국을 수립했기 때문이다. 참고로 페르시스는 파르스(fars, 말을 탄 사람이라는 라틴어)에서 온 말이다. 아랍어에서는 'P'를 쓰지 않아 파르스로 변형되었다.

중동에 새바람을 몰고 온 주인공은 아케메네스 왕조이다. 왕조를 연 것은 제5대 키루스이고, 기원전 522년 즉위한 다리우스 1세는 동으로는 인더스강 유역, 서로는 북아프리카의 리비아, 북으로는 시르다리야강, 남으로는 페르시아만까지 중동 전체를 지배했다.

중동을 통일한 이란인의 대제국 아케메네스 왕조

아케메네스 왕조
페르시스 지방에 건국한 고대 이란의 국가로 기원전 550년경~기원전 330년에 번영했다. 아케메네스의 손자 키루스 2세가 시조이며, 다리우스 1세가 반란으로 왕권을 잡았다. 그런 후 다리우스 1세가 크게 세력을 떨치며 왕조의 기반을 완성했다. 페르시아 전쟁에서 그리스에 패한 후, 다리우스 3세 때 알렉산드로스 대왕에게 패해 멸망하였다.

다리우스 1세
인류 역사상 최초의 제국인 페르시아제국의 설계자이자 전성기를 연 인물이다. 자신은 조로아스터교의 신자였지만 다른 종교를 인정하고 다른 민족의 언어를 인정한 덕분에 평등한 나라를 만들었다고 전해진다. 전제군주제였지만 종교, 문화, 재산 형성의 자유를 인정하고, 아케메네스 왕국의 초석을 다졌다. 관용과 소통의 리더십으로 유명하다.

왕의 길(Royal Road)
다리우스 1세가 만든 약 2,700km의 도로이며, 수사에서 사르디스까지 걸으면 3개월이 걸린다. 이 도로는 국가에서 관리하고 지키던 안전한 도로로 많은 상인들이 교역 활동을 한 것이 페르시아 번창의 동력이 되었다. 로마 시대에도 이 도로를 그대로 이용할 정도로 잘 만들었다고 전해지며, 왕의 명령을 전하는 사자는 말을 타고 7일 만에 주파했다고 한다.

다리우스를 알현하는 스키타이인들(상상화), 1785년, 프란치젝 스물글레비츠, 리투아니아 미술관

다리우스 1세는 전 영토를 20여 개의 주로 나누고 중앙에서 이란인 사트라프(Satrap, 총독)를 파견해서 지배했는데, 메소포타미아 사회의 전통을 답습하고 여러 민족의 전통 풍습과 신앙을 존중하는 등 유연한 정책을 펼쳤다. 그 결과 이란인이 세운 아케메네스 왕조는 200년간 중동을 지배했다.

다리우스 1세는 이란 남부에 대궁전 페르세폴리스 건설

그리스의 역사가 헤로도토스는 수도 수사에서 아나톨리아 시르디스까지 약 2,700킬로미터의 간선도로(왕의 길)가 있었다고 지적했는데,

이처럼 도로망을 잘 정비하고 훗날 로마제국이 모방한 역참제를 실시해 중앙과 지방을 연결했다. 거대 도로망은 정보 전달과 군대의 빠른 이동에 크게 기여했다. 그리스인들은 역에 배치된 사람들이 릴레이로 신속하게 공문서를 전달하자, 그 모습을 보고 학보다 빨리 달린다고 기록하며 감탄했다.

이란인 총독은 중동 각지의 지배층을 하급 관리로 삼고 세금으로 금과 은을 징수했다. 왕 앞으로 모인 은(금은 은의 13배로 환산)은 1년에 약 36만 7,000킬로그램에 달했다고 한다.

다리우스 1세가 남긴 많은 비문에는 자신이 아후라 마즈다의 은총으로 왕이 되었다고 새겨져 있다. 그는 제국의 권위를 과시하기 위해 각지의 기술자를 모으고 자재를 공수해서 이란 남부에 페르세폴리스(그리스어로 페르시아인의 요새라는 뜻)라는 대궁전을 지었고, 국민들은 이곳을 성지로 여기게 되었다.

궁전은 국가적 제의를 지내는 곳이기도 했는데, 알현 공간으로 가는 계단에는 공물을 지참하고 제사에 참여하는 이집트, 인도, 에티오피아 속주민의 모습이 부조로 새겨져 있었다. 페르시아제국은 기원전 330년 마케도니아 알렉산드로스 대왕의 원정군에 수도를 함락당해서 멸망했다.

조로아스터교 기원전 6세기경~기원후 7세기

중동의 조로아스터교는
아케메네스 왕조의 국교

불을 숭배하는 조로아스터교는 중동의 일신교에 큰 영향

지역마다 고유의 신을 섬기던 중동에서 처음 전 지역으로 확산된 종교가 있다. 기원전 6세기경 조로아스터(고대 페르시아어로 자라투스트라)가 중앙아시아에서 창시한 조로아스터교이다.

조로아스터는 낮과 밤의 순환에서 힌트를 얻어 이원론에 입각한 방대한 교리를 완성했다. 이란인에게 받아들여진 조로아스터교는 아케메네스 왕조의 국교가 되었고, 이슬람교가 등장하기 전까지 약 1,000년 동안 중동의 대표 종교가 되었다.

불을 숭배하는 조로아스터교는 배화교(拜火教)라 부르기도 한다. 조로아스터교는 서서히 확산되어 서기 3세기에는 아시아에서 가장 거대한 종교가 되었다.

교주 조로아스터는 새의 형상을 한 최고신 아후라 마즈다(지혜의 신)가 모든 선과 인간을 창조했다고 주장했다. 또한 창조신에게는 쌍둥이 아들이 있으며 그중 스펜타 마이뉴(성스러운 영)는 선, 정의, 불사, 경건한 신앙을 수호했고, 앙그라 마이뉴(악한 영)는 모든 악의 근원이 되있냐고 설파했다.

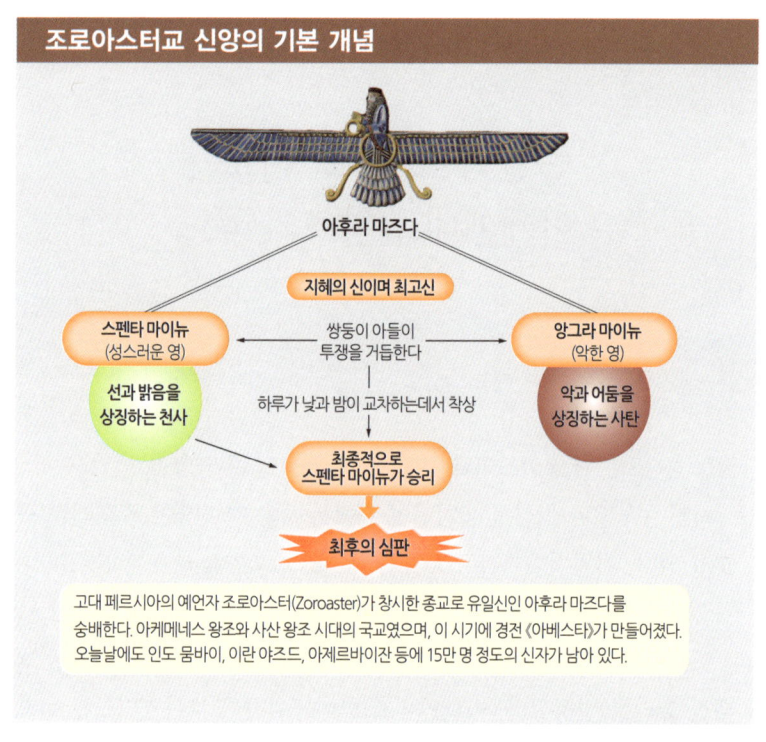

쌍둥이는 계속 싸웠고 그 때문에 세상은 선과 악이 뒤섞이게 되었다. 인간은 각자가 추종하는 신의 편에 서서 끊임없이 투쟁했다. 반복되는 낮과 밤도 그 투쟁의 결과로 설명했다. 인간이 성스러운 영의 편에 설 것인지 악한 영의 편에 설 것인지는 개인의 선택에 맡기되, 그 결과에 책임을 지게 했다.

조로아스터는 인간이 죽으면 심판자의 다리에서 심판을 받으며 선을 따른 자는 천국에, 악을 따른 자는 지옥에 떨어지는데 인간이 저지른 악은 불지옥에서 모두 소멸된다고 설명했다. 이처럼 모든 악이 심판 받고 소멸되는 최후의 심판을 내세우고 있다. 조로아스터교의 최

최후의 심판 천장 프레스코화, 1534~1541년, 미켈란젤로, 바티칸 시스티나성당

후의 심판, 천사와 악마의 개념은 유대교, 기독교, 이슬람교를 비롯해 중동 지역의 여러 종교에 영향을 미쳤다.

7세기 중동을 정복한 아랍인의 이슬람에 흡수된 조로아스터교

이슬람교가 탄생하기 전까지는 조로아스터교가 중동의 대표적인 종교였다. 이란인들이 믿은 조로아스터교는 최고신 아후라 마즈다를 상징하는 불, 빛, 태양을 숭배하고 산 정상에서 신에게 희생물을 바치는 소박한 종교였다. 아케메네스 왕조 시대에는 다리우스 왕이 국교로 인정하고, 아후라 마즈다의 대리인으로서 제국을 통치한다고 여겨 웅장한 신전을 지었다. 심지어 그들은 왕의 이름도 거대 영역을 지배한 하카마니시 부족의 족장을 '샤안샤(왕 중의 왕)'라 부른 것과 같이 불렀다.

그러나 7세기에 이슬람교를 믿는 아랍인이 중동을 정복하고, 이란인에게도 이슬람교를 강요하자 조로아스터교 신앙을 지키려는 사람들은 인도 서북부로 도피했다.

중동의 종교 조로아스터교는 신앙 의례를 비롯한 여러 가지가 이슬람교와 유사해서 자연스럽게 이슬람교에 흡수되었다.

> 헬레니즘 시대와 파르티아 기원전 330년~기원후 3세기

헬레니즘 시대의 도래와
파르티아제국의 등장

중동에 그리스 문화와 학문이 꽃을 피운 헬레니즘 시대

헬레니즘 시대란 기원전 4세기 중엽 알렉산드로스 대왕이 페르시아 제국을 정복한 이후부터, 알렉산드로스의 후계자가 세운 이집트가 로마제국에 의해 통합된 기원전 1세기 후반까지 지중해 지역과 중동 지역에 그리스 문화와 학문이 꽃을 피운 시대(기원전 330~기원전 30년)이다.

헬레니즘은 그리스인들이 스스로를 가리키는 그리스어 헬레네스 Hellenes에서 유래하며, 그리스풍이라는 뜻이다.

알렉산드로스가 구축한 제국은 아케메네스 왕조를 뛰어넘을 만큼 거대했으나, 정복에 치중하는 바람에 젊은 나이에 그가 죽고 난 뒤에는 순식간에 분열되었다.

그의 부하들이 이집트(프톨레마이오스 왕조), 시리아(셀레우코스 왕조) 등에 왕국을 세우지만 셀레우코스 왕조는 거대한 중동을 지배할 만한 힘이 없었다. 기원전 3세기경부터는 아프가니스탄에 박트리아, 이란에 파르티아, 아나톨리아 서북부에 페르가몬 왕국이 독립하면서 세력이 급속도로 약해진다.

이란고원 기마 유목인이 세운 파르티아제국은 500년 유지

 헬레니즘 문화권의 나라들이 잇달아 힘을 잃어갈 때 중동 세계를 재편한 것이 이란고원에서 등장한 파르티아였다.

스키타이계 기마 유목민이었던 그들은 이란풍 옷을 입고 페르시아어를 썼고 말을 능숙하게 다루었으며 활솜씨가 뛰어났다. 또한 말에게 기존의 짚신을 신기는 대신 말발굽을 만들어 붙인 유목민의 나라(아르사케스가 창시한 아르사크 왕조) 출신으로 막강한 전투력을 자랑했다.

파르티아 기마군은 말을 달려 도망치는 척하다 뒤로 몸을 틀고 화살로 적을 쓰러뜨리곤 했다. 파르티아의 정식 왕조명은 아르사크이지만 중동에서는 농경 사회를 침략한 외부 세력으로 간주해서 발상지의 이름인 파르티아로 불렀다.

기원전 250년경 성립한 파르티아 왕국은 기원전 1세기, 서로는 이라크의 유프라테스강, 동으로는 인더스강, 북으로는 중앙아시아의 아무다리야강, 남으로는 인도양에 이르는 거대 영역을 지배하는 제국이 되었다.

이 이란인의 제국은 서기 3세기까지 약 500년간 유지되었다. 파르티아는 기원전 1세기 중엽부터 아나톨리아 동부와 아르메니아의 귀속 문제를 놓고 로마제국과 격렬한 전투를 거듭했으며 강대국답게 한 걸음도 물러서지 않았다.

당시 로마제국은 지중해 주변을 지배했고, 파르티아는 실크로드 같은 내륙 교역로를 지배했다. 로마와 파르티아 양국에서 숭배한 태양신 미트라의 전파 과정을 통해 파르티아의 상업 활동이 얼마나 활발했는지 알 수 있다. 로마제국에서는 민중 사이에 군신(軍神) 미트라스 신앙이 확산되어 중동에서 탄생한 기독교와 세력을 다투는 거대 종교가 되었다.

동방에서는 미트라가 불교와 융합되어 미래불 미륵이 되었다. 미륵은 실크로드를 통해 당나라에 전파되었고, 신라와 아스카(일본)에도 전해져 많은 신도를 거느리게 되었다.

사산 왕조 226~651년

아케메네스 왕조를 계승한 이란인의 마지막 대제국

사산 왕조도 이란인의 조로아스터교를 국교로 지정

장기간 중동을 지배한 파르티아도 3세기 초 사산 왕조에 의해 무너진다. 전통 농업 사회를 부활시키려 한 사산 왕조는 아케메네스 왕조 시절의 부흥을 꾀하는 복고 왕조였다.

사산 왕조는 이란인에게 침투한 조로아스터교를 국교로 지정했고, 왕은 스스로에게 창조신이자 광명의 신 아후라 마즈다의 대리인이라는 권위를 부여했다. 왕은 신의 지위에 걸맞게 대규모 의식을 치르거나 화려한 장신구로 치장해 신격화하면서 관료를 노예로 취급했다.

머리가 감당할 수 없을 만큼 왕관이 무거워서 천장에 사슬을 매달아 연결했다는 이야기는 유명하다. 한편 제정으로 이행한 로마제국도 사산 왕조의 궁정 의례를 도입해서 황제의 독재 체제를 강화하고자 했다.

1,000년의 이란인 중동 패권에 아랍인이 종지부

광활한 중동 사막 지대의 상업권을 지배한 사산 왕조는 인근 중앙아시아의 실크로드 교역로도 장악한 채 동서 문화에 지대한 영향을 미

비잔틴제국과 사산 왕조의 충돌

사산 왕조 샤푸르 1세(재위 240~270년경)
로마제국의 군인 황제 발레리아누스를 포로로 잡았다.

사산 왕조 호스로우 1세(재위 531~579년)
비잔틴제국의 유스티아누스 황제와 싸우다 휴전했다.

- 로마제국
- 비잔티움 (330년경 콘스탄티노플로 개명)
- 비잔틴제국 (바다의 제국)
- 크테시폰
- 사산 왕조 페르시아 (육지의 제국)
- 접경 지역 (아르메니아, 동메소포타미아)

6세기 말~7세기
두 제국은 서로 상대방의 수도를 공격하는 격전을 치르면서 쇠퇴했다.

사산 왕조

아케메네스 왕조가 알렉산드로스에게 패한 후 파르티아 왕조의 지배를 받다가, 226년에 아르다시르 1세가 크테시폰에 건국한 고대 이란의 왕조를 말한다. 이란의 민족주의가 살아나고 조로아스터교를 국교로 정해 전성기를 지내기도 했다. 또한 페르시아의 부흥을 외치며 국력을 키우고 로마와도 전쟁을 벌였으나 다른 왕조들과의 전쟁, 내부 분열로 쇠퇴하다가 이슬람제국에 의해 멸망했다. 현재는 지도에서 사라진 나라이다.

비잔틴제국

동(東)로마제국이라고도 불리며 콘스탄티누스 1세가 보스포루스 해협에 있는 그리스 식민지 비잔티온(지금의 이스탄불)에 건설했다. 일설에는 로마제국이 동서로 나누어진 시점을 비잔틴제국의 시작으로 본다. 그리스도교를 국교로 삼고 로마의 이념과 제도를 이어받은 정치로 강력한 중앙집권제를 행했으며 헤라클리우스 황제 때 전성기를 누렸다. 12세기 이후에는 과도한 영토 확장 전쟁과 민족 간의 갈등, 종교적 분열 등으로 파탄에 이르러 멸망했다.

비시툰의 아후라 마즈다의 부조. 아후라 마즈다는 조로아스터교의 최고 신이며 지혜를 상징한다. 2005년 촬영, W-C

쳤다. 적극적인 동서 교역을 통해 광범위한 문화 교류도 함께 추진한 것이다.

예를 들어, 조로아스터교는 당나라에 전파되어 현교(祆敎)라는 이름으로 유행했고, 로마제국에서 이단으로 취급된 네스토리우스파 기독교도 사산 왕조를 통해 경교(景敎)라는 이름으로 전파되었다. 조로아스터교와 불교가 융합되어 탄생한 마니교는 아프리카 북부, 프랑스 남부, 중국까지 동서로 널리 전파되었다. 사산 왕조의 문명이 지중해 세계와 중국을 실크로드를 통한 교역으로 연결하며 광범위하게 영향을 미치고 있었던 것이다.

당나라 중기에는 이슬람이 갑작스럽게 세력을 확장하면서 당나라의 수도 장안에 이란풍 문화가 크게 유행했다.

실크로드를 거쳐 장안에 전파된 사산 왕조의 정교한 금은 세공, 유리그릇, 직물 등은 당나라에 파견한 사신을 통해 신라와 일본에도 일부 전파되었다.

사산 왕조는 쇠퇴기에 접어든 로마제국과 비잔틴제국을 300년에 걸쳐 공략한 신흥 강대국이었다. 3세기 후반에는 로마의 발레리아누스 황제를 포로로 잡아 죽게 만들었고, 또 포로로 잡힌 7만 명의 병사는 중앙아시아로 이주시키는 등 대승을 거두기도 했다. 영토를 소아시아에서 인도 북부까지 확장했지만 비잔틴제국과의 잦은 전쟁을 벌이는 동안 국력이 약해졌다.

642년 아랍 유목민의 침략을 받아 패하는 바람에 651년 멸망한 사산 왕조는 중동의 지배권을 마침내 아랍인에게 넘겨주었다. 1,000년 이상 지속한 이란인의 중동 패권에 종지부를 찍은 것이다.

칼럼

'오른손에는 《코란》, 왼손에는 칼'의 진실은?

이슬람 사회는 《코란》에도 규정되어 있듯이 오른손이 먼저인 사회이다. 왼손으로 음식을 먹는 일은 허용되지 않는다. 이슬람 사회에서는 하나의 그릇에 요리를 담아 여럿이서 손으로 집어 먹기 때문이다. 젓가락이나 포크는 없다. 예전에는 배변 후의 뒤처리도 맨손으로 했다. 엄격하게 규칙을 정해두지 않으면 굉장히 비위생적인 상황이 발생했던 것이다. 그래서 왼손은 용변 시에 사용하는 부정한 손으로 취급하는 것이 관행처럼 되었다.

그런 이유로 오른쪽은 행복, 행운, 번영 등을 의미하게 되었다. 집이나 모스크에 들어갈 때는 오른발, 옷소매에 팔을 넣을 때도 오른손부터라는 식이다. 하지만 화장실만은 왼발부터 들어간다고 한다.

이슬람교도가 유럽 각지를 정복할 때 오른손에는 《코란》, 왼손에는 칼을 들고 "《코란》인지 칼인지 선택하라"라며 압박했다는 이야기가 이슬람 정복 활동의 상징처럼 전해지고 있다.

그러나 이 이야기를 그대로 해석하면 왼손에 칼을 드는 이슬람교도는 전부 왼손잡이라는 이야기가 되므로 현실성이 없다. 또한 반대로 생각하면 이번에는 신성한 《코란》을 부정한 왼손으로 든 것이 된다. 사실 이러한 이미지는 기독교도가 이슬람교도에게 품은 공포와 적개심에서 비롯된 상상의 산물로 보는 것이 타당하다.

기독교 세계와 이슬람 세계의 기나긴 항쟁은 수많은 편견과 원한, 증오를 낳았다. 그들로부터 멀리 떨어진 우리는 이러한 색안경을 끼고 판단할 이유가 없다. 동서양을 막론하고 사회를 지탱하는 법과 제도는 지역적 특성과 오랜 관습에서 비롯되었다는 것을 이해하고 객관적인 눈으로 이슬람 사회를 바라보는 자세가 필요하다.

4장

아라비아반도의 이슬람교 탄생

예언자 무함마드의
이슬람교 창시와 확대

아라비아반도의 유목 세계에 새로운 종교의 탄생

610년 메카의 상인 무함마드는 신의 계시를 받고 이슬람교를 창시했다. 그로부터 1,400년이 흐른 현재, 이슬람교의 신도는 16억 명으로 추산되며 이는 기독교 다음으로 많은 숫자이다. 이슬람교도의 폭발적인 증가 추세를 감안할 때 머지않아 기독교를 제치고 세계 최대의 종교가 될 것이 분명하다.

아라비아반도에서는 우상을 숭배하는 다양한 유목 민족이 공존했는데, 이슬람교는 그 혈연 중심의 부족 사회에서 첫 유일신 신앙의 모습으로 나타났다.

반도 서쪽의 헤자즈 지방이 시리아와 활발히 교역하며 호황을 누리고 유대교 및 기독교 문명과 깊이 교류하는 분위기 속에서 교역의 중심 메카의 상인이었던 무함마드가 이슬람교를 창시했다. 무함마드는 스스로를 신이 마지막으로 선택한 최고의 예언자라고 말하며 최후의 심판이 다가왔다는 알라신의 말씀을 전했다.

이슬람교는 메디나로 거점을 옮긴 후 부족을 연합하는 종교 공동체로서 크게 성장했고, 나중에 메카를 정복해서 아라비아반도의 유목

4장 아라비아반도의 이슬람교 탄생

세계에 새로운 질서를 확립했다.

　육신오행을 신도의 의무로 내세운 무함마드는 부족을 해체해서 움마로 통합하려 했으나 뜻을 이루지는 못했다. 632년 무함마드가 사망하자 사도의 대리인으로서 칼리파가 선출되었고, 그의 지휘에 따라 경제적으로 부유한 북부 지역을 무력으로 제압하면서 부족 간의 분쟁이 거세졌다.

> 이슬람의 성지 메카 7세기~

사막의 상업 도시 메카가 이슬람 성지로 탈바꿈

카바 신전의 제례가 있을 때 시장이 서면서 유목민 집결

 6세기 후반에 시작된 비잔틴제국과 사산 왕조의 격전은 7세기까지 이어졌고, 그 영향으로 페르시아만에서 유프라테스강을 경유해서 북상하는 교역로가 쇠퇴했다. 대신 낙타를 타고 홍해에서 아라비아반도 서안(헤자즈)을 오가는 대상(카라반) 무역이 성행했다.

 낙타 한 마리가 짊어질 수 있는 짐의 무게는 400~500킬로그램 정도인데, 하루에 6~10시간을 이동할 수 있었다.

 한편 아라비아반도에서는 베두인족이 사막 주변에서 낙타, 양, 염소 등을 방목하며 살았다. 200여 가구가 하나의 부족을 이루었으며, 저마다 다른 우상을 숭배하는 등 통합되지 않은 사회였던 것이다.

 이슬람교의 창시자 무함마드는 아라비아반도 서안의 중심 도시 메카의 상인이었다. 즉 메카의 상인이 이슬람교를 만들어낸 것이다.

 바위산으로 둘러싸인 메카는 연간 강우량 160밀리미터, 여름 최고기온 40도, 겨울 32도의 황무지였다. 그러한 조건에서도 가장 번화한 교역 도시로 발전할 수 있었던 것은 불을 내뿜으며 사막에 떨어진 검은색 거대 운석(마나트) 덕분이었다.

사막의 유목민은 검은 운석의 신비한 영력에 이끌려 메카에 '카바'라는 조악한 신전을 지어 제사를 드렸고, 각 부족에서 수호신으로 삼는 우상들도 그곳에 모셨다.

이 운석(검은 돌)은 카바를 세울 때 천사 가브리엘이 하늘에서 가지고 온 흰돌이 인간의 죄와 만나면서 검은 색으로 변했다고 한다.

메카의 카바 신전과 순례자들, 2007년, ⓒ Muhammad Mahdi Karim, W-C

이슬람 예배와 순례의 중심지가 된 현재의 카바에는 검은 돌만 동쪽 벽에 박혀 있다.

무함마드는 종말론의 유일신 계시를 받아 이슬람교 창시

메카는 아라비아반도에서 역사가 오래된 도시였다. 2세기에 로마인이 쓴 지리책에도 이미 '마코라바'라는 이름으로 존재했다.

전해지는 이야기에 따르면 5세기 말경 무함마드의 5대 위 조상인 쿠사이가 남아랍계 사람들을 카바에서 쫓아내고 지배권을 장악한 이후, 메카는 무함마드가 속한 쿠라이시 부족이 주도권을 장악한 도시가 되었다고 한다.

그러나 이 지역은 물이 부족하고 땅이 메말라 농사가 불가능한 탓에 양과 염소를 치며 근근이 살아가야 했다. 낙타를 이용한 카라반이 등장해 교역이 본격화 한 것은 무함마드의 증조부 시대부터였다.

낙타를 이용한 사막의 교역은 6세기 후반 무함마드 시대가 시작된 이후 활발해졌다. 무함마드가 청년일 때 카바 신전이 대규모로 재건되었는데, 기존의 신전은 사람의 키 정도 높이에 지붕도 없었다고 한다.

그러나 검은 운석을 숭배하기 위해 생긴 메카는 머지않아 교역을 중심으로 하는 상업 도시로 발전했다. 급격하게 성장하는 사회는 부작용이 따르기 마련이다.

무함마드의 시대에는 상업의 발달로 인간의 욕망이 극에 달했고, 사회적 약자가 철저히 외면당하면서 불안한 분위기가 고조되었다. 그러한 사회에 줄곧 위기감을 느꼈던 무함마드는 마침내 최후의 심판이 다가왔다고 믿는 종말론의 유일신 계시를 받아 이슬람교를 창시한다.

> 무함마드의 탄생 570년

40세에 신의 계시 받은
사막의 카라반 무함마드

쿠라이시 부족의 명문가 하심 가문의 일원으로 메카에서 탄생

무함마드는 570년경 카바 신전을 지키는 쿠라이시 부족의 명문가 하심 가문의 일원으로 메카에서 태어났다.

인생 초년기에는 굴곡이 많았다. 아버지는 그가 태어나기도 전에 하늘의 별이 되었고, 어머니는 그가 아기일 때 세상을 떠난 것이다. 무함마드는 자신을 키우던 할아버지가 사망하자 숙부(제4대 칼리파 알리의 아버지)의 손에 맡겨져 성장했다. 어린 시절부터 친척 집을 전전하며 자랐던 것이다.

청년이 된 무함마드는 성실한 사람이라는 평을 들었지만 불우한 삶은 계속되었다. 하지만 25세 때 갑자기 행운이 찾아왔다. 마흔이 넘은 부유한 상인이자 미망인이었던 하디자에게 대상을 제의받고 시리아에서 장사를 시작해 큰 성공을 거두게 된 것이다.

행운이 계속되어 결국 무함마드는 하디자와 부부의 연을 맺게 된다. 상인 무함마드의 생활 기반이 마련된 것이다.

인간은 나이를 먹을수록 세속적인 삶에 대한 열망이 식는 법이다. 무함마드는 40세 무렵에는 한 번씩 시간을 내서 메카 북부 히라산 정

이슬람교 창시자 무함마드의 일생

- **570년** — 570년경 무함마드 탄생
  - 유아기에 부모와 조부 모두 사망
  - 숙부의 손에서 양육
- **580년**
- **590년**
- **600년** — 596년 하디자와 결혼
- **610년** — 610년경 최초로 알라의 계시를 받다
- **620년**
  - 619년 하디자 사망
  - 622년 메디나로 이주
- **630년**
  - 624년 메카군에 승리(바드르 전투)
  - 628년 메카와 휴전
  - 629년 메카 순례
  - 630년 메카 정복
- **640년** — 632년 무함마드 자택에서 사망 대순례(이별의 순례)

상 근처의 동굴에 들어가 명상에 심취하곤 했다. 당시만 해도 40세는 적지 않은 나이였다.

라마단이 있던 달의 어느 날 밤, 동굴에서 명상하던 무함마드는 마

음속으로 신의 말씀을 들으라는 계시를 받는다. 그리고 610년경 유일신 알라를 믿게 된다.

알라의 어원은 아랍어로 '신'을 뜻하는 '이라후'에 정관사 'al'이 붙은 것이며 영어의 'The God'에 해당한다. 알라신을 숭배한 이후로 무함마드는 설교할 때마다 최후의 심판이 다가왔음을 강조했다.

10년 동안 포교 활동을 했지만 모인 신도는 200여 명

메카는 당시 부족들이 우상을 숭배하는 오랜 종교 도시여서 종말론을 주장하는 유일신의 포교가 쉽지 않았다. 무함마드는 최후의 심판이 임박했으며 우상 숭배는 악한 일이라고 설파했지만 그의 말에 귀 기울이는 사람은 아내와 사촌, 양자 등 가족과 친구, 젊은이, 사회적 소외 계층뿐이었다. 10년 동안이나 포교 활동을 했지만 신도는 겨우

천사 가브리엘의 계시를 받고 있는 무함마드, 1307년, 작가 미상

200명 남짓이었다.

　카바 신전의 수입으로 생계를 유지하던 쿠라이시족 장로에게는 전통 종교를 부정하는 무함마드의 활동이 이권을 빼앗는 행위처럼 보였다. 그래서 무함마드의 집안인 하심 가문에 압력을 넣어 그를 추방하라고 했다. 압력에 굴한 하심 가문은 무함마드를 더 이상 보호하지 않기로 결정했다.

　신변의 위험 때문에 더 이상 메카에서 포교할 수 없었던 무함마드는 자신과 신도의 안전을 위해 잠시 메디나로 피난(헤지라)을 떠나기로 결정했다. 622년의 일이다. 무함마드와 신도들은 뿔뿔이 앞서거니 뒤서거니 하면서 메디나로 향했다. 새로운 거점을 마련하기 위한 이 결정은 결과적으로 올바른 선택이 되었다. 핍박을 피해 이주한 메디나에서 교세가 놀라운 성장을 이룬 것이다.

> 메디나로 헤지라 622년

메디나로 이주한 후부터
이슬람 교세가 급성장

622년 7월 16일, 무함마드의 헤지라가 이슬람의 기원

622년 무함마드의 유일신 신앙을 받아들인 메디나의 주민 70여 명의 요청에 따라 이주를 결심했다. 박해를 피하기 위해 200여 명의 추종자들이 먼저 메카를 탈출한 후, 무함마드는 7월 16일 메카를 떠났다. 이들이 거의 9일이나 걸려서 도착한 곳은 메카에서 약 350킬로미터 떨어진 화산 지대의 오아시스 메디나(원래 야스리브였으나 '예언자의 마을'이라는 뜻의 메디나로 개칭)였다.

이 이주는 결과적으로 교단에 큰 성장을 가져왔다. 나중에는 아라비아어로 자기 일족을 버리고 떠난다는 의미의 '헤지라'라고 불리며, 이슬람 역사의 원점으로 자리 잡는다. 제2대 칼리파 시대에 제정된 이슬람력은 헤지라가 있던 622년 7월 16일을 기원 원년 1월 1일로 정했다.

앞일은 알 수 없는 법이다. 무함마드 일행이 이주한 메디나는 대추야자를 주로 재배하는 오아시스로서 3대 유대인 부족이 실권을 장악한 채, 아랍인 부족은 둘로 나뉘어 분쟁을 거듭하던 곳이었다.

메디나의 지지자 70여 명을 포함해 140여 명으로 이루어진 교단(움마)을 조직한 무함마드는 중재자로서 힘을 키워 대립하던 수많은 아랍

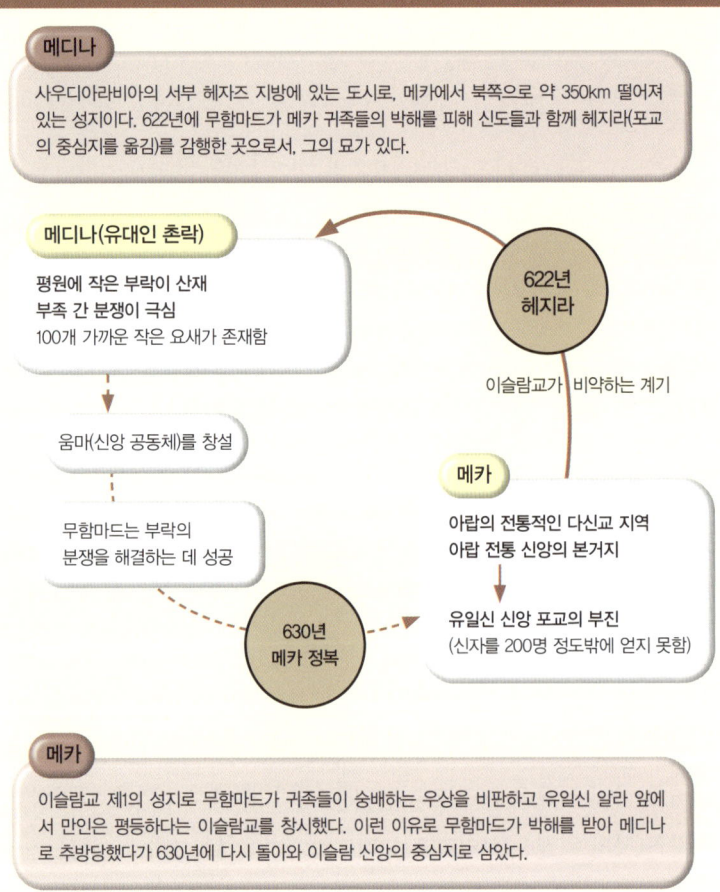

인을 하나로 결집했다. 교단을 중심으로 하는 일신교를 신앙하는 종교 질서에 두 부족을 끌어들인 것이다. 이윽고 그는 대립과 분쟁을 반복하던 사막의 유목민에게도 영향력을 미쳐 여러 부족장들과 동맹을 맺고 안전을 보장하는 대가로 교단에 종속시켰다.

또한 메디나의 3대 유대인 부족을 교단에 끌어들여 경제적 지원을 얻기 위해 단식과 예루살렘을 향한 예배 등을 실시했으나, 유대교도가 그를 예언자로 인정하지 않아 통합은 실패로 끝났다.

그러자 그는 예배의 땅을 예루살렘에서 메카로 바꾸었다. 알라에 대한 절대 귀의를 맹세하는 이슬람교는 아랍인의 조상 아브라함이 유대교보다 훨씬 먼저 창시한 종교이며, 메카도 아브라함의 손으로 세웠다면서 이슬람교의 종교적 독자성을 주장했다.

농경지가 없어 메카 상인의 물건을 빼앗아 생계를 유지

메디나의 새 이주민이었던 이슬람 교단은 농경지를 확보할 수 없어 메카 상인의 물건을 빼앗아 생계를 유지했다. 우상 숭배를 타도하고 참다운 신앙을 확립한다는 명분이었다.

당시 사막 유목민들은 약탈에 대해 죄의식을 가지기는커녕 용맹한 행동으로 여겼다. 더구나 메디나는 시리아와의 교역로에 있어서 상인들에 대한 공격과 약탈이 수월했다. 이런 이유로 이슬람 교단은 메카 상인과 계속해서 대립각을 세웠으나, 630년 군사적으로 완전히 메카 상인을 압도하게 된다.

무함마드는 그 기세를 이어 1만 명의 군대를 이끌고 전의를 상실한 메카를 무혈점령하는 데 성공했다. 그리고 카바 신전에 있던 수많은 우상을 때려 부순 후, 카바 신전과 검은 운석을 이슬람 신앙의 상징으로 만들었다.

> 무함마드의 죽음 632년

무함마드의 죽음 이후
대정복 운동 나선 칼리파

메카 순례 후 메디나로 돌아와 62세의 나이로 영면

630년 메카를 점령한 무함마드는 아라비아반도에서 종교적 권위, 정치적 명성, 군사적 지배를 확고히 했다. 무함마드는 유목 부족들에게 안전을 보장하고 질서를 유지하는 대가로 가축과 대추야자를 세금 명목으로 징수해서 교단의 재정 기반을 마련했다.

632년 이슬람 교단의 아라비아반도 지배 체제를 확고하게 정비한 무함마드는 메카 순례(현재 메카 순례의 원형이 된 고별 순례)를 마치고, 메디나로 돌아온 지 3개월 만에 62세를 일기로 세상을 떠났다.

무함마드가 세상을 떠나자 기존의 신도와 새로운 신도가 대립 관계를 형성했다. 주도권은 무함마드의 오른팔로 친구이자 장인이었던 아부 바크르가 장악해 새 지도자(제1대 칼리파)로 추대되었다. 그는 무함마드의 대리인이라는 뜻에서 '칼리파'라 불렸다. 무함마드보다 2살 아래인 포목상 아부 바크르는 메디나 이주 당시 무함마드와 동행한 유일무이한 친구였으며, 9세 딸 아이샤를 무함마드와 결혼시키기도 했다.

그는 2년의 짧은 재임 기간 동안 아라비아반도 내 반이슬람 세력을

무함마드 사후 칼리파 제도의 변천

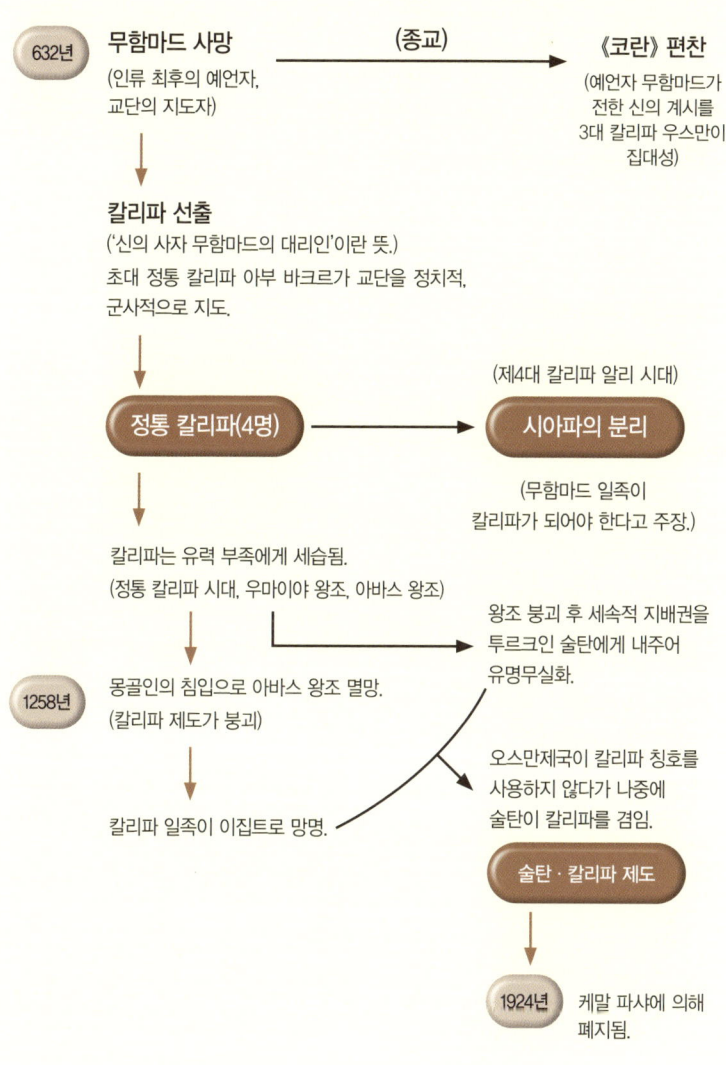

4장 아라비아반도의 이슬람교 탄생 — 135

척결하고, 아랍 유목민에게 이권을 제공해 결속을 다지고자 지하드(성전)라는 명목으로 이라크 남부와 시리아로 원정을 떠났다. 비잔틴제국과 사산 왕조가 장기간의 전쟁으로 쇠약해진 틈을 노린 것이다.

제2대 칼리파는 반무함마드에 앞장서다 열성 신도로 변신한 우마르가 이어받았다. 사리사욕 없는 올곧은 성품의 우마르는 비잔틴제국의 반격을 물리쳤고 시리아, 팔레스타인, 이집트를 차지해서 사산 왕조에도 괴멸에 가까운 타격을 입혔다.

《코란》은 무함마드가 22년간 전한 신의 말씀을 집대성

무함마드가 아랍어로 신의 말씀을 전한 마지막 예언자로 인정되면서 650년대 초 제3대 칼리파 우스만 시대에 《코란》이 집대성되었다.

《코란》은 무함마드가 마흔 살에 천사 가브리엘의 계시를 받은 이래 22년간 전한 신의 말씀을 집대성한 것이다. 총 114장(수라)으로 이루어져 있으며, 긴 장부터 짧은 장 순으로 배열되어 있다. 내용 전체가 신의 말씀이기 때문에 하나로 정리된 구성은 아니지만 이슬람교도의 신앙, 사회 질서, 경제, 생활 등 생활 전반에 걸친 종교적 규범을 담고 있다.

이슬람 경전 《코란》

이슬람 육신오행을 기록한 무슬림의 생활 규범

육신오행을 믿고 지키는 것은 무슬림의 의무

무함마드가 죽은 후 그의 말 중에 신의 말씀으로 추정되는 약 7만 8,000개의 어휘를 114장으로 나누어 기록한 것이 《코란》이다. 가장 긴 장은 306절, 짧은 장은 3절이다.

《코란》은 기본적으로 긴 장부터 짧은 장 순서로 배열되어 있는데, 메디나 시대의 내용은 길고 메카 시대는 오래전 일이라 짧다. 대체로 가장 가까운 시대의 내용이 앞에 온다고 보면 된다.

또한 육신오행이라 해서 신도가 믿고 지켜야 할 사항을 규정하고 있다. 육신은 ①유일신 알라 ②천사 ③계전 ④예언자 ⑤내세 ⑥천명 오행은 ①신앙고백 ②예배 ③희사 ④단식 ⑤순례이다.

또한 전쟁, 정치, 경제, 가족, 가려야 할 음식, 도박과 음주 금지 등 세속적 사항에 대한 자세한 규정도 있다. 인간에 대해서는 오만하고 보잘것없는 존재이므로 내면의 도덕성을 길러 위험으로부터 몸을 지켜야 한다고 되어 있다.

이슬람교도가 지키고 행하는 의무 – 육신오행

육신(六信, 여섯 가지 믿음)

알라	유일신 알라가 존재함을 믿는다.
천사	알라신과 지상을 중재한다.
계전	신의 계시가 기록된 《코란》을 믿는다.
예언자	예언자 무함마드를 믿는다.
심판	심판의 날이 오면 생전의 선행과 악행에 따라 천국행과 지옥행이 결정된다.
천명	모든 우주 현상은 알라의 뜻이니 운명으로 받아들인다.

메카를 향해 예배를 드리는 이슬람교도들.

오행(五行, 다섯 가지 신앙의 행위)

신앙고백	"알라 외에 다른 신은 없다. 무함마드는 그분의 사도이다"라는 말을 공표한다.
예배	하루에 5회(새벽, 한낮, 일몰 전, 일몰 후, 심야) 매회 20분씩 신에 대한 복종과 감사의 뜻을 표하기 위해 메카 방향을 향해 절한다.
희사	매년 1회 가난한 사람들에게 수입의 40분의 1을 베푼다.
단식	라마단(이슬람력 9월) 한 달 동안 한낮에는 금식을 한다.
메카 순례	평생에 한 번은 메카의 카바 신전을 순례하는 것이 바람직하다. (12월이 순례의 달)

인생 결산에서 흑자는 천국, 적자는 지옥에 간다

《코란》은 상거래 시 계약서의 필요성, 금품으로 복수의 대가를 치르는 '피의 대가' 등 당시로서는 새로운 규정도 포함되어 있었다. 인간 무함마드 언행의 전승도 '하디스'라는 이름으로 수록해서 중요한 규범으로 제시했다.

이슬람 도시는 작물을 공급하는 농촌과 가축을 파는 유목 사회가 공생 관계를 이루고 있었다. 농촌과 유목 사회가 도시를 중심으로 하나의 교역권을 형성하고 있었던 것이다. 이질적인 사람들을 하나로 연결하는 계약은 이슬람 사회를 유지하는 근간이 되었다.

그리고 정당한 상거래로 얻은 이익과 상대의 가난을 이용해 고리대금으로 취한 이익을 엄격히 구별해서 정당한 상거래와 노동에 의한 이익은 옹호했다.

무함마드는 이슬람교의 핵심인 최후의 심판에 대해서도 신의 손에 있는 장부를 결산해서 선행이 흑자인 사람은 천국에, 적자인 사람은 지옥에 간다는 식의 상인다운 비유로 가르침을 주었다.

《코란》과 더불어 이슬람교도의 신앙과 생활의 길잡이 역할을 하는 《순나》(예언자 무함마드의 언행)에는 그러한 비유가 더욱 직접적으로 등장한다. 가령 믿을 수 있는 상인은 최후의 심판 날 신의 옥좌에 앉을 것이라거나, 상인들은 지상에 있는 신의 충실한 재산관리인이라는 표현까지 있을 정도이다.

이슬람의 움마 시스템

부족과 씨족을 해체하고
신앙 중심의 공동체 결성

'대정복 시대'의 아랍인은 부족 간의 대립을 반복

중동은 원래 유럽에서 말하는 '네이션nation', 즉 민족이나 국가의 개념이 없었다. 그러한 개념이 생긴 것은 유럽의 영향력이 강해진 19세기 이후였다.

중동 사회는 부족, 씨족, 가족 등 혈연관계와 종족의 연대의식에 뿌리를 두고 있었다. 무함마드는 이슬람교를 창시한 후 움마를 중심으로 부족 연합체를 만들었다. 그는 혈연 중심의 부족 단위를 해체하고 신앙 중심의 새로운 종교 공동체를 형성하려고 했으나, 오랜 전통 사회의 구조를 개혁한다는 것은 쉬운 일이 아니었다.

'대정복 시대'의 아랍인은 가문, 혈연 등을 사회 단위로 해서 부족 간의 대립을 반복했다. 그런 분위기 탓에 7세기에는 우마이야 가문과 알리 일족(하심 가문) 사이에 칼리파의 지위를 둘러싼 격렬한 세력 다툼이 벌어졌다.

그러나 수많은 아랍인 부족이 특권 계급으로서 중동 이외 지역으로 광범위하게 진출하면서 이슬람교도인지 아닌지가 피정복민과 자신들을 구별하는 기준이 되었다. 이로 인해 이슬람 공동체에 대한 아랍인

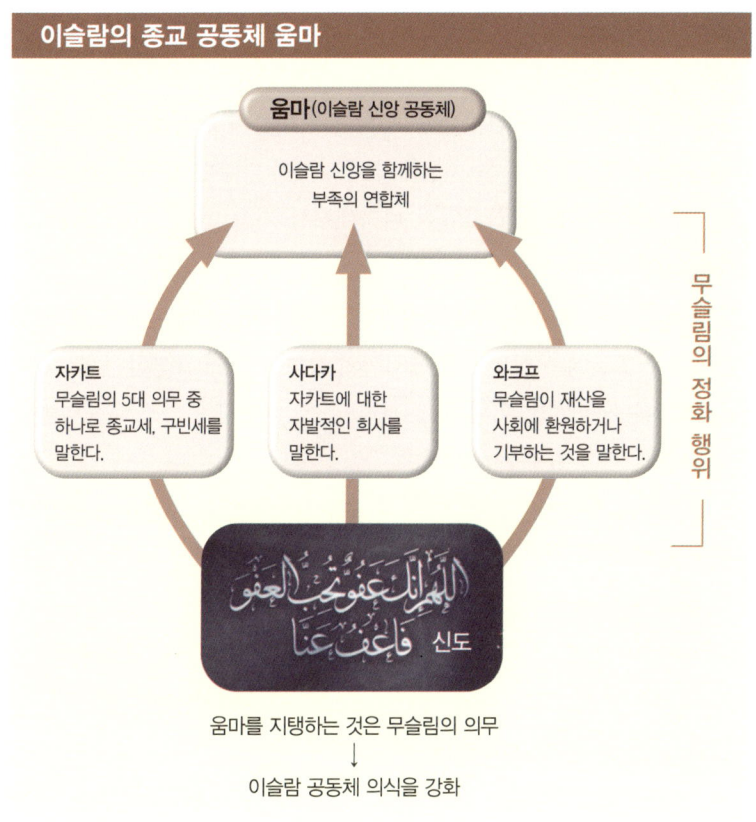

의 충성심은 점점 강해졌다.

경제적 희사인 '자카트'와 재산 기부 제도인 '와크프'

이슬람교는 신도 공동체를 중시하는 종교로서 신도는 공동체에 경제적 지원을 할 의무가 있었다. 희사를 의미하는 '자카트'도 그중 하나이다. '정결(淨潔)'이라는 뜻을 가진 자카트는 자신을 정화하기 위해 신에게 바치는 정결한 재물을 말한다. 이슬람교에서 말하는 재산은 세상에 사는 동안 신이 잠시 의탁한 것이기 때문에 그 일부를 신에게 돌려주는 것이 당연하다.

자카트의 기준은 농업의 경우 수확물의 10분의 1, 상업은 수입의 약 40분의 1이다. 모인 돈은 공동체의 관리하에 다양한 용도로 사용되는데, 근대국가의 세제를 도입한 나라에서는 자율 기부 형태로 바뀌는 추세이다.

이슬람은 부족 사회인 아랍 지역에 공동체 개념을 심어주었다. 예를 들어 8세기 말에 시작되어 11세기까지 중동 전역에 확산된 '와크프'라는 제도를 살펴보자. 아랍어로 '정지(停止)'를 뜻하는 와크프는 이슬람교 고유의 재산 기부 제도이다.

와크프는 권력자에게 재산을 몰수당하지 않도록 보호하는 수단이 되기도 했다. 와크프의 명목으로 기부한 것은 더 이상 개인의 소유물이 아니었기 때문이다. 또한 토지 등 부동산을 소유한 자가 모스크, 병원, 수도 시설, 빈민 구호소, 대학 등을 짓기 위해 재산의 소유권을 '정지'시키고 특정 시설을 영구히 운영할 수 있도록 기부하는 것이다.

자카트가 이슬람교도 간의 상부상조에 활용되었다면, 와크프는 공공시설을 짓고 운영하는 데 기여한 제도라고 보면 된다. 이 제도 덕분에 도시의 다양한 시설이 확충되고 와크프가 운영하는 복지 시설에 의해 부자와 가난한 자의 위화감을 줄이고 사회 질서가 유지되어온 것이다. 다만 현재는 대부분의 나라에서 이름뿐인 제도가 되었다.

이슬람 사회와 지하드

칼리파가 지휘하는
이슬람의 군사 활동 '지하드'

이슬람 과격파의 무차별 테러는 정말 성전인가?

　과격 이슬람 원리주의 단체가 자신들이 행하는 무차별 테러가 신의 뜻에 의한 '지하드(성전)'라고 주장하고 있다. 그러나 아랍어로 '목적을 위한 노력'을 뜻하는 지하드는 이슬람교도의 종교적 의무인 오행에 포함되지 않는다. 요컨대 지하드는 알라에 대한 믿음을 전파한다는 의미에서 정신적 선행, 수행과 같은 넓은 뜻을 담고 있는 것이다.

　사막과 고원 지대의 황무지인 아라비아반도를 생활 터전으로 삼고 있는 이슬람 공동체는 신도들이 가난에서 벗어나려면 비옥한 농경 지역으로 진출해 세력을 확장해야 한다고 생각했다. 그래서 이슬람 공동체가 주권을 가진 '다르 알 이슬람(이슬람의 집)'의 세력 확장을 위해 인근 '다르 알 하릅(전쟁의 집)'으로 쳐들어갔다. 이 군사적 성격의 지하드는 7세기와 8세기 사이에 벌어졌다.

　그 후 지하드는 칼리파의 지휘 아래 이슬람교도의 합의에 따라 움직이는 군사 활동을 뜻하게 되었고, '비전투원을 해치지 않는다'를 비롯한 몇 가지 방침을 세우게 되었다.

　냉전 종식 후 중동에서는 알카에다(아랍어로 본부를 의미하며 1988년 오

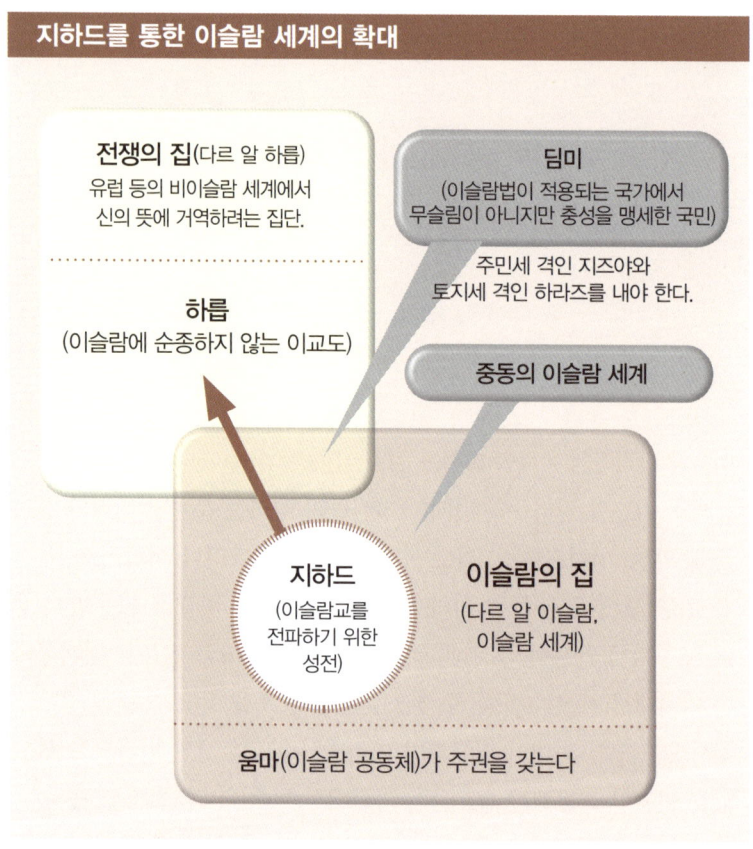

사마 빈 라덴이 조직한 아프가니스탄 의용군 네트워크이다)와 IS(이슬람국가) 등의 과격 단체가 서양의 침략에 지하드로 맞서자며 전 세계 곳곳에 무차별 테러를 저지르고 있는데, 이에 대해서는 이슬람 사회에서도 큰 비판이 일고 있다.

초기 이슬람 공동체의 목표는 기독교도 등 '다르 알 하릅'에 사는 하릅(이슬람교 외의 종교를 믿는 이교도)을 무슬림이나 딤미(보호받는 민족)로 포섭하는 것이었다. 이슬람 공동체에 종속되어 충성을 맹세하는 자를 뜻하는 '딤미'는 이슬람법을 준수하고 지즈야(주민세)와 하라즈(토지세)를 납부하는 조건으로 이슬람 제국의 '딤마(생명과 재산의 안전 보장)'를 얻었다.

이슬람제국의 보호를 받았던 그들은 옷부터 휴대용 무기까지 여러 종류의 제한과 제재를 감수해야만 했다. 딤미는 다른 신앙을 인정받는 대신 이슬람 세계에서 살아가기 위해 아랍어는 의무적으로 익혀야 했다. 이슬람제국의 통제에 따르는 생활이 장기간 계속되자 딤미는 자연스레 이슬람 세계의 질서에 편입되었다.

유대교와 기독교는 같은 신의 계보에 속한 형제로 인정

이슬람 세계에서 인정하는 이슬람교도는 최고 최후의 예언자 무함마드가 이끄는 공동체에 소속되어 알라에게 전적으로 복종하는 자로서, 마찬가지로 유일신의 계시를 믿는 유대교도와 기독교도와는 구별되었다. 이들은 대정복 시대에도 이교도를 인정하고 보호하는 정책을 펴면서 이슬람교를 전파하고 세력을 확장했다.

그러나 유대교도와 기독교도는 교리에 오류는 있을지언정 같은 신의 계보에 속한 동료(계전의 백성)로 취급해서 조로아스터교도, 불교도 등의 카피르(비신자)와는 명백하게 구별했다. 계전의 백성이란 신의 계시가 담긴 성서를 신앙의 바탕으로 삼는 자라는 뜻이다.

대정복 시대 주도한 아랍 유목민의 영웅 우마르

제2대 칼리파 우마르는 원래 이슬람교를 받아들이려 하지 않고 무함마드를 박해하는 입장이었다. 그러나 617년경 이슬람교에 귀의해서 무함마드의 충직하고 용맹한 제자가 되었다.

632년 무함마드가 세상을 떠나고 움마가 혼란에 빠지자 우마르는 상인 출신 장로였던 60세의 아부 바크르를 칼리파로 추대해서 신도들의 동요를 잠재웠다.

우마르는 이슬람교의 기반을 확실하게 다지기 위해 무함마드가 전한 알라의 말씀을 정리해 기록하는 일을 아부 바크르에게 맡겼다. 그러나 노령의 아부 바크르는 2년 만에 세상을 떠났고, 그 유언에 따라 우마르가 칼리파의 자리를 이어받게 되었다.

우마르는 대머리에 기골이 장대한 남자였다. 칼리파의 지위에 오른 뒤에도 누더기처럼 기운 옷을 상하의 한 벌씩만 소유했고, 늘 종려나무 침대에서 자며 신앙의 유지와 움마의 발전에 온 힘을 기울였다고 한다.

이슬람은 우마르를 유목민 베두인족 족장처럼 용감하고 강직하며 검소한 삶을 산 인물로 묘사한다. 그는 술과 불륜에 빠진 아들을 곤장으로 때려 죽게 했다는 일화가 후대까지 전해질 만큼 이상적인 유목민의 전형이었다.

또한 아랍인의 숙원인 북방 대오아시스 지대로 세력을 확장하기 위해 정벌에 나선 대정복 시대를 주도했다. 그 군사 정복 활동에 투입된 이슬람 군대는 칼리파가 총사령관(아미르)을 맡았고, 그의 대리인은 장군, 그 밑의 장교는 메카와 메디나의 이슬람교도 상인, 병사는 사막 유목민 베두인족으로 구성되었다.

5장

아랍인의 이슬람제국

'대정복 운동'이 만든 이슬람의 거대 제국

3개 대륙에 걸친 아랍인의 이슬람제국 탄생

대정복 운동으로 사산 왕조가 멸망하고 시리아·이집트가 이슬람화되면서 세계사는 큰 전환기를 맞는다.

로마제국과 이란인의 제국 사산 왕조가 대립하던 시대가 끝나고 고대 지중해 세계가 남북으로 분열되어 아시아, 아프리카, 유럽의 3개 대륙에 걸친 이슬람제국이 탄생했다.

이슬람제국은 ①중동의 중심부를 지배한 정통 칼리파 시대(632~661) ②북아프리카, 이베리아반도, 인더스강 유역을 지배한 우마이야 왕조 시대(661~750) ③서투르키스탄과 실크로드를 지배한 아바스 왕조 시대(750~1258)로 구분할 수 있다.

아바스 왕조가 아랍인의 특권을 폐지하고 이슬람제국을 수립

정통 칼리파 시대는 종교 공동체의 결속을 다지기 위해 원정에 나선 시기로, 지도자는 유력 인사들이 토의해서 선출했다.

그 후 점령지가 넓어져 이권이 확대되자 유력 부족의 지배력이 강화되면서 공동체의 결속이 무너진다. 가장 권력이 강했던 우마이야 가

7세기 무렵 중동을 비롯한 세계 정세

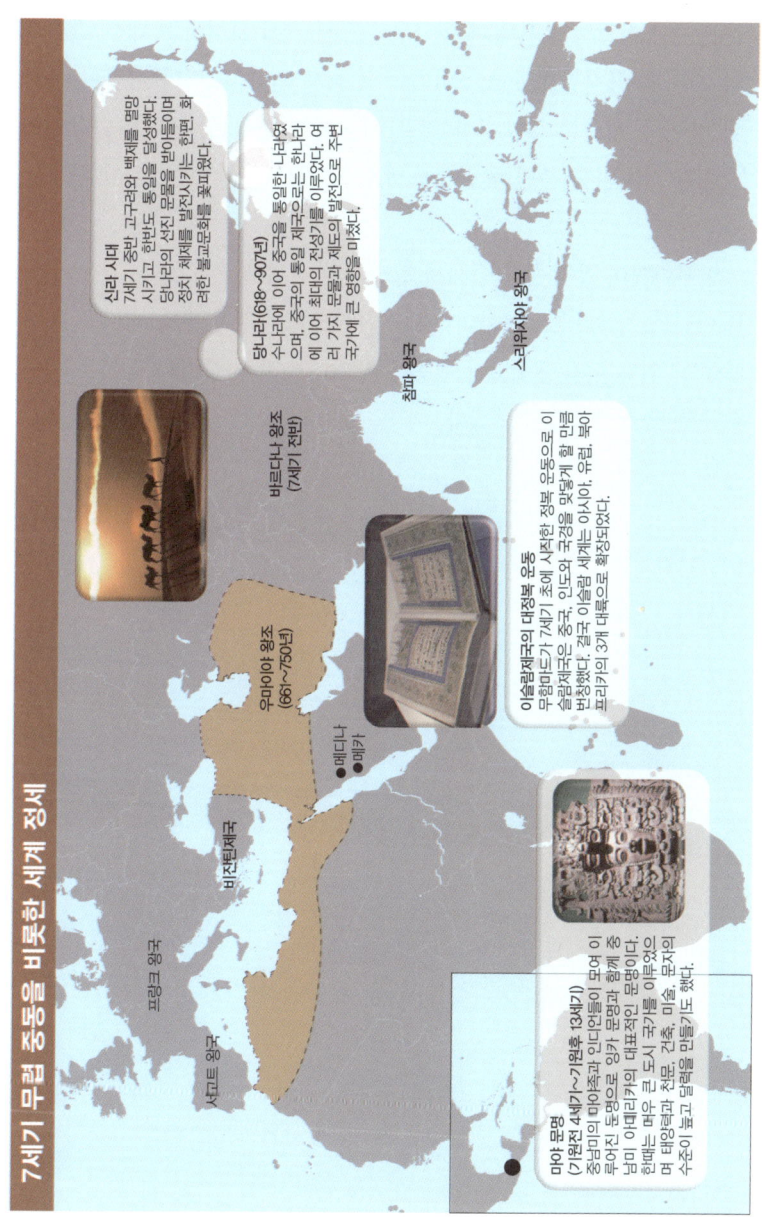

신라 시대
7세기 중반 고구려와 백제를 멸망시키고 한반도 통일을 달성했다. 당나라의 선진 문물을 받아들이며 정치 체제를 발전시키는 한편, 화려한 불교문화를 꽃피웠다.

당나라(618~907년)
수나라에 이어 중국을 통일한 나라으로, 중국의 통일 제국으로는 한나라 이어 최대의 전성기를 이루었으며, 여러 가지 문물과 제도의 발전으로 주변 국가에 큰 영향을 미쳤다.

소리위아 왕국

참파 왕국

바르다나 왕조
(7세기 전반)

우마이야 왕조
(661~750년)

●메디나
●메카

비잔틴제국

프랑크 왕국

사산트 왕국

이슬람제국의 대정복 운동
무함마드가 7세기 초에 시작한 정복 운동으로 이슬람제국은 중국, 인도와 국경을 맞닿게 할 만큼 번창했다. 결국 이슬람 세계에는 아시아, 유럽, 북아프리카의 3개 대륙으로 확장되었다.

마야 문명
(기원전 4세기~기원후 3세기)
중남미의 마야족과 인디언들이 모여서 이루어진 문명으로 잉카 문명과 함께 중남미 아메리카의 대표적인 문명이다. 한때는 매우 큰 도시 국가를 이루었으며 태양력과 천문, 건축, 미술, 문자의 수준이 높고 달력을 만들기도 했다.

문은 정복자로서의 특권과 이권을 아랍인에게 보장하는 대신 칼리파의 지위를 차지함으로써 우마이야 왕조가 된다. 그러나 아랍인 사회에 불평등 계층이 발생하자 하류 사회에 속한 사람들과 이슬람으로 개종한 각지의 원주민이 반체제 운동에 가세하면서 우마이야 왕조는 멸망한다.

반우마이야 운동에 편승해서 칼리파의 지위를 손에 넣은 것은 무함마드의 일족 아바스 가문이었다. 아바스 가문은 반체제 세력을 끌어들이기 위해 이슬람교도의 평등을 부르짖으며 아랍인의 특권을 폐지하고 이슬람제국을 수립했다.

> 사막의 교역 네트워크 7세기~

'육지의 바다' 사막이
교역으로 세계사를 바꾸다

이슬람제국의 태동은 세계사의 대변동을 예고

7세기, 사막이 3분의 1을 차지하는 아라비아반도에서 이슬람제국의 태동은 세계사의 대변동을 예고하는 것이었다.

아라비아반도의 인구밀도는 현재도 세계에서 가장 낮다. 농경지를 중심으로 정착해 사는 사람들에게 사막에서 쳐들어온 강력한 이슬람 군대는 갑작스럽고 예측할 수 없는 재난과 같았다. 그러나 유목민의 관점에서는 사막의 무수한 교역로를 개척한 것을 감안할 때 그러한 공격이 별로 새삼스러운 일은 아니었다. 사막을 모르니 아라비아반도에서 움튼 새로운 움직임을 대지진 같은 갑작스러운 재난으로 착각하게 되는 것이다.

아라비아 사막을 태양이 작열하는 땅, 풀 한 포기 자라지 않는 불모지로만 생각하기 쉬운데 밤은 의외로 시원하다. 또한 달과 별을 길잡이 삼아 사막의 배라 불리는 낙타를 이용하면 바다처럼 광범위한 지역을 자유자재로 이동할 수 있었다. 육지의 바다라고 할 수 있는 사막에 상인의 네트워크가 형성되어 서로 다른 지역의 교역권이 연결된 것이다.

잠들어 있는 이슬람 상인의 물건을 도둑질하는 사람들, 1237년, 《마가마트》의 한 부분

이슬람제국의 상인과 군대는 사막에서 자유자재로 이동

중앙아시아의 고비 사막을 중심으로 사육되는 쌍봉낙타가 추위와 척박한 환경에 적합한 수송용 가축이었다면, 더위와 건조한 기후에 강한 단봉낙타는 수송 외에도 전투, 낙타젖 생산을 비롯해 유목민의 생활에 다방면으로 이용되었다.

단봉낙타는 혹독한 사막의 기후와 갈증에 강하고, 사막에 자라는 선인장도 가시째 잘 씹어 먹기 때문에 아라비아반도의 생활에 적합했다. 아랍 유목민은 이 단봉낙타를 능숙하게 이용해서 아라비아반도를 종횡무진으로 누빌 수 있었다.

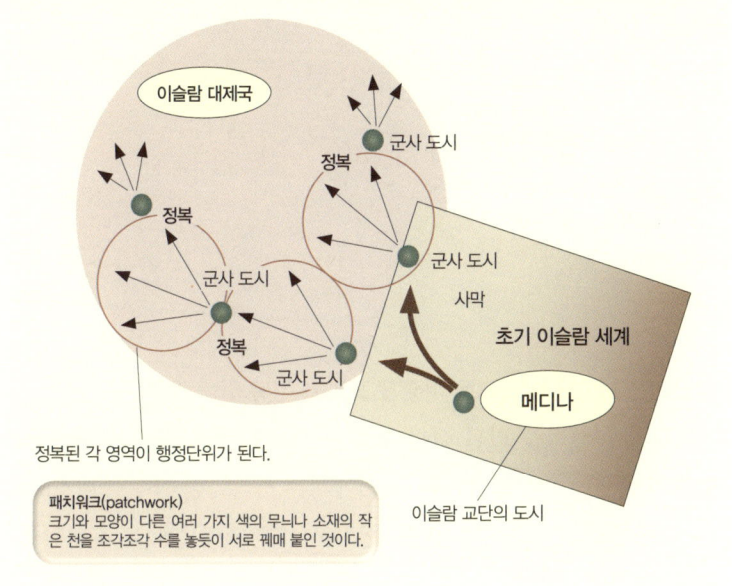

사막에서 생활과 이동을 하려면 지형, 부족의 분포 상황, 별자리 등 천문 지식을 활용해 길이 없거나 난관에 부닥쳐도 헤쳐나갈 수 있는 길잡이 같은 사람이 절대 필요하다. 그들의 눈부신 활약 덕분에 이슬람제국의 상인과 군대가 사막에서 마음대로 이동할 수 있게 되었다.

사막을 활용한 대정복 운동은 오랜 전쟁으로 피폐해진 비잔틴제국과 육지의 페르시아제국(사산 왕조)의 대립 시대에 종지부를 찍고, 아라비아반도의 요지를 지배하는 새로운 이슬람제국을 탄생시켰다.

장기간의 전쟁으로 쇠약해진 두 제국이 결국 자멸했다고 봐도 무방하다. 복잡한 요소가 얽히고설켜 발생한 변화로 로마제국과 페르시아제국이 대치하던 고대 세계가 빠르게 붕괴된 것이다.

> 이슬람 대정복 운동 7세기

이슬람 대정복 운동은 아랍인의 포교와 정복 활동

아랍인은 사막을 발판으로 이슬람 포교와 정복 활동 전개

아랍인은 사막을 발판 삼아 이슬람 포교와 정복 활동을 전개했다. 농경지 주변에 정착해 살아온 농민에게는 사막이란 함부로 발을 들일 수 없는 두려운 공간이었지만, 사막에서 이동하며 살아온 유목민에게는 삶의 터전이었다.

아랍군은 사막을 이동 경로, 물자 보급, 그리고 전세가 불리할 때는 도피처로 이용하며 자신의 전력을 극대화해서 크고 작은 전쟁을 승리로 이끌었다.

지역별 원정의 거점이었던 군사 도시(미스르)는 사막 외곽에 건설되었다. 그곳에서 출격해서 주변 지역을 정복한 다음에 지배한 것이다. 이라크의 바스라, 이집트의 푸스타트(지금의 카이로)는 그러한 역할을 했던 대표적인 군사 도시이다. B. 루이스라는 학자는 사막을 바다에, 군사 도시를 싱가포르 같은 항구에 비유했다. 즉, 이슬람 교단은 사막의 요충지에다 군사 도시라는 항구를 짓고, 그곳을 발판으로 삼아 배후의 대농경 지대를 정복하는 방식이었다.

기원전 6세기 페르시아제국(아케메네스 왕조)이 탄생한 이래 아라비

카이로 성채와 무함마드 알리 모스크, 2010년. ⓒ Ahmed Al.Badawy, W-C

아 사막에서 이집트와 이라크의 대농경 지대로 향하는 유목 민족의 이동은 줄곧 벽에 부딪혔다. 7세기에 시작된 대정복 운동은 오랜 장벽을 무너뜨린 기념비적 사건이었다.

B. 루이스는 대정복 운동에 대해 다음과 같이 기술했다.

"대정복은 이슬람 세력의 확장이 아니라, 조상의 땅이 인구 포화 상태가 되자 배출구를 찾아 주변 지역으로 흘러나간 아랍 민족의 팽창일 뿐이었다. 그것은 셈족 시대부터 계속된 일련의 민족 이동의 일환으로서 비옥한 초승달 지대로 확장되었고, 다시 거기서 더 멀리 확장되었다."

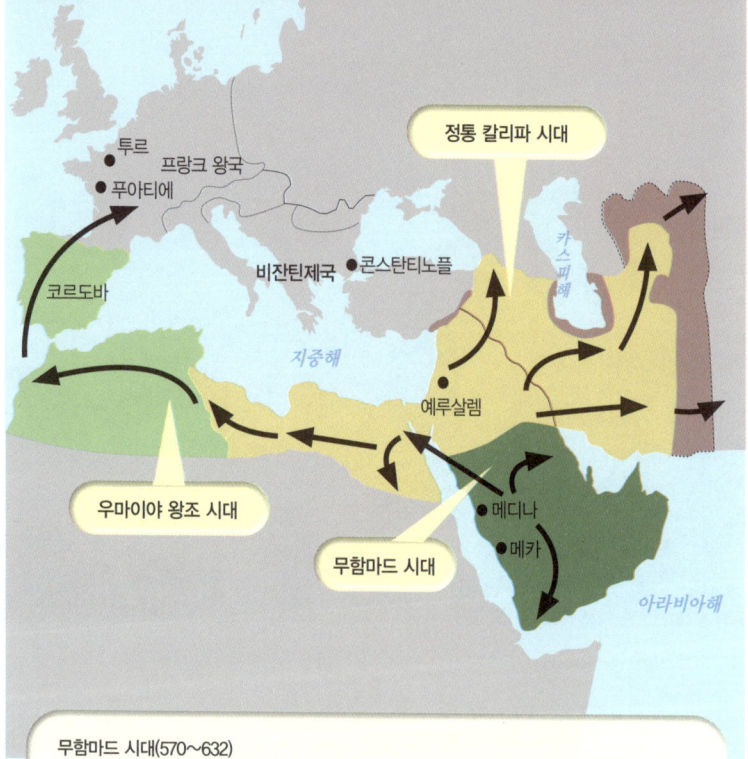

무함마드 시대(570~632)
이슬람교를 창시한 무함마드가 살아 있었을 때로, 그는 부족들의 박해를 피해 메카에서 메디나로 이주했다. 이것이 이슬람력의 기원이 되었으며, 무함마드는 메카와 메디나를 정복하고 아라비아반도를 통일했다.

정통 칼리프 시대(632~661)
무함마드가 죽고 그를 계승한 4명의 칼리프가 지도자로 활동한 시대이다. 전성기에는 아라비아반도를 중심으로 이란고원에서 북아프리카까지의 넓은 영역을 관할했다. 4대 칼리프 알리가 암살되면서 막을 내렸다.

우마이야 왕조 시대(661~750)
무아위야 1세가 다마스쿠스를 수도로 해서 세운 이슬람 칼리프 왕조로 아랍-이슬람 제국의 2번째 칼리프 왕조이다. 활발한 정복 활동으로 북아프리카와 스페인 전역을 아랍·이슬람화 했지만 아바스 왕조에 의해 멸망했다.

면세 특권을 누리는 아랍인은 중동의 신흥 지배층이 되었다

군사 도시를 중심으로 이슬람 세계의 거대 네트워크를 형성한 아랍인은 중동의 새로운 지배 민족이 되었다.

처음 군사 도시로 이주해서 지배자가 된 아랍인은 약 5만 명이었으나, 8세기 초에는 130만 명이 지배층을 형성해서 중동의 여러 도시에 거주했다. 그들은 영지를 받지 못하는 대신 가족과 함께 관청에 등록되었고, 현금이나 현물로 정부의 연금과 가족 수당을 받으며 면세 특권까지 누리는 신흥 지배층이 되었다. 사막을 나온 아랍인은 도시의 윤택한 생활을 누리게 된 것이다.

그러나 피정복자의 사정은 전혀 달랐다. 이슬람 교단은 정복지는 알라가 내린 전리품이고, 농민에게는 토지 이용권만 있을 뿐이라고 주장하며 과도한 세금을 징수했다. 당시 농민은 수확물의 절반에 달하는 토지세와 잡세 등의 명목으로 세금을 냈다고 한다.

중동에서 이슬람교 개종이 활발해진 것은 농민들이 세금 부담에서 벗어나려 했기 때문이다. 이슬람교도는 면세 특권이 있었지만, 비이슬람 아랍인은 물론 개종한 사람들에게도 면세가 인정되지는 않았다.

> 이슬람 모스크 7세기 초~

정복과 포교 활동으로
중동 각지에 모스크 확산

이슬람의 모스크는 '이마를 땅에 대고 절하는 곳'이라는 뜻

 이슬람교도의 예배당은 일반적으로 모스크Mosque라고 한다. 아랍어 마스지드Masjid에서 유래했으며, '이마를 땅에 대고 절하는 곳'이라는 뜻이다.

 이슬람교에서 알라에게 이마가 땅에 닿을 만큼 절하는 예배를 드리는 장소가 모스크이다. 이슬람 세계에는 각지의 전통 건축 양식으로 지은 수많은 모스크가 있다. 모스크는 예배 공간, 첨탑(미나레트), 세정용 샘으로 구성된다.

 일반적으로 예배 장소에는 융단을 깔고, 예배가 메카를 향해 진행되기 때문에 아치형 벽에 메카 방향(키블라)을 나타내는 벽감(미흐라브, 벽을 오목하게 파서 만든 공간)이 만들어져 있다.

 미나레트(아랍어로 마나라)는 빛이나 불을 켜는 곳이라는 뜻으로 등대, 망루, 봉화대에서 유래했고, 현재는 신도에게 하루 다섯 번의 기도 시간을 알려주는 탑이다.

 이슬람 세계에서는 몸을 정결히 한 후 신에게 예배드리는 습관이 있어서 수조처럼 씻을 수 있는 공간이 반드시 구비되어 있다.

무함마드가 만든 최초의 모스크 개념도

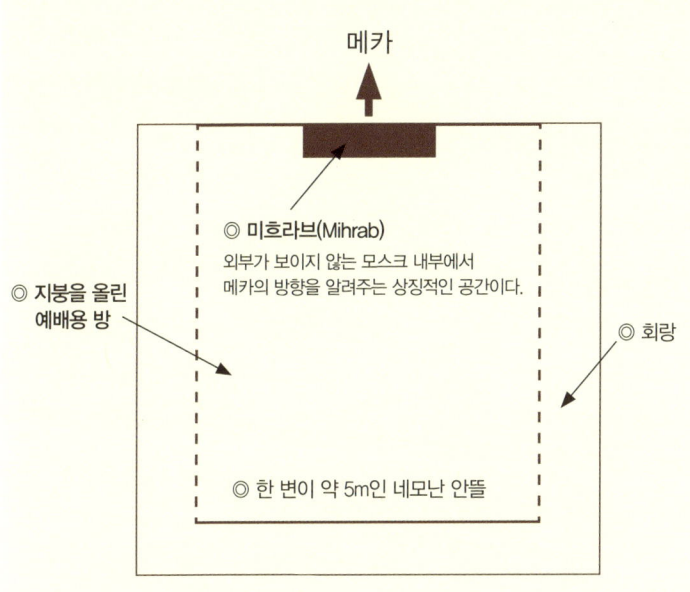

훗날 모스크는 ①미흐라브 ②민바르(Minbar, 문과 계단으로 이루어진 설교단) ③사각형 공간(안뜰) ④샘물이나 수조 ⑤미나레트(Minaret, 모스크의 첨탑)를 갖추게 된다.

모스크를 통해 도시를 연결하는 이슬람 네트워크 구축

　모스크의 기원은 메디나에 있다. 메디나로 이주한 무함마드는 서둘러 집을 짓고, 정사각형의 한 변이 5미터 정도 되는 좁은 마당에 벽을 세우고 간소한 지붕을 올린 모스크를 지었다. 그것이 현재 세계 각지에 세워져 있는 모스크의 원형이다.

　초기의 모스크는 무함마드가 알라에게 드리는 예배를 인도하고 신의 말씀을 전하며, 신도의 싸움을 중재하거나 재판을 진행하고, 정치적 토의 및 결정을 내리며, 자녀를 교육하거나 신도 간에 정보를 나누고 친목을 다지는 장이었다. 요컨대 이슬람 교단의 집회 장소였던 것이다.

이스탄불의 술탄 아흐메트 모스크, 2008년, ⓒ Travis Reitter

이슬람교도는 정복지마다 모스크를 짓고 하루에 다섯 번씩 성지 메카를 향해 예배를 드림으로써 알라에 대한 무조건 복종을 맹세하는 동시에 눈에 보이지 않는 종교적 네트워크를 구축하고자 했다.

이슬람교도의 의무 중 하나로 '평생 한 번은 메카 순례하기'가 있다. 세계 각지의 이슬람교도가 인종, 국적, 신분, 연령에 관계없이 상복을 상징하는 흰옷을 입고 사후 세계를 성찰한다는 의미가 있다. 메카를 향해 드리는 매일의 예배는 신앙의 중심, 메카의 존재를 확인하는 행위이다.

대정복 운동은 이슬람 교세의 확장을 위한 활동이었다. 따라서 군사 도시가 만들어지면 제일 먼저 예배를 이끌 장관의 관저와 모스크를 도심지에 건설했다.

모스크를 통해서 신흥 아랍인의 도시를 연결하는 이슬람 네트워크가 구축된 것이다. 처음에는 도시별로 하나씩만 지어졌으나 인구가 늘면서 많은 모스크가 지어졌고, 나중에는 농촌 지역에도 보급되었다. 모스크에는 우상 숭배가 금지되어 있어 불필요한 장식이 없었고, 메카 방향을 나타내는 미흐라브를 가장 중요하게 생각했다.

초기 칼리파의 대립 7세기

무함마드 혈통의 칼리파와 우마이야 가문의 왕권 세습

거상 칼리파 우스만이 이슬람 교단을 세속 집단으로 변질

교단 지도층의 지명으로 제2대 칼리파에 추대된 인물은 쿠라이시족에서 부족 간의 분쟁을 중재했던 아디 가문 출신의 우마르였다.

반이슬람의 선봉에서 활약하다 이슬람교 신자로 개종한 우마르는 패기 있고 직선적인 성격이었다. 그는 부와 명예 따위에 전혀 관심이 없었고 대의를 중시했으며 용맹무쌍한 행동으로 교단의 신망이 높았다.

우마르의 생활은 매우 검소했다. 허름한 여름옷과 겨울옷 단 두 벌로 1년을 지냈고, 경호도 없이 평범한 집에서 생활했다고 한다. 신념이 강한 사람은 때로 놀라운 일을 실현하는 법인데 그도 예외는 아니었다.

636년 비잔틴제국군을 무찌른 아랍군은 시리아와 팔레스타인 전 지역을 정벌하는 데 성공한다. 그리고 642년에는 이슬람군이 이집트의 거대 상업 도시 알렉산드리아를 함락하고, 곡창 지대인 이집트를 비잔틴제국으로부터 빼앗는다. 그리고 같은 해, 니하반드 전투에서 사산 왕조에 치명타를 입힌다. 이 패배로 사산 왕조는 빈사 상태에 빠지

이슬람 사회의 변화와 이슬람 왕조의 성립

초기 / 부족 연합체

하심 가문의 무함마드를 중심으로 하는 부족의 집합.

↓

대정복 운동
지배 영역이 확대되고 빈부 격차도 심했다.

↓

우마이야 가문이 아랍인에게 배타적인 특권을 주고 일족의 지배권을 강화.

↓

무아위야 1세 ·········· 우마이야 왕조의 첫 칼리파

지역 연합체

아랍의 유력한 부족이 각자 지배하는 지역에서 <u>특권</u>을 누린다.
→ 징세권, 경찰장관·재판관, 임면권 등

고 결국 651년에 멸망한다.

　이슬람의 정복 활동은 제3대 칼리파 우스만이 통치하던 650년경까지 순조롭게 진행되었다. 동으로는 페르시아제국 영토 대부분과 아프가니스탄 서부, 북으로는 캅카스, 서로는 시리아, 이집트를 거쳐 북아프리카 리비아까지 이슬람 교단의 지배하에 들어간 것이다.

　제3대 칼리파로 선출된 우스만은 거상 우마이야 가문 출신으로서

알리 이븐 아비 탈리브, 19세기, 하콥 마크르툼 호브나타냔

격변하는 아랍 사회에서 막대한 부를 축적할 만큼 이재에 밝은 인물이었다. 그는 무함마드의 딸 루카야를 아내로 삼았다가 그녀가 병으로 죽자 그 동생을 아내로 삼았다.

우스만이 암살되고 제4대 칼리파로 알리가 선출

80세의 고령이었던 우스만은 정복 활동으로 부유해진 교단을 순식간에 이슬람 교리에 벗어나는 세속적인 집단으로 만들었다. 우스만은 일족과 측근을 요직에 앉혔고, 유력 부족이 정복지의 이권을 독차지하고 자산을 불리면서 교단 내 빈부 격차가 생겼다. 따라서 부유한 계층과 가난한 계층의 격차는 날이 갈수록 벌어졌다. 목숨을 건 힘든 원정에 따른 이권을 정당하게 분배받지 못한 신도들은 자연히 불만을 품었고, 결국 우스만은 암살되었다.

그런 분위기 속에서 제4대 칼리파로 알리가 선출되었다. 알리는 무함마드의 사촌이자 그의 딸 파티마의 남편이며, 신의 사자라고 불릴 만큼 용맹한 인물이었다. 이슬람교도와 병사들은 그가 이슬람 세계의 질서를 바로 세우고 교단을 재편하기를 기대했다.

그러나 기득권 세력이었던 우마이야 가문 출신의 시리아 총독 무아위야는 알리의 칼리파 취임에 강력하게 반대하며 전쟁을 일으켰다. 알리는 전장에서 우마이야 가문의 군대를 제압했으나 《코란》을 내세우며 평화 협상을 요구한 무아위야의 제안을 받아들였는데, 이에 불만을 품은 병사에게 암살당했다. 그가 암살당한 후 우마이야 가문이 칼리파를 계승한다. 이후 칼리파가 된 무아위야는 우마이야 가문에서 칼리파 지위를 세습하는 왕조 체제를 확립한다.

칼리파제는 맘루크 왕조의 멸망과 함께 폐지된다. 훗날 오스만제국의 술탄이 이를 겸하지만 제국이 멸망하면서 다시 폐지된다.

> 이슬람 시아파의 분리 7세기~

시아파는 무함마드의 혈통만 칼리파로 인정

이슬람교도의 약 80퍼센트는 수니파, 20퍼센트는 시아파

이슬람교도의 약 80퍼센트는 수니파, 20퍼센트는 시아파로 알려져 있다. 특히 시아파 종주국인 이란은 국민의 대부분이 시아파이다.

이슬람교가 두 종파로 크게 나뉘게 된 것은 제4대 칼리파 알리 시대였다. 무함마드가 죽은 후 4대 칼리파까지는 부족 지도자들의 의논을 통해 선출했고, 그중에 예언자 무함마드와 혈연관계인 인물은 무하마드의 사촌이자 딸 파티마의 남편인 하심 가문의 알리뿐이었다.

알리가 칼리파 자리에 오르자 제3대 칼리파 우스만의 집안인 우마이야 가문이 격렬하게 반대해서 전쟁이 벌어졌고, 661년 알리는 예배를 드리러 가던 중 암살되었다.

시아는 아랍어 '시아 알리(알리의 당파)'의 줄임말이며 당파를 뜻한다. 참고로 알리의 묘는 바그다드에서 약 160킬로미터 떨어진 시아파의 성지 나자프에 있다.

유력 부족 간의 주도권 쟁탈이 거세지자 시아파가 주류파와 결별한 것이다. 한편 다수파는 수니파라 하는데 예언자 무함마드의 '순나(관행, 범례)'를 따르는 사람들을 말한다.

이라크 나자프에 있는 알리의 묘, 2003년, 아를로 K. 애이브러햄슨(미 해군), 알리의 묘는 시아파 무슬림들의 성지이다.

16세기 이란의 사파비 왕조는 시아파를 국교로 지정

알리가 암살된 후, 알리의 두 아들 중 장남 하산이 칼리파 자리를 이어받지만 유력 부족 하심 가문과 우마이야 가문의 싸움은 더욱 과열되기만 했다.

661년 시리아에 거점을 둔 우마이야 가문이 무아위야가 칼리파를 자처하며 우마이야 왕조를 열었다. 알리의 차남 후세인은 이에 대항해 우마이야군을 무너뜨리기 위해 이라크로 쳐들어갔지만, 이라크 중

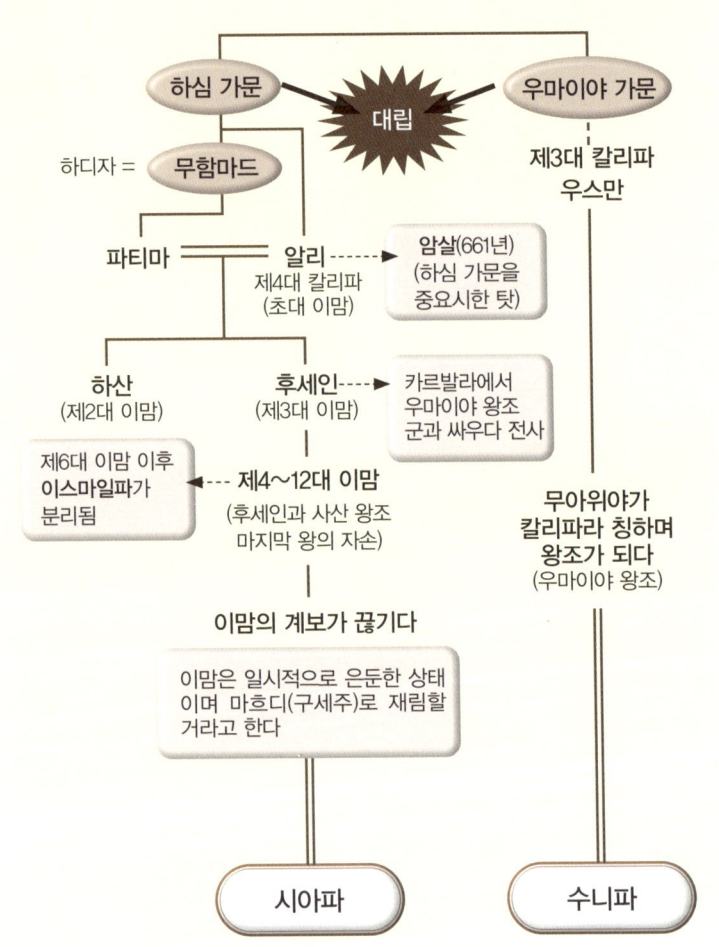

부의 카르발라에서 우마이야군에게 포위되어 전멸했다. 680년 10월 10일(아슈라)의 일이다.

이 비극적인 사건은 시아파가 더욱 결속력을 다지는 계기가 되었다. 나자프에서 북서쪽으로 약 70킬로미터 떨어진 카르발라에는 후세인 모스크가 세워지며 나자프와 함께 시아파 이슬람교의 성지가 되었다.

후세인이 죽은 후에도 시아파 사람들은 예언자 무함마드의 후계자는 반드시 무함마드의 혈통이어야 한다며 알리 외의 칼리파를 부정했다. 그들은 이슬람의 정통 후계자를 칼리파와 구별해서 '이맘'이라 불렀다.

카르발라에서 비극적 최후를 맞이한 후세인은 제3대 이맘이 되었다. 제4대부터 12대까지의 이맘은 후세인과 이란인 사산 왕조의 마지막 공주 사이에 태어난 아들의 자손이 계승했다. 시아파 사람들은 이 이맘들이 수니파에게 독살당하거나 옥중사하는 등 비극적 말로를 맞이했다고 주장한다.

16세기에 성립한 이란의 사파비 왕조는 시아파를 국교로 지정했다. 이란인 사이에서 시아파가 본격적으로 자리 잡기 시작한 것이 이 시기이다.

우마이야 왕조 661~750년

우마이야 세습 왕조가 이슬람제국의 칼리파 계승

아랍인의 특권을 누리지 못한 이슬람 개종자

661년 시리아 총독 무아위야가 시리아의 대도시 다마스쿠스를 수도로 삼아 우마이야 왕조(661~750)를 세웠다. 우마이야 왕조는 구비잔틴제국의 시리아와 구사산 왕조의 이라크가 첨예하게 대립하는 가운데, 시리아를 중심으로 하는 구비잔틴제국의 계승 국가로 출발했다.

수도 다마스쿠스에는 다른 군사 도시처럼 아랍인이 각 지구마다 부족을 이루어 거주했다. 8세기 초 다마스쿠스와 그 관내에 거주하는 아랍인 연금 수급자는 약 4만 5,000명이었다. 우마이야 왕조는 비잔틴제국의 행정 기구를 그대로 유지했다. 무아위야를 보좌한 비서 장관이 시리아인 기독교도라는 점이 우마이야 왕조의 성격을 잘 드러낸다.

우마이야 왕조는 사산 왕조의 징세 기구를 모방해서 토지세 징수를 위한 기구를 만들어 농민에게 토지세를 거두었다. 그래서 아랍인 전사 중 관청에 등록된 특권층에게 안정적으로 연금을 지급할 수 있는 체제를 만들었다.

우마이야 왕조는 정복지야말로 신이 이슬람 공동체에 내린 전리품(이권)이라고 주장했고, 농민은 단순히 토지 점유권, 이용권을 소유한

자로 취급하며 무거운 세금을 부과했다.

하라지, 춘분·추분 선물·물레방아 사용료·결혼세 따위의 잡세를 합치면 우마이야 왕조 시대에 비아랍인 농민이 부담한 세금은 수확물의 절반에 이를 것으로 추정된다. 반면 아랍인 지주는 수확물의 10분의 1만 세금으로 냈기 때문에 농경지 운영에 훨씬 유리했다.

우마이야 왕조에 불만을 품은 시아파가 반체제 운동 주도

우마이야 왕조 밑에서 과중한 토지세에 허덕이던 비아랍 농민은 농촌을 떠나 한꺼번에 도시로 몰려들었고 연금을 받기 위해 이슬람교로 개종했다. 이러한 비아랍인 이슬람교 개종자를 '마왈리'라고 하는데 도시에서 일을 찾지 못해 생활이 빈곤했다.

국고의 수입 감소와 지출 증가를 우려한 우마이야 왕조의 지배자는 8세기 초까지 비아랍인의 이슬람교 개종을 인정하지 않았고, 마왈리를 도시에서 추방하는 정책을 취했다. 하지만 마왈리는 빠르게 증가했고, 마침내 아랍인 인구수를 훨씬 뛰어넘게 되었다.

아랍인에게 신분 차별을 당하며 어렵게 생계를 유지하던 마왈리는 우마이야 왕조에 불만을 품었고, 시아파 등이 주도하는 반체제 운동의 중심에 섰다. 그러자 우마이야 왕조는 동으로는 소그드 지방과 인더스강 유역, 서로는 아프리카와 이베리아반도로 다시 원정에 나서면서 여기에 마왈리 전사를 교묘하게 이용했다.

아랍인과의 차별에 불만을 품은 마왈리를 달래기 위해 군사 도시에 정착하는 것을 허용하고 세금을 면제해준 것이다.

아바스 왕조 750~1258년

다양한 민족이 평등하게 통합된 이슬람제국

무함마드 혈통의 아바스 가문이 우마이야 왕조를 계승

대정복 운동이 일단락되자 아랍 병사들은 수입원이 막혔다. 한편 도시에 사는 가난한 마왈리가 더욱 증가하는 가운데, 아랍인의 기득권을 수호하려는 부족과 가난한 부족의 충돌은 불가피한 것이었다. 마왈리가 주도하는 반체제 운동은 더욱 격렬해졌다. 거대한 제국은 걷잡을 수 없는 혼란에 빠져들었고, 직할지 시리아조차 왕조의 지배가 통하지 않는 상태가 되었다.

그때 우마이야 가문의 지배를 부정하고 예언자 무함마드의 하심 가문이 교단의 지도자가 되어야 한다고 주장하는 운동이 이란고원을 중심으로 무섭게 확산되었다. 운동이 점차 거세지는 가운데 주도권을 쥔 것은 무함마드의 숙부인 아바스의 자손 일족이었는데, 당시 아바스 가문은 팔레스타인 남부의 약소 부족에 지나지 않았다.

이란의 시아파 반체제 세력은 개종한 페르시아인을 끌어들여 세력을 확장, 749년 이라크 중부에 있는 쿠파를 점령하고 아바스 가문의 아부 알 아바스를 초대 칼리파로 추대해서 새 왕조를 세웠다.

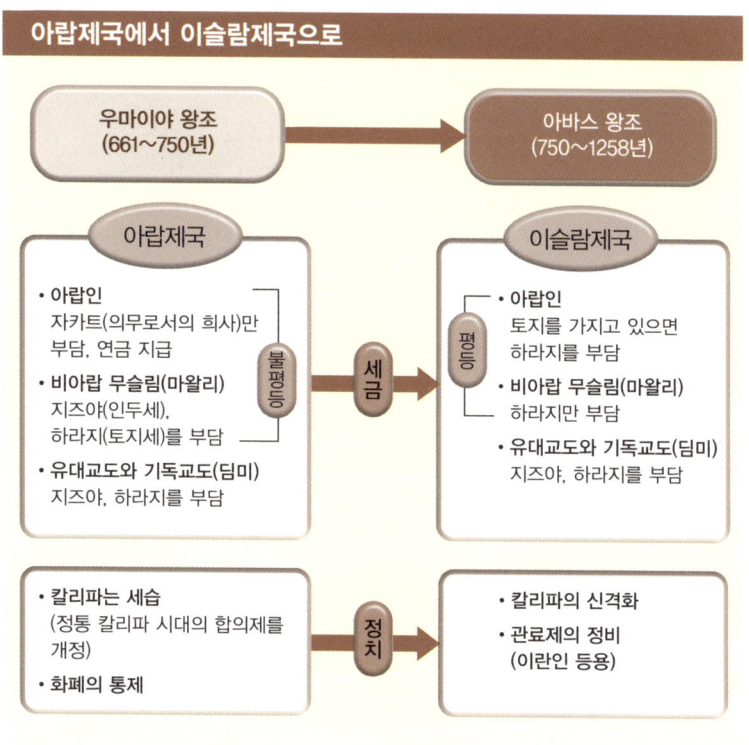

아바스 왕조 시대에 유라시아 규모의 거대 상업망 급성장

아바스 가문은 시아파의 반체제 운동을 이용해 새 왕조를 세웠으나, 안정적으로 정권을 수립하려면 다수파의 민심을 잡아야 한다고 판단해 갑자기 시아파를 탄압했다. 수니파로 돌아서서 아랍의 유력 부족에 접근한 것이다.

한편 아바스 왕조는 아랍인의 특권을 없애라는 압박에 연금 수급과 면세 특권을 폐지했다. 그들은 《코란》에 입각해서 이슬람교도의 평등을 실현하는 데 힘썼고, 이란인을 비롯한 비아랍인 유력자를 관료로 적극 기용했다. 약소 부족의 지배력을 보강하기 위해 유력 부족들과 연대에 나선 것이다.

결과적으로 정복 왕조인 우마이야 왕조(아랍인)는 이슬람 교리에 근거해서 다양한 민족이 평등하게 통합된 이슬람제국으로 변모했다. 이것을 '아바스혁명'이라고 한다.

이슬람 세계는 8세기 중엽부터 약 100년 동안 정치·군사적 확대기를 거쳤고, 이어서 통치 체제의 안정을 바탕으로 경제 발전기에 들어갔다. 우마이야 왕조가 시리아를 거점으로 비잔틴제국의 색채를 강하게 풍긴 나라였다면, 아바스 왕조는 이라크를 거점으로 사산 왕조의 시스템을 답습하고 이란인을 동맹자로 삼아 안정적인 체제를 구축한 나라였다.

이렇게 해서 아바스 왕조 시대에는 군사 도시가 경제 도시로 변모하고, 각 도시에 있는 시장들을 연결하는 교역로를 중심으로 상업망이 급성장해서 유라시아 규모의 거대 네트워크의 주요한 일원이 되었다.

> 칼럼

궁중의 하렘과 칼리파의 방탕한 생활

9세기 아바스 왕조의 칼리파 무타와킬은 하렘에 4,000명의 여성을 거느렸다고 한다. 그리고 《아라비안나이트》의 〈오마르 빈 알 누우만 왕과 두 아들 이야기〉에는 당시의 1년인 360일에 맞춰 360개의 방을 바그다드 궁정에 만든 후 360명의 첩을 들여 1년에 한 번씩 왕을 상대하게 했다는 내용이 있다.

하렘(harem)은 출입 금지 구역을 뜻하는 아랍어 하림(harim)의 튀르키예어 번역으로, 원래는 여성 전용 공간을 가리켰다. 지배자의 하렘이 거대해진 것이 사산 왕조 때문이라는 설도 있다. 아랍인이 사산 왕조를 정복했을 때 목격한 지배자의 호화롭고 방탕한 생활 방식을 그대로 이어갔다는 것이다. 오스만제국의 지배자 술탄(아랍어 '권위'에서 유래하며 군주를 가리킨다)이 500년간 머문 톱카프 궁전에도 약 300개의 하렘이 있었고, 이곳 역시 여성과 환관만 드나들 수 있었다. 하렘은 자신의 아이를 술탄의 후계자로 만들려는 여성들의 암투로 언제나 어둠의 그림자가 드리워져 있었다. 술탄이 되지 못한 아이들은 새로운 술탄에게 몰살당하고 눈을 뽑히거나 죽을 때까지 유폐되기도 했다.

하렘의 여성들은 술탄이 바뀔 때마다 신하에게 오달리스크(여자 노예)로 하사하거나 해서 전면 교체했다. 이러한 지배자의 풍습이 19세기 유럽으로 알려지면서 오리엔탈리즘에 대한 편견을 형성하는 원인으로 작용하기도 했다.

6장

이슬람 상인의
유라시아 네트워크

> 세계사는 무슬림 상인의
> 교역 네트워크에서 탄생했다!

이슬람제국이 3개 대륙의 상업 주도권을 장악

정통 칼리파 시대, 우마이야 왕조, 아랍인의 군사 정복 시대에 이어 아바스 왕조 시대에는 대도시의 바자르(시장)를 연결하는 네트워크가 활성화되어 이슬람제국이 3개 대륙의 상업 주도권을 장악하게 되었다.

아랍어를 공용어로 사용하는 제국 내 상인들은 제국 밖으로도 활동 영역을 넓혔다. 이슬람 상인들은 3개 대륙에 걸쳐 정비된 간선도로망을 중심으로 아프리카에서 유라시아로 펼쳐진 광활한 '오아시스 루트', 페르시아만, 홍해, 지중해, 인도양, 남중국해로 펼쳐진 '해양 네트워크', 볼가강 등 러시아의 하천을 연결하는 '강의 루트'에서 활약하며 유라시아 규모의 거대 상업권을 형성했다.

제국의 수도 바그다드는 150만 명이라는 유례없는 인구수로 유라시아 경제의 중심지로 부상하면서 막대한 부가 모여들었다. 지금의 미국 뉴욕에 비견할 수 있을 것이다. 낙타를 이용한 건조 지대의 대상 무역과 다우선을 이용한 지중해에서 남중국해에 이르는 해상 무역은 서로 연동하면서 경제 규모를 키워나갔다.

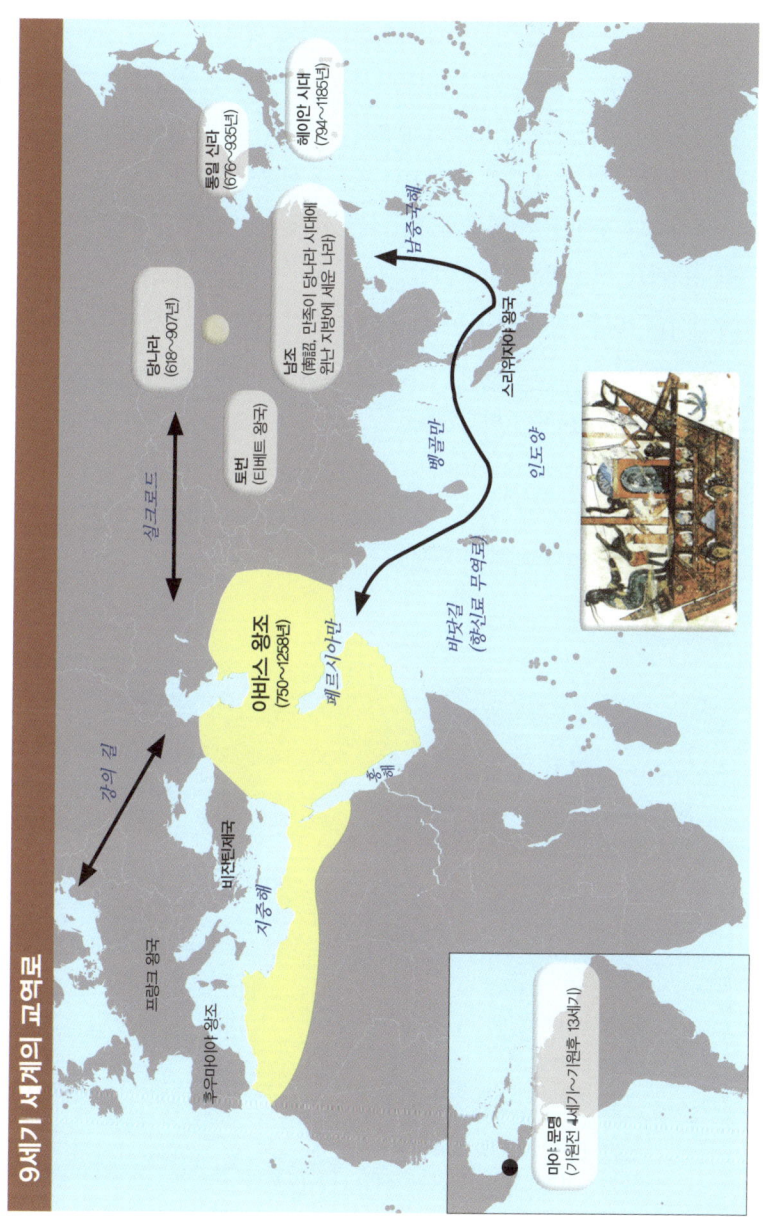

6장 이슬람 상인의 유라시아 네트워크 — 179

몽골제국은 아바스 왕조의 상업망을 통해 세력 확대

 유럽, 아시아, 아프리카를 잇는 무역뿐 아니라 문명의 교류도 활발해서 이란, 인도, 중국, 그리스 문명과 교류하는 동안 아랍어로 체계화된 이슬람 문명도 세계적 수준으로 발돋움할 수 있었다.

 세계사의 출발점은 몽골제국이라는 설이 유력하지만, 이슬람 상인의 경제적·정치적 지원이 없었다면 겨우 수십만 명의 군사력으로 유라시아를 통합하는 것은 불가능했을 것이다. 유라시아를 지배한 몽골제국은 아바스 왕조 시대에 형성된 상업망을 바탕으로 세력을 빠르게 확대했다고 보는 것이 타당하다.

 6장에서는 이슬람제국 내부, 지중해, 사하라 지역, 실크로드, 바이킹 세계, 인도양 세계, 당나라의 상업권, 왜나라의 이슬람 네트워크를 지리적 측면에서 간략하게 살펴보려고 한다.

인도양을 항해 중인 다우선, 2011년, ⓒ Muhammad Mahdi Karim, W-C

이슬람 네트워크 확장 8세기 말~

이슬람 상업망을 토대로 몽골이 대제국을 건설

유라시아로 뻗어나간 아바스 왕조의 거대 상업 네트워크

문명이 탄생한 이래 3,000여 년 동안 서아시아, 남아시아, 동아시아, 지중해 등 대제국 중심의 지역 세계가 형성되었고, 세계사는 각 문명이 지역적으로 분리된 틀 안에서 펼쳐졌다.

8세기 후반 아바스 왕조 시대에 이슬람제국이 3개 대륙에 걸쳐 확장되고, 그에 따라 유라시아 규모의 거대 상업망이 형성되자 세계사는 커다란 전환점을 맞이하게 된다. 유라시아 각 지역의 경제적 통합과 확대하는 과정을 통해 '유라시아 세계사'가 탄생한 것이다.

13세기 몽골제국은 유라시아 규모의 대제국을 일구었지만 그 흔적은 거의 남아 있지 않다. 반면 이슬람 세계는 지금도 세계 여러 지역에 걸쳐 광범위하게 분포되어 있다. 이슬람제국이 선진 문명 지대인 서아시아와 지중해 네트워크를 효과적으로 통합해서 유라시아 규모의 거대 상업권을 형성했기 때문이다.

7세기에서 8세기 사이에 펼쳐진 이슬람교도의 대정복 운동은 유목민이 농경 세계의 거대 네트워크를 무력으로 통합하고 거대 제국으로 재편하는 작업이었다. 애초에 중동은 사막 민족, 초원 유목민, 인도양

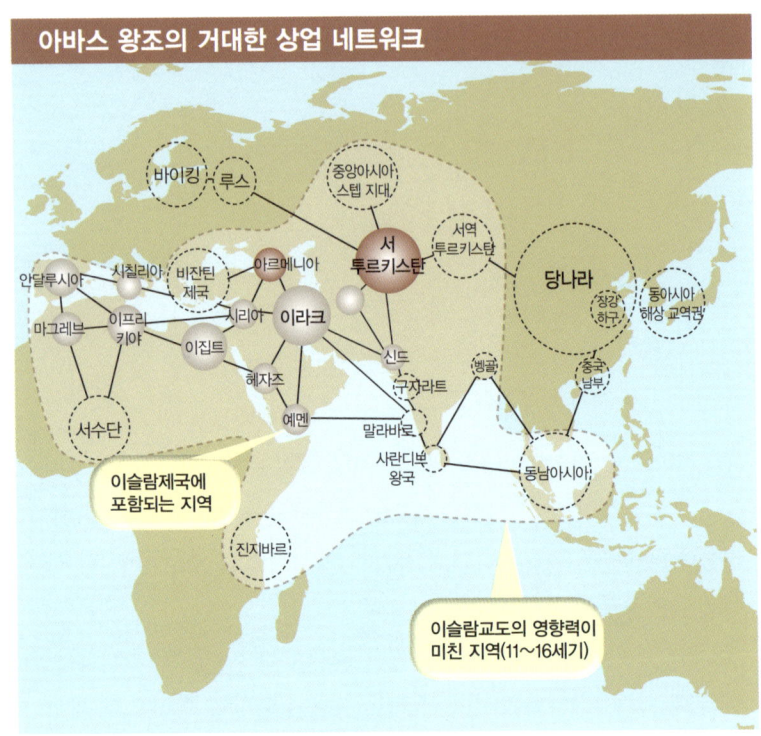

을 누비는 바다 상인의 활동 무대였는데, 아바스 왕조가 이슬람교도에 대한 차별을 없애면서 상업 활동이 더욱 활발해지고 규모도 확대된 것이다.

이슬람 상권을 토대로 몽골제국이 유라시아 대륙을 연결

유라시아에서 역사상 가장 방대한 영역을 지배했다 해서 몽골제국을 세계사의 출발점으로 보는 것은 중화제국을 앞세운 동아시아 중심적인 관점이다.

몽골제국의 중심인 원나라는 알려진 대로 색목인(色目人, 원나라 때 유럽과 중앙아시아에서 온 외국인들)이 지배층의 일부로 유입되었는데, 그들 대부분은 이슬람교도였다.

대부분 중앙아시아 출신의 이슬람 상인이었던 색목인이 경제와 외교를 주도하지 않았다면 몽골제국의 형성과 유지는 어려웠을 것이다. 이슬람의 대정복 운동부터 몽골제국의 형성에 이르는 과정을 중동 중심의 역사적 흐름으로 파악할 때 더욱 역동적인 세계사를 이해할 수 있다.

칭기즈 칸 이후 몽골인이 대제국을 건설한 과정은 고대 지중해 세계와 페르시아 세계의 대립이라는 도식을 깨고 거대한 세계를 하나로 묶는 대역사였다. 몽골제국의 역사가 유라시아 규모의 거대 상업권을 형성한 이슬람 세계의 역사와 연장선상에 있다는 것을 이해할 때 비로소 동서양을 연결하는 세계사의 흐름을 한눈에 파악할 수 있다.

유라시아의 육지와 바다를 잇는 몽골제국의 거대 네트워크는 그에 앞서 형성된 사막, 초원, 바다를 연결한 이슬람의 상업 네트워크를 토대로 만들어졌다. 따라서 세계사의 출발점은 아바스 왕조로 보는 것이 타당하다.

바그다드 건설 8세기

인구 150만 명의 바그다드는 세계 교역의 중심이었다!

하룬 알 라시드 시대의 바그다드는 《아라비안나이트》의 무대

이 장에서는 바그다드를 중심으로 확대된 이슬람 상업권이 중동사와 세계사에 어떤 과정을 거쳐 영향을 미치게 되었는지 공간적 측면에서 살펴보려고 한다.

아바스 왕조의 제2대 칼리파 만수르는 대제국을 관리할 목적으로 이라크 남부 옛 사산 왕조의 수도 근처에 3중 성곽으로 둘러싸인 지름 2.3킬로미터 규모의 원형 요새 도시를 세웠다. 이슬람제국을 관리하는 통제센터를 외부 세력의 침략으로부터 지키기 위해서였다.

주벽의 하단부가 두께 50.2미터, 높이 34.1미터인 원형 도시(통제센터) 내부에는 궁전, 칼리파 일족의 거처, 대형 모스크, 각종 관청이 있어서 칼리파와 관료, 4,000여 명의 병사가 거주했다.

세계 각지에서 막대한 세금이 들어오는 바그다드는 주변으로 상인, 기술자 등의 서민이 몰려들어 마침내 인구 150만 명의 거대 경제 도시를 이루었다. 아바스 왕조의 전성기인 제5대 칼리파 하룬 알 라시드(재위 786~809) 시대의 바그다드는 《아라비안나이트》의 무대이기도 했다. 당시 전 세계에 비교할 만한 대상이 없는 최대의 도시로 성장해

아바스 왕조 시대를 통제한 바그다드의 요새 도시

시리아(Syria) 방면
동로마제국과 이슬람제국의 지배를 받았으며 수도인 다마스쿠스는 우마이야 왕조 시대에 번영했다.

원형 요새 (관리센터)

티그리스강

호라산(Khorasan) 방면
아바스 왕조의 근원지로 이란 동부와 아프가니스탄 대부분과 옥수스강 이남을 가리킨다.

2.3km

쿠파(Kufa) 방면
638년 우마르 1세가 군사 도시로 건설했고, 아바스 왕조의 수도로 초대 칼리파인 사파프가 즉위한 곳이다.

바스라(Basrah) 방면
이라크 남부의 중심 도시로 636년에 이슬람제국의 군사 주둔지와 경비 초소로 건설되었다.

서 시내에는 모스크 6만 개, 하맘 3만여 개가 있을 정도였다고 한다.

바그다드는 산업혁명이 일어나기 전까지 세계에서 가장 큰 도시이자 중동 상업망의 중심이었고, 나아가 바닷길과 실크로드로도 연결되는 유라시아의 경제 중심부의 역할을 담당했다.

수도 바그다드는 페르시아어로 '신의 도시'라는 뜻

새로운 수도 바그다드는 페르시아어로 '신의 도시'라는 뜻인데, 정식 명칭은 아랍어로 마디나 아사람(평화로운 도시)이다. 그 이름에는 피에는 피로 맞서는 이슬람 교단 내부의 대립, 아랍인과 피정복민의 대립 시대를 끝내려는 의지가 담겨 있었다.

당시 이라크는 원래 이란인의 세력권이었으나 군사력으로 정복한 아랍인이 지배 세력으로 가세했다. 아랍인과 이란인의 협조를 도모한 아바스 왕조 치세에서 수도는 두 개의 이름을 가졌던 것이다.

아바스 왕조는 이집트, 시리아, 이라크, 이란의 각 도시를 밀접하게 연결해서 단번에 거대 상업권을 형성했다. 이슬람 도시는 모스크와 상설 시장 스쿠(페르시아어로 바자르)를 중심으로 세워졌고, 시장 근처에는 낙타 따위에 물건을 실어 수송하는 대상의 숙박 시설(카라반 사라이)이 만들어졌다.

바그다드를 중심으로 각 도시의 시장과 연결된 이 거대 상업권은 아랍어를 공통어로 사용했고, 이슬람법을 공통 규범으로 삼았다.

> 아바스의 4개 간선도로 8세기~

유라시아 상권을 연결한 아바스의 4개 간선도로

바그다드에서 주변 거점 도시로 향하는 네 개의 성문

바그다드 원형 요새 도시에는 동서남북으로 주변의 거점 도시로 향하는 네 개의 성문이 있었고, 그곳에서 사방으로 간선도로가 뻗어나갔다. 그 간선도로에 다시 수백 개의 도로가 연결되어 이슬람 제국의 구석구석을 연결했다.

칼리파는 도시를 건설하면서 도로망도 정비했는데 일정 간격으로 낙타, 말, 당나귀 등이 배치된 역참을 설치해서(제국 서부는 약 24킬로미터 간격, 동부는 약 12킬로미터 간격으로 배치한 총 930개소) 공문서를 전달하는 데 이용했다. 수도 바그다드와 지방 도시 사이에 공문서뿐 아니라 지방 관료의 동정, 지방의 동향, 곡물 가격 등 제국의 통치에 필요한 각종 정보를 빠르고 효율적으로 주고받을 수 있었다.

칼리파는 역참을 통해 매일같이 들어오는 정보를 토대로 아바스제국 구석구석의 동향을 파악해 통치할 수 있었다. 때문에 세간에는 칼리파가 마법 거울을 갖고 있을 것이라는 소문이 돌았다고 한다.

바그다드에서 뻗어나간 4개 간선도로가 유라시아를 연결

아바스 왕조 시대에 수도 바그다드에서 제국의 영토를 관통해 바닷길, 실크로드, 초원길, 러시아의 강의 루트, 사하라 사막을 종단하는 소금 무역 길과 연결된 네 개의 간선도로는 다음과 같다.

① 바스라 길: 바그다드 요새 동남부의 바스라 성문에서 유프라테스 강 하구, 인도양 무역의 거점 바스라 항구로 연결된다. 바닷길을 통해 들어온 동아프리카, 인도, 동남아시아, 중국의 물자를 수송하는 도로였다. 바스라에서는 아라비아반도의 메카로 연결되는 순례 도로와 만

나기도 했다.

②호라산 길: 바그다드 요새 동북부의 호라산 성문에서 이란고원으로 연결된다. 아바스 왕조 최대의 은 산지인 호라산 지방과 제2의 은 산지인 샤시(지금의 타슈켄트)로 연결되는 '은의 길'이라 불리기도 한다. 아프가니스탄을 경유해 실크로드의 중심 마 와라 알 나흐르로 이어졌고 중국, 인도, 중앙아시아의 초원 지대, 그리고 카스피해 동안을 지나 러시아 삼림 지대까지 연결되는 유라시아 대륙의 중심 도로였다.

③쿠파 길: 바그다드 요새 서남부의 쿠파 성문에서 아라비아반도를 가로지르는 사막의 길이다. 메디나와 메카까지 이어지는 순례를 위한 종교 도로였으나, 아라비아반도 남부의 교역 중심지인 예멘(중심 도시는 아덴)까지 연결되어 있었다.

④시리아 길: 바그다드 요새 서남부의 시리아 성문에서 시리아의 경제 도시 다마스쿠스로 연결되었고 레바논, 요르단을 거쳐 대곡창 지대 이집트와 지중해 무역의 중심 항구 알렉산드리아로 이어졌다. 이집트에서는 북아프리카의 튀니지를 경유해 모로코까지 연결되었다. 모로코에서 지브롤터 해협을 건넌 다음에는 후우마이야 왕조가 지배하는 이베리아반도 코르도바까지 이어져 있었다. 지선으로는 레바논의 여러 항구에서 지중해 각지에 이르는 해상 루트, 나일강 상류 누비아 지역에 이르는 루트, 사하라 사막을 종단해서 서수단 지역으로 이어지는 '황금의 길'이 있었다.

> 대정복 운동의 확대 7~16세기

지중해 제해권을 장악한 이슬람 세력의 대공세

"당시 기독교도는 널빤지 하나도 지중해에 띄울 수 없었다."

8세기 초 우마이야 왕조는 시리아를 중심으로 대정복 운동을 전개해서 지중해 교역의 거점인 레바논과 이집트를 비잔틴제국에서 빼앗은 다음 2년 동안 수도 콘스탄티노플을 포위했다. 비잔틴제국은 석유로 만든 화염방사기의 일종인 '그리스의 불'로 대항하면서 이슬람 군대를 막아내기에 급급했다.

14세기 이슬람 역사학자 이븐할둔은 "당시 기독교도는 널빤지 하나도 지중해에 띄울 수 없었다"라고 큰소리쳤다. 실제로 7세기에서 16세기 사이 지중해에서는 이슬람교도의 제해권이 기독교도보다 압도적으로 높았다.

이슬람 세력은 9세기 중엽부터 후반에 걸쳐서 북아프리카 튀니지에서 시칠리아섬을 끊임없이 공격했다. 결국 9세기 말에 동지중해와 서지중해를 연결하는 요충지 시칠리아섬을 정복한 후 200년 동안 지배했다.

10세기 시칠리아섬의 중심 도시 팔레르모에는 무려 300개의 모스크와 150개 이상의 푸줏간이 있었다는 기록이 있다. 시칠리아섬의 이

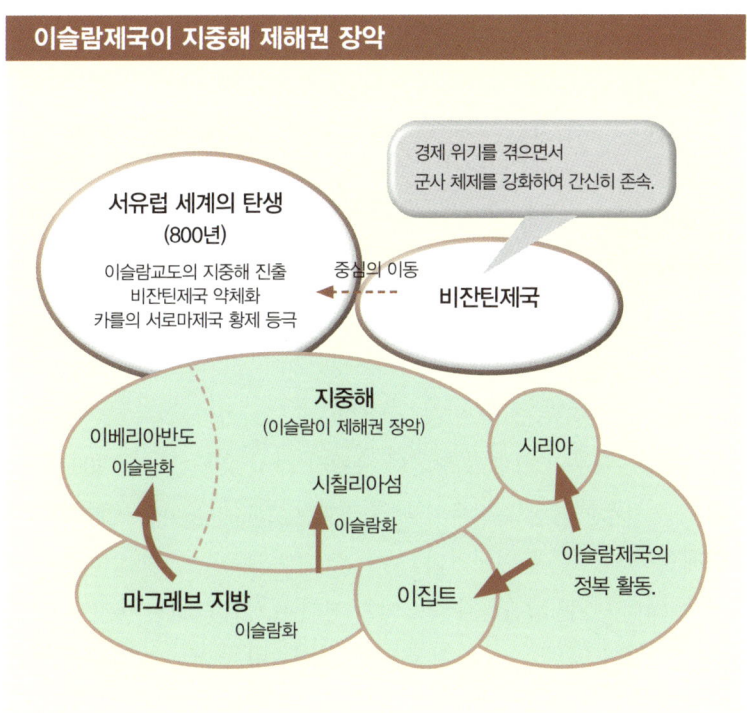

슬람교도는 건조 지역에서 터득한 관개 기술의 특기를 살려 목화, 사탕수수, 대추야자, 오렌지 등을 재배하는 한편, 양잠업과 견직물 공업을 발달시켰다.

8세기 초 이슬람제국은 이베리아반도 전역을 지배

8세기 초 이슬람제국은 게르만인의 서고트 왕국을 멸망시키고, 이베리아반도(지금의 스페인) 전역을 지배권에 두었다. 그 여세를 몰아 피레네산맥을 넘어 프랑크 왕국을 침략했으나, 732년 투르-푸아티에 전투에 패해서 뜻을 이루지 못했다.

그러나 북아프리카 등지에서 이베리아반도로 이주한 수많은 이슬람 교도가 관개 기술을 전수하고 목화, 사탕수수, 쌀, 감귤류, 복숭아, 석류, 사프란 등 동방의 농작물을 옮겨 심었다. 그리고 섬유 공업, 제지업 등 공업 발달에도 기여했다.

10세기 말 후우마이야 왕조 시대에는 수도 코르도바의 인구가 50만 명을 돌파했고, 모스크 1,600개와 점포 약 8만 개가 있었으며, 직조공 약 1만 3,000명이 종사하는 섬유산업이 있었을 만큼 대도시로 성장해서 번영을 누렸다.

지중해 무역의 중심이 이슬람 상인에게 넘어가자, 기독교 세계에서는 알프스 북부의 프랑크 왕국이 유럽의 강자로 부상했다. 800년, 교황 레오 3세는 프랑크 왕국의 국왕 카를(샤를마뉴)을 서로마 황제로 임명해 제국의 부흥을 일구었다.

세력이 약화된 비잔틴제국에 맞설 거대 세력이 등장한 것이다. 하지만 경제력이 약한 프랑크 왕국은 이내 이슬람 경제권의 강한 영향력 아래 놓이게 되었다.

> 사하라 사막의 소금 무역 7~14세기

사하라 사막을 남북으로 연결한 소금 무역

아프리카 대륙을 종단하는 이슬람 세계의 상권

현재 사하라 남쪽 아프리카에는 전체 인구의 약 30퍼센트에 해당하는 2억 5,000만 명의 이슬람교도가 있다. 그 규모는 인도네시아, 말레이시아가 속한 동남아시아와 맞먹을 정도이며, 현재도 활발한 포교 활동으로 신도가 꾸준히 늘고 있다.

이 지역에 거대 이슬람 세계가 형성된 것은 동남아시아와 마찬가지로 이슬람 상인의 교역 활동이 활발했기 때문이다. 사하라 사막을 남북으로 연결해서 사하라 남쪽의 풍부한 금과 사하라 사막에서 채굴한 암염(巖鹽)을 거래하는 대규모 소금 무역이 성행하면서 사하라 남쪽이 이슬람화되었다.

사하라 남쪽의 이슬람화는 북아프리카를 중심으로 점차 확대되었다. 7세기에서 8세기에 걸친 대정복 운동에서 아랍인이 북아프리카 원주민 베르베르인을 정복한 이후, 서서히 이슬람화와 혼혈이 함께 진행되었다. 즉 북아프리카는 한 세기 동안 아랍인과 베르베르인의 혼혈로 태어난 무어인에 의해 이슬람 세계로 편입된 것이다.

아프리카를 이슬람화한 금과 소금 무역

대서양
튀니스
지중해
페스
트리폴리
시질마사
가다메스
바르카
카이로
말리 왕국(14세기)
가트
아지다비야
홍해
아우다구스트
소금
왈라타
가나
가오
금
차드호
젠네
니제르강
금
베누에강
가나 왕국(11세기)

말리 왕국
가나 왕국이 멸망한 후 13세기에 세워진 말리 왕국은 가나 왕국 대신 서아프리카를 대표하는 나라가 되었다. 또한 가나 왕국처럼 금과 소금 무역으로 경제를 일구어 부강해졌다. 전 세계에서 생산되는 황금의 3분의 2를 생산하는 황금왕국으로 이슬람교를 믿었다. 왕을 '만사'라고 불렀으며 가장 유명했던 왕 만사 무사가 메카로 순례를 다니며 유럽에도 알려졌고, 이븐 바투타가 남긴 여행기에 소개되면서 세계적으로 유명해졌다.

가나 왕국
서아프리카 최초의 왕국으로 금과 소금 무역으로 부강한 국가를 만들었다. 많은 대상들이 사하라 사막 일대에서 생산되는 소금을 가지고 남쪽으로 가서 금을 샀는데 가나 왕국은 금을 캐는 사람들이 소금을 사기 위해 북쪽으로 가려면 가나 땅을 통과한다는 사실을 알고 통행료를 물렸기 때문이다. 8세기에는 서아프리카 해안 전 지역을 차지하기도 했지만 이슬람교를 거부하면서 다른 이슬람 왕국들의 공격으로 멸망했다.

사하라 사막으로 소금과 황금을 운반하는 '소금 무역'

9세기 후반부터 10세기 중반에 걸쳐 사막 부족이 갖고 있던 사하라 사막의 소금 교역권은 점차 베르베르인에게 넘어갔다.

금본위 제도를 채택한 이집트 파티마 왕조의 적극적인 장려로 사하라 사막에서 채굴한 암염을 서수단의 금 집적지 가오와 그 서쪽의 가나로 운반하는 소금 무역이 활발해진 것이다.

사하라 북쪽에서는 암염, 말, 장식품, 의류, 곡물, 도기류가 운송되었고, 사하라 남쪽에서는 금, 흑인 노예, 흑단, 상아 등을 가져와 거래되었다. 북아프리카 상인들의 활동과 함께 이슬람교가 사하라 남쪽으로 들어왔지만, 본격적인 이슬람화는 13세기 이후 이슬람의 소수 종파인 수피교(신비주의자)의 포교를 통해 이루어졌다.

만사 무사가 황금 동전을 쥐고 있는 모습이 그려진 카탈루냐 지도, 1375년, 프랑스 국립도서관

아랍어로 된 《코란》의 교리보다 영적 수양을 중시하는 수피교의 가르침은 아프리카인들 사이에 급속도로 파고들었다. 그 영향으로 사하라 남쪽의 이슬람교는 지금도 각지의 전통 관습이 그대로 남아 있는 경우가 많다.

　이슬람 상인들의 발길이 끊이질 않았던 서수단의 금 산출량은 헤아리기 힘들 정도로 풍부했다. 금의 생산과 무역을 지배한 말리제국의 국왕 만사 무사(재위 1312~1337 또는 1307~1332)의 메카 순례가 그 사실을 입증한다. 1만 명에서 2만 명에 달하는 수행원을 이끌고, 낙타 100마리에 금을 싣고 메카로 향한 왕은 가는 곳마다 황금을 뿌리고 다녔다는 것이다. 그 양이 무려 10톤에 달해서 카이로의 금 가격이 한때 대폭락했을 정도라고 한다.

> 오아시스 루트의 완성 7~10세기

지중해와 중국을 연결하는 사막의 오아시스 루트

바다와 육지를 연결해 유라시아를 관통하는 대교역로

사막 유목민과 상인들이 함께 대농경 지대를 정복한 이후, 이슬람제국은 7세기부터 8세기까지 사하라 사막의 종단 교역로까지 장악했다. 그리고 751년에는 당나라 장수 고선지가 이끄는 3만 명의 군대를 물리치고 (탈라스강 전투) 실크로드까지 영향력을 확대했다.

그 결과 사하라 사막·시리아 사막·아라비아 사막의 교역로와 실크로드가 연결되어 아프리카, 아시아의 오아시스 도시들을 연결하는 대교역로가 형성되었다. 낙타로 누비는 광활한 사막의 바다가 하나의 교역로로 연결된 것이다.

나아가 이 장대한 네트워크는 ①지중해 ②러시아의 볼가강 루트를 통한 발트해의 바이킹 세계 ③중동의 항구와 연결된 아시아의 바닷길 ④투르크계 유목민이 사는 카자흐 초원을 연결하면서 인도 나아가 중국까지 교역권이 확장되었다.

이슬람교는 교역로를 통해 유라시아 세계로 확산

이슬람교는 교역로의 상업 활동을 통해 유라시아 세계로 확산되었

다. 중앙아시아에 널리 분포하는 투르크인이 이슬람을 받아들이는 데 큰 역할을 한 것은 실크로드의 중심 지역 '마 와라 알 나흐르(강 너머의 땅이라는 뜻)'의 상인인 소그드인이었다. 원래 조로아스터교 신자였던 소그드인은 이슬람교가 천국과 지옥, 세계의 종말, 최후의 심판, 하루 다섯 번의 예배 등 조로아스터교와 공통점이 많다는 이유로 한꺼번에 개종했고, 교역을 통해 투르크인을 비롯한 인근 민족들에게도 이슬람교를 전파했다.

원래 샤머니즘을 신봉하던 투르크인은 소그드 상업권에 들어가면서 이슬람 개종도 함께 이루어졌다. 10세기에는 신과 인간의 합일을 신봉하는 수피교도 포교에 적극적으로 나섰다.

  기록에 따르면 950년경 카라한 왕조의 왕이 제일 먼저 이슬람교로 개종했으며, 후임 왕의 시대인 960년에는 텐트 약 20만 개분의 투르크인이 집단으로 개종했다고 전한다.

  초원을 중심으로 활약한 투르크인은 ①중동으로 진출해서 아랍인, 이란인을 능가하는 지배 민족이 되었고 ②아프가니스탄에서 북인도까지 이슬람 세계를 확장했으며 ③소그드 지방(지금의 우즈베키스탄 등)의 지배 세력이 되었고 ④실크로드 동쪽 타림 분지(서역)로 이주해서 이슬람교(중국어로는 청진교)를 전파했으며, 현재의 신장웨이우얼자치구를 세우는 등 이후 역사에 지대한 영향을 미쳤다.

> 바이킹과 이슬람 경제권 9~10세기

바이킹이 볼가강을 통해 이슬람과 모피 교역

바이킹이 '강의 루트'로 이슬람 경제권과 모피 교역

　아바스 왕조의 수도 바그다드가 북유럽의 스웨덴과 교역 관계를 맺었다고 하면 다소 의아할지도 모르겠다. 발트해 중심부에서 살아가는 스웨덴계 바이킹은 이슬람 세계의 풍부한 물자와 은화에 이끌려 이슬람 상인과 활발한 교역을 시작했다.

　북유럽, 동유럽에서는 9세기와 10세기 사이에 통용된 아랍 은화가 대량으로 출토되었고, 발트해에서 가장 큰 고틀란드섬에서도 4만 개가 넘게 발견되었다. 매장량이 당시 통용된 은화 1,000개에 하나꼴이라고 가정하면 전체 유통량은 어마어마할 것이다.

　이슬람 경제권과 교류한 바이킹은 스웨덴인이었는데 예전에 발트해에서 건져낸 호박(琥珀)을 메소포타미아로 보낼 때 사용한 '강의 루트'로 아랍인이 원하는 모피와 벌꿀, 슬라브인 노예를 보냈다.

　눈의 나라인 러시아의 모스크바 서북쪽 300킬로미터 지점에 있는 해발고도 340미터의 습지대는 발트해의 하천과 카스피해로 흘러드는 볼가강의 수원지였다.

　길이 3,690킬로미터의 볼가강은 킬로미터당 고저 차가 겨우 8센티

미터 정도로 완만해서 수로 교통의 동맥 역할에는 안성맞춤이었다. 바이킹은 이러한 볼가강의 특성을 이용해 발트해와 카스피해를 연결한 것이다.

카스피해로 흘러드는 볼가강 하구에는 아랍어 소통이 가능한 슬라브인 노예가 있어서 그곳에서 모피를 팔거나 직접 바그다드에 가서 거래할 수도 있었다. 또한 이슬람 세계에 비단 생산 기술이 보급되자 이슬람 상인은 비단과 거래할 사치품으로 모피에 주목했다. 사막의 밤에는 기온이 쌀쌀하기 때문이었다.

노브고로드는 모피를 자국의 공물로 받아 서유럽으로 수출했다. 15세기, 라지비우 연대기, 상트페테르부르크 러시아 과학 아카데미 도서관

바이킹은 이슬람 상권에서 이탈해 러시아를 건국

　스웨덴계 바이킹(노 젓는 사람이라는 뜻에서 루스라고 불렸다)은 모피 교역로를 따라 고로드(슬라브어로 벽으로 둘러싸인 마을)를 만들었으나, 투르크계 유목민이 초원 지대에서 활개를 치면서 이슬람 상권과의 무역이 가로막힌다. 그래서 삼림 지대의 마을을 연합해서 모피 집산지 노브고로드를 중심으로 노브고로드 공국을 세웠다. 루스는 러시아 국호의 기원이다.

　얼마 후 수도가 남쪽 키예프(현 우크라이나 수도 키이우)로 옮겨져 키예프 공국이라 불렸고, 이후 바이킹의 나라는 서서히 러시아화되었다. 몽골인이 중동을 유린하던 13세기에 키예프 공국도 멸망했고, 볼가강 하구를 거점으로 200년간 몽골인의 지배가 이루어졌다. 러시아의 역사도 이슬람, 몽골의 역사와 함께 움직였던 것이다.

> 동남아시아의 이슬람 전파 8~15세기

이슬람 상인이 범선 다우로 인도양 항로 개척

하룬 알 라시드 시대에 인도양에 진출한 상인 신드바드

《아라비안나이트(천일야화)》에는 왕비의 부정을 알게 된 후 여성혐오에 빠져 매일 새 아내를 들였다가 다음 날이면 죽이기를 반복하는 왕을 중심으로 이야기가 전개된다.

이 책은 왕궁 대신의 딸 셰헤라자데가 1,001일 동안 매일 밤 재미있는 이야기를 해주며 목숨을 지켜 마침내 왕의 악행을 고친다는 줄거리를 토대로 다양한 이야기가 등장한다.

이야기의 배경은 아바스 왕조의 전성기인 제5대 칼리파 하룬 알 라시드 시대이다. 여기에는 '하룬 알 라시드의 이름과 영광이 중앙아시아 병사들을 통해 북유럽의 숲 속까지, 마그레브(북아프리카) 및 안달루시아(이베리아반도)에서 시나(중국), 달단(타타르, 유목민족), 변방까지 울려 퍼진 시대'라고 기록되어 있어 당시 이슬람제국 주변에 거대 상업망이 형성되어 있었다는 사실을 알 수 있다.

이슬람 상인의 대교역 시대에서 가장 주목해야 할 점은 범선 다우를 이용한 인도양 항로의 개척이다.

《아라비안나이트》에서 가장 유명한 이야기 중 하나는 〈신드바드의

이드리시의 세계지도(1154년)

이드리시(1100~1165년경)
이슬람의 지리학자로 시칠리아 왕의 초대를 받아 그곳에서 1154년 은판에 세계지도를 그렸다. 그 해설서로 '로제로 왕의 책'이라는 지리서가 알려져 있다.

※원지도는 남북이 거꾸로 되어 있다.

모험〉일 것이다. 하룬 알 라시드 시대에 인도양에 진출한 상인 신드바드(인도 신드 지방의 나그네라는 뜻)는 인도양, 벵골만, 실론섬 등지로 일곱 차례의 모험 항해를 떠나 큰돈을 벌었다.

믈라카 국왕이 이슬람교로 개종한 후 인도네시아로 확산

다우는 역풍에도 지그재그로 전진할 수 있도록 삼각돛이 달린 배였다. 신드바드로 상징되는 이슬람교도의 모험 상인은 이 배를 타고 아프리카 동안에서 중국 연안에 이르는 광활한 해역에 항로를 개척했다.

동아프리카에서는 잔지바르섬 등을 무역 거점으로 삼아 잔지(흑인 노예)를 대량으로 이송했고, 인도에서 쌀, 목화, 설탕, 레몬 등을 이라크 지방으로 들여와 재배했다.

다우를 이용한 이슬람 상인의 교역을 통해 인도, 스리랑카, 동남아시아 항구에 이슬람 상인의 거류지와 교역 네트워크가 광범위하게 형성되었다.

동남아시아 교역의 중심이었던 말레이반도 믈라카 왕국 국왕이 이슬람교로 개종하자 거래처인 인도네시아의 섬 지역에 이슬람교가 광범위하게 퍼졌다. 인도네시아의 섬 지역은 일찍이 인도 상인의 교역권이었기 때문에 힌두교, 전통 종교가 혼합된 독특한 이슬람교가 자리 잡았다.

현재 인도네시아는 세계에서 가장 큰 이슬람 국가로서 총인구의 90퍼센트인 약 2억 4,000만 명이 이슬람교도이다. 또한 말레이시아는 인구의 60퍼센트, 태국과 미얀마는 약 5퍼센트가 이슬람교도이다.

> 중국과 이슬람의 교역 9세기 중반

중동과 중국을 잇는 이슬람 상인의 바닷길

지중해, 홍해, 인도양, 남중국해를 하나로 연결한 정기 항로

이슬람의 바다 역사에서 빼놓을 수 없는 사건은 페르시아만과 중국 남부 광저우만을 잇는 정기 항로를 개척한 일이다. 이 항로로 인해 지중해, 홍해, 인도양, 남중국해가 하나로 연결되었다.

9세기 중반 이슬람제국에서 쓴 《중국·인도 이야기》에는 페르시아만의 항구 시라프에서 광저우에 이르는 120일간의 항해를 다음과 같이 서술했다.

① 시라프에서 남인도 퀼론까지 약 한 달
② 퀼론에서 벵골만을 횡단해서 말레이반도 서안까지 약 한 달
③ 말레이반도 서안에서 믈라카 해협을 지나 베트남 남부까지 20일
④ 베트남 남부에서 참파까지 열흘
⑤ 참파에서 광저우까지 한 달

기항지에서 정박한 날을 제외하면 순풍으로 120일이 걸린 항해였으나, 몬순(계절풍)을 타기 위해 대기하는 시간까지 합치면 왕복 1년 반

아바스 왕조가 개척한 바닷길과 해양 네트워크

지도 속 지명: 바그다드, 바스라, 헤자즈, 제다, 예멘, 아덴, 푸스타트, 이집트, 시라프, 구지라트, 퀼론, 광저우, 참파, 잔지

교역권: 인도양 서부 교역권, 벵골만 교역권, 남중국해 교역권, 동아시아 해상 교역권

항해 기간: 1개월 · 1개월 · 20일 · 10일 · 1개월

아바스 왕조의 해상무역

아바스 왕조의 경제는 인도양, 벵골만, 남중국해와 동중국해의 해양 산업을 중심으로 발달했다. 그들은 당시에 다우(Dhow, 삼각돛을 단 목조선)라는 범선으로 동아프리카에서 중국에 이르는 해역을 각각 연결하면서 많은 물자를 다양하게 운반했다. 심지어 흑인 노예도 이라크로 실어다 날랐으며, 페르시아만과 광저우 사이를 오가는 왕복 2년의 항해가 일상적일 정도였다. 당시의 광저우에는 12만 명이 넘는 이슬람 상인들이 상주해 있었으며 모스크까지 건설되었다.

에서 2년이 걸린 대항해였다. 그러나 목숨을 건 힘든 항해도 감수할 만큼 무역 이익이 막대했기 때문에 수많은 이슬람 상인들이 광저우로 향했다. 외국 상인을 위해 광저우에 만들어진 자치 거류지의 인구는 12만 명에 달했고, 이슬람 상인을 위한 모스크도 세워졌다고 한다.

신라의 상인과 거래하며 신라와 왜국의 정보를 수집

장강 북안과 감진(鑑眞, 당나라 고승으로 일본 율종의 시조이며 불법을 비롯한 중국 건축, 미술, 의약 등을 일본에 전했다)의 고향인 상업 도시 양저우에도 광저우만에서 올라온 이슬람 상인이 수천 명이나 거주했다. 그들은 신라의 상인과 거래하며 신라와 왜국(일본)의 정보를 수집하기도 했다.

일본의 견당사(당나라에 파견한 조공사절) 일행이 무쓰(陸奧, 지금의 아오모리현)에서 채굴한 대량의 사금을 중국에 가져오자 왜국은 황금이 풍부하다는 소문이 중국에 퍼졌다. 9세기 말 이 소문을 접한 이슬람 상인은 황금의 나라 '와쿠와쿠(왜국)'를 다음과 같이 이슬람 세계에 소개했다.

"황금이 매우 풍부해서 개 줄과 원숭이 목걸이도 금으로 만들며, 금사로 지은 옷감을 중국에 수출한다."

원나라의 쿠빌라이 칸에게 관리로 임명된 베네치아 상인 마르코 폴로도 그 소문을 '황금의 섬 지팡구'라는 표현으로 《동방견문록》에 기록했다. 또한 그는 《중국·인도 이야기》에서 당시 동아시아 해역의 상업을 이끌던 신라에 대해 '중국과 바다를 사이에 두고 마주한 곳에 신라의 섬들이 있는데, 그 국민들은 흰옷을 즐겨 입었다. 그들은 중국의 황제와 공물을 교환한다. 중국의 황제와 공물을 주고받지 않으면 하늘이 비를 내려주지 않는다고 믿기 때문이다'라고 기록했다.

아라비안 르네상스 8~9세기

유라시아 문명을 융합한 아라비안 르네상스의 도래

아랍 과학의 기틀을 마련한 것도 아바스 왕조 초기

이슬람제국에서는 유라시아 규모의 교역을 통해 국제어가 된 아랍어를 중심으로 이집트, 메소포타미아, 페르시아, 아라비아, 그리스, 인도 문명이 융합되었다. 8~9세기에는 대도시를 중심으로 혁명적인 문명의 발달로 인해 이른바 '아라비안 르네상스' 시대를 맞이한 것이다.

의학, 약학, 천문학, 수학, 물리학, 화학 등 아랍 과학이 기틀을 마련한 것도 아바스 왕조 초기였다. 문화적으로 뒤처진 지역에서 세계로 진출한 아랍인이 만물은 알라가 창조한 것이라는 생각으로 각지의 선진 문명을 적극 수용하고 융합한 결과였다.

중국에서 전파된 제지법도 문명의 빠른 성장을 도왔다. 751년 중앙아시아의 탈라스강 전투에서 당나라의 제지공이 포로로 잡혀와 이슬람 세계에 제지법이 전파되었다. 하룬 알 라시드 시대에는 그것이 이라크 전체로 확산되었고, 900년경에는 스페인을 포함한 이슬람 세계 전역에 보급되었다.

아바스 왕조는 사산 왕조 때 지은 궁정 도서관의 전통을 계승하고 칼리파의 위엄을 공고히 하며 관료 육성을 뒷받침할 목적으로 학예

영어가 된 아랍어

분야				
화학	alcohol	알코올	alchemy	연금술
	alkali	알칼리	amalgam	아말감
수학	algebra	대수학	algorithm	연산법
의학	gauze	거즈		
천문학	altair	견우성	vega	직녀성
상업	admiral	제독	caravan	대상(隊商)
농작물	asparagus	아스파라거스	cotton	순면
	sugar	설탕		
기호품	soda	소다	syrup	시럽
	coffee	커피	candy	캔디
생활용품	pajamas	파자마	sofa	소파
악기	Tambourine	탬버린	lute	류트

※ 유럽은 이슬람 문명에서 많은 것을 배우고 받아들였다. 언어는 그런 과정을 확인할 수 있다. 일설에 따르면 중세 스페인과 포르투갈에 유입된 아랍어는 1,325개에 이른다.

기관을 만들었다.

제7대 칼리파 알 마문(재위 813~833년)은 그리스 과학에 관심이 많았다. 그는 바그다드에 학교, 도서관, 번역실 등으로 구성된 종합 연구시설인 '지혜의 집(바이트 알 히크마)'을 세워 문명의 세계화에 이바지했다.

바이트 알 히크마는 도서관을 뜻하는 사산 왕조의 이름을 아랍어로 번역한 것이라고 한다. 비잔틴제국에서 다량의 그리스어 필사본을 입수한 알 마문은 그것을 유대교도와 네스토리우스파 기독교도에게 주

지혜의 집, 13세기

고 1차는 아람어로 번역한 후 2차는 아랍어로 번역하라고 지시했다. 매우 조직적이고 규모가 큰 작업이었다.

그리스 학문 중에서도 아리스토텔레스의 철학은 이슬람 세계의 철학과 신학에 특히 큰 영향을 끼쳤다. 12세기 이후 아랍어로 된 아리스토텔레스의 저서들이 라틴어로 번역되어 유럽의 여러 학문이 빠르게 성장할 수 있었다.

아라비아의 숫자와 연금술이 유럽 과학 발전의 토대

현재 전 세계에 통용되는 아라비아 숫자는 인도에서 탄생한 힌두교도의 숫자, 기수법, 0의 개념 등이 7세기와 8세기 사이에 이슬람 세계에 전해져 완성된 것이라고 한다.

기수법의 가장 큰 장점은 자릿수를 쉽게 표시할 수 있다는 점이다. 알 마문의 궁정에서 일하던 알 콰리즈미는 인도와 그리스 수학을 종합해서 대수학을 확립했다.

그의 저서 《복원과 대비의 계산》은 복원을 '알 자브르'로 표기하고 있는데, 이것이 대수학을 뜻하는 영어 algebra의 어원이 되었다. 편리한 아라비아 숫자는 이슬람 상인들에게 빠르게 퍼졌고, 9세기에는 십진법도 보급되었다. 영어로 연산법을 뜻하는 algorithm의 어원도 아랍어이다.

금화와 은화를 통화로 사용하던 이슬람제국은 경제 규모가 팽창하면서 금과 은이 부족해지자 운반 시의 도난 위험도 피할 겸 수표와 환어음을 활발하게 사용하기 시작했다.

가령 바그다드에서 발행된 수표는 북아프리카 모로코에서 현금으로 바꿀 수 있었다. 경제 사정이 이렇다 보니 이슬람제국은 인공적으로 금과 은을 만드는 기술에 깊은 흥미를 느끼게 되었다.

바그다드를 건설한 아바스 왕조 제2대 칼리파 만수르는 비잔틴제국으로 파견한 사절로부터 궁정에서 아연, 구리 등을 금과 은으로 바꾸는 것을 보았다고 보고받은 후, 곧바로 금속에 색을 입히는 그리스 연금술에 관한 책을 번역하라고 명했다.

그 후 신선이 되는 약을 만든다는 중국의 기술(연단술)이 연금술에 새로운 이론적 근거를 제시했다. 중국에서는 모든 금속은 수은과 유황의 조합으로 만들어신다고 생각해서 관련 실험을 거듭하고 있었던 것이다.

이슬람 세계 최고의 연금술사 자비르 이븐 하이얀(8세기 말~9세기

이슬람 황금기의 발명품 증류기가 탄생시킨 각지의 증류주

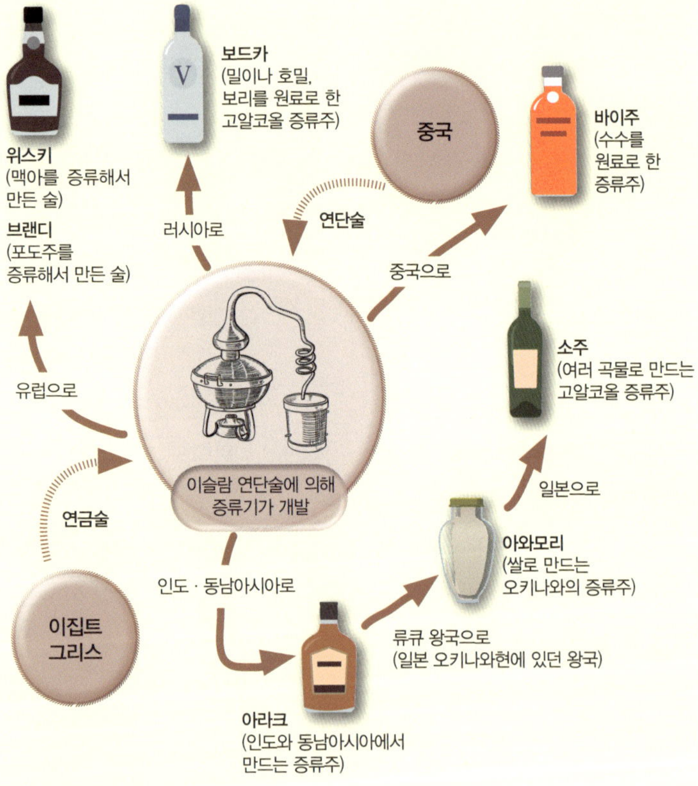

위스키 (맥아를 증류해서 만든 술)

브랜디 (포도주를 증류해서 만든 술)

보드카 (밀이나 호밀, 보리를 원료로 한 고알코올 증류주)

중국

바이주 (수수를 원료로 한 증류주)

소주 (여러 곡물로 만드는 고알코올 증류주)

아와모리 (쌀로 만드는 오키나와의 증류주)

아라크 (인도와 동남아시아에서 만드는 증류주)

이슬람 연단술에 의해 증류기가 개발

유럽으로 / 러시아로 / 연단술 / 중국으로 / 일본으로 / 류큐 왕국으로 (일본 오키나와현에 있던 왕국) / 인도·동남아시아로 / 연금술

이집트 그리스

증류기의 발명

최초의 증류 기술은 기원전 2000년 이전에 바빌론에서 연구하기 시작했고, 아리스토텔레스도 증류법을 연구했다. 하지만 크게 발전하지 못했다. 그리스의 증류법을 연구하고 증류기를 만든 사람은 이슬람의 천재 이븐 시나이다.
이븐 시나가 만든 증류기는 인류 최초로 식물성 오일을 만들어냈고, 사람들은 그 원리를 이용한 증류기로 술을 만들기 시작했다.
무슬림들은 술을 마실 수 없다지만 추운 유목 생활을 견디기 위해 술이 필요했고, 물이 없으면 술을 마셔도 된다는 이슬람 율법을 이유로 대며 술을 마시는 사람이 많았다고 한다.

초, 유럽에서는 게베르로 부름)은 모든 금속이 남성 원리인 유황과 여성 원리인 수은의 결합으로 만들어진다는 생각에 입각해서 물질의 변환 가능성을 설명하고, 양자의 배합에 따라 비금속(卑金屬, 공기에 쉽게 산화되는 금속)을 귀금속으로 바꿀 수 있다고 주장했다.

고대부터 사산 왕조에 이르기까지 점성술의 역사가 깊은 중동에서는 별의 순환이 금속의 변화와 깊은 관련이 있다고 믿고 거듭된 실패에도 실험을 계속했다. 그 결과 알칼리를 비롯한 여러 물질의 성질이 밝혀졌고, 증류기 등 다양한 실험 기구가 발달했다. 유럽의 화학은 이슬람 문명의 연금술을 바탕으로 하고 있는 것이다.

유럽은 아랍어 문헌을 라틴어로 번역해서 이슬람 문명 흡수

현대적이고 세계적인 규모의 문명과 거대 도시들을 성장시킨 이슬람 세계는 유럽 문명의 발달을 자극하는 위대한 본보기가 되었다.

유럽은 십자군 원정이 한창이던 11세기 말부터 아랍어 문헌을 라틴어로 번역해서 이슬람 문명을 흡수했다. 12세기의 르네상스가 시작된 것이다. 12세기 르네상스는 미국의 역사학자 해스킨스가 제창한 개념으로 십자군 원정 당시 수많은 아랍 및 그리스 문헌이 라틴어로 번역되면서 대번역 시대를 열게 했다는 지적이다. 특히 아리스토텔레스 철학서의 번역은 스콜라 철학의 근본적인 전환을 불러일으켰다.

유럽 르네상스(14~16세기) 시대에는 레오나르도 다빈치 같은 만능 천재를 이상형으로 여겼으나, 이슬람 세계에서는 지식인이 과학과 예술에 정통한 것을 당연하게 생각했다. 즉, 이슬람 세계에서 생각하는 여러 분야에 통달한 만능 천재는 지식인이 마땅히 갖춰야 할 모습이었던 것이다.

이자가 금지된 이슬람 은행의 영업 비밀?

《코란》은 정당한 상거래와 상대의 가난을 이용해 고리대금으로 얻은 이익을 엄격하게 구별해서, '알라는 거래를 허락하시되 이자 취득은 금하셨다'라고 규정한다. 고리대금업을 철저히 금지한 것이다.

자연히 대부업은 유대교도와 기독교도가 도맡게 되었다. 그러나 자본주의 경제 시스템에 따라 은행이 도입되자 금융업을 정당한 사업으로 보지 않는 교리와 어떻게 타협하느냐가 문제가 되었다.

처음에는 고리대금만 금지되고 일반적인 이자는 허용된다는 해석도 있었으나, 현재는 어떤 이자도 허용되지 않는다는 쪽으로 기울고 있다. 그럼에도 많은 이슬람 은행이 영업을 유지하고 있다.

이슬람 은행은 은행과 고객이 이익과 손실을 공유한다는 생각에 따라 은행이 투자로 얻은 이익을 고객과 나누어 갖는다. 또한 은행이 고객에게 대출할 때는 고객 대신 상품을 구입한 후 수수료를 붙여 되팔거나 설비, 기재 등을 임대 또는 할부로 판매한다.

이슬람 은행은 이슬람 교리와 경제 활동이 공존하고 있는 것이다. 다른 문화를 변용해서 전통문화에 동화시킨 흥미로운 사례라 할 수 있다. 《코란》의 교리에 따라 도박 자금은 당연히 대출이 금지된다.

7장

투르크와 몽골이 중동의 지배자

중동으로 진출한 유목민, 투르크인과 몽골인

새로운 유목민 강대국의 등장으로 변모하는 중동

　중동 역사의 흐름은 여러 부족의 움직임, 군사력 그리고 종교의 권위에 따라 변하고 달라졌다.

　또한 유력한 부족들이 대도시를 정복하고 교역로와 상업권의 장악을 시도하면서 끊임 없는 권력 교체를 겪기도 했다.

　널리 알려진 이슬람교도의 대정복 운동도 이렇게 이슬람교로 연대한 아랍 부족들이 이슬람교의 포교와 보다 큰 세력 확장을 위해 일으킨 군사 행동이었다.

　통일된 제국을 유지하려면 강한 군사력이 필요하다. 그러나 제국 통치의 중심지인 도시 생활은 병사를 무기력하게 만든다. 편리한 생활과 안일, 사치는 병사의 활력을 빼앗는다. 말 그대로 사치는 둘도 없는 적이라는 것이다.

　강한 군사력을 갖춘 유력한 유목민의 침략과 하층민의 궐기에 의해 법칙이라고 할 만큼 규칙적으로 왕조가 멸망한 것도 내부의 적 때문이었다. 아바스 왕조도 예외는 아니었다.

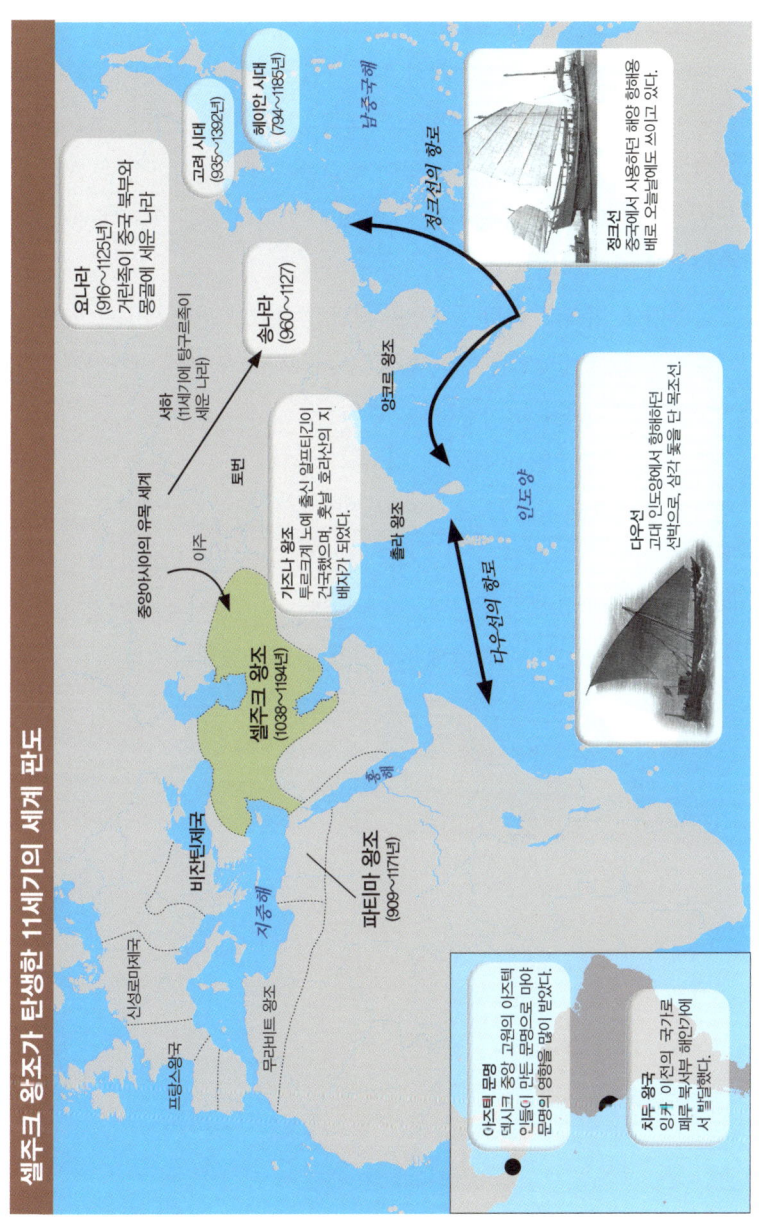

셀주크 왕조가 탄생한 11세기의 세계 판도

셀주크와 오스만의 투르크제국이 중동을 지배

유력 부족과 타협하고자 시아파를 탄압한 아바스 왕조는 9세기 말 과열된 반체제 운동으로 대혼란 시대를 맞이한다. 그러나 나태에 길들여져 질서를 회복할 힘이 없었던 아랍인은 중앙아시아의 우수한 유목민 투르크인을 군사 노예로 이용한다. 그것이 아랍인 시대에서 투르크인의 패권 시대로 바뀌게 된 원인이었다.

11세기에 이르러 아바스제국을 침략한 투르크인이 셀주크 왕조를 세우고 중동의 지배권을 장악했다. 그들은 여세를 몰아 비잔틴제국까지도 존망의 위기로 몰아넣는다.

그 후 13세기부터 14세기에 걸쳐 유라시아 대부분을 장악한 몽골제국의 침략으로 중동도 그 일부가 되었으나, 아나톨리아에서 일어난 오스만 왕조가 1453년 비잔틴제국을 멸망시키고 투르크인의 이슬람 제국을 수립해서 중동 대부분을 지배했다. 오스만제국이 비잔틴제국을 멸한 1453년은 서유럽에서 백년전쟁이 끝난 해이다.

> 아바스 왕조의 쇠퇴 10세기

시아파 왕조의 부상으로 아바스 왕조는 몰락의 길

이집트와 북아프리카에 시아파 파티마 왕조 창건

 우마이야 왕조를 이어 이슬람 칼리파제를 계승한 아바스 왕조는 다수파인 이란인과 얼마간 협조 체제를 유지하고 《코란》 아래 평등함을 내세워 아랍인의 특권을 폐지하는 등 사회를 안정시킨다.

 그러나 9세기 말이 되자 빈곤 계층의 불만이 폭발해서 각지에서 지방 정권이 우후죽순처럼 난립한다.

 10세기에는 시아파 계열의 이스마일파(음주 버릇으로 이맘이 되지 못한 제6대 이맘의 아들을 7대 이맘이라 주장하는 파)가 지배력이 약해진 북아프리카 튀니지에서 봉기해서 파티마 왕조를 세웠다. 건국자 알 마흐디는 자신이 무함마드의 딸 파티마의 자손이라는 점을 내세워 칼리파라 자처하고 수니파 아바스 왕조와 후우마이야 왕조(이베리아반도)의 칼리파에게 맞섰다.

 파티마 왕조는 제2대 칼리파 시대에 이집트로 진출해서 중심 도시였던 푸스타트 북쪽 3킬로미터 지점에 새 수도 카히라(카이로)를 세웠다.

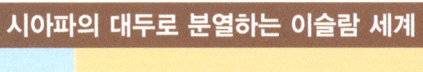

시아파의 대두로 분열하는 이슬람 세계

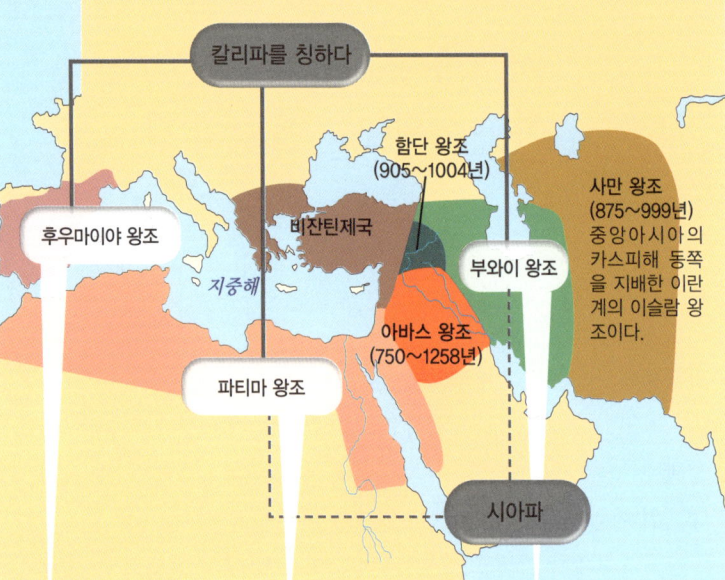

후우마이야 왕조
(756~1031년)

우마이야 왕조 멸망 후 압두르라흐만이 스페인으로 피신했다가 756년에 독립한 왕국이다. 압두르라흐만 3세 때 칼리파를 자칭하고 전성기를 누렸다. 1031년에 함무드가에 의해 멸망했다.

파티마 왕조
(909~1171년)

북아프리카와 이집트, 레반트를 지배하던 이슬람 왕조로, 이 왕조의 칼리파들은 자신들이 무함마드의 딸 파티마의 후손이라면서 왕조의 이름을 파티마라고 정했다. 아이유브 왕조의 살라딘에 의해 멸망했다.

부와이 왕조
(932~1055년)

이란 최초의 시아파 왕조로 이란 북부에서 카스피해 서쪽 연안의 다이라만 지방까지를 지배했다. 내분과 군벌의 등장으로 세력이 약해졌고, 시아파 왕조로 이슬람 정통파와의 갈등으로 셀주크 왕조에 의해 멸망했다.

시아파의 테러 조직의 등장과 바그다드 함락

이스마일파의 과격한 그룹에서는 암살교단으로 알려진 분파도 생겨났다. 그들은 12세기에 시리아 산속에 거점을 마련하고 청년을 모집해서 여성과 마약을 공급한 다음, "천국은 이런 곳이다, 신의 뜻에 따르면 천국에 갈 수 있다"라고 세뇌했다. 그리고 세뇌된 그들을 마음대로 조종해서 이슬람교 수니파 종교 지도자와 정치 지도자에 대한 테러와 암살을 일삼게 했다. 수니파는 테러 집단을 아사신(대마를 뜻하는 아랍어 하시시에서 유래)파라 불렀다.

마르코 폴로는 《동방견문록》에서 그들을 다음과 같이 기록하고 있다.

"시리아 아라몬산에 산상 노인이라 불리는 사람이 있는데, 그는 건강한 젊은이를 납치해 대마를 먹이고 미녀로 가득한 화원에서 즐기게 한 후 다시 낙원에 가고 싶으면 아무개를 암살하라고 명했다. 그러면 암살자는 대마를 복용한 후 기꺼이 사지에 몸을 던졌다."

이란계 시아파 왕조인 부와이 왕조의 유력 부족장 아흐마드는 946년 쇠퇴와 혼란을 겪던 바그다드에 진출해서 아바스 왕조의 칼리파를 마음대로 조종, 무이즈 알 다울라(국가의 강화자)라는 호칭과 대아미르(대장군)의 지위를 얻어낸다.

부와이 왕조 시대의 칼리파는 사실상 종교적 권위밖에 없는 존재였고 실권은 시아파가 장악했다. 이 시기에는 국고가 바닥나 병사들의 봉급을 현금으로 지급할 수가 없었다. 그래서 부와이 왕조의 지배자는 병사들에게 특정 지방에서 징세할 권리를 허락해서 병사가 농민에게 직접 세금을 거두게 했다.

셀주크 왕조의 개막 11~14세기

아바스 왕조 멸망시킨
투르크인의 셀주크 왕조

투르크 유목민인 '노예 병사' 맘루크 시대의 도래

　중동 북쪽의 중앙아시아 대초원 지대에는 투르크 유목민이 살고 있었다. 9세기 말 시아파가 등장하자 아바스 왕조는 전란 시대에 들어갔다. 도시의 안락한 생활에 길든 아랍인은 치안을 유지할 힘을 잃었고, '맘루크(소유당한 자를 뜻하는 아랍어로 노예 병사)'를 고용해서 권력을 유지하는 수밖에 없었다. 즉 아프리카 흑인 노예가 아닌 투르크인, 슬라브인, 쿠르드인 등으로 구성된 용병을 이용한 것이다.

　용맹하고 순박한 투르크 유목민이 주축을 이룬 맘루크는 수니파 이슬람교 개종자가 많았고, 기마술이 탁월해서 더 높은 신뢰를 얻었다. 그래서 아랍인 군대를 보강하는 '가지(신앙의 전사)'로 선택될 만했다. 또한 부와이 왕조가 병사들에게 허락한 특정 지역의 세금 징수권이 투르크 유목민의 이슬람 세계 진출을 부추겼다.

　한편 중앙아시아의 투르크멘족은 족장 셀주크의 주도하에 이슬람교로 집단 개종한 후 가지의 신분으로 이슬람 세계와 깊은 관계를 맺게 되었다.

　11세기 초 그들은 이란 북동부에 거점을 확보한다(셀주크 왕조). 족

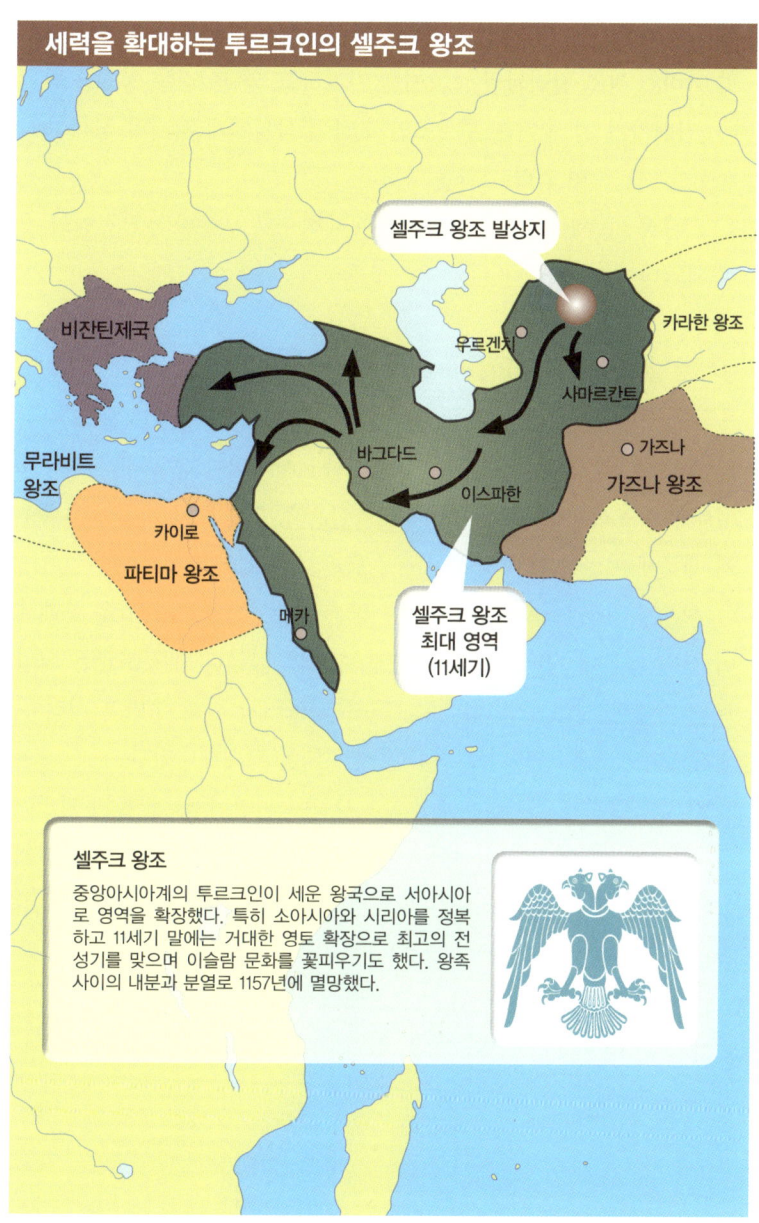

세력을 확대하는 투르크인의 셀주크 왕조

셀주크 왕조

중앙아시아계의 투르크인이 세운 왕국으로 서아시아로 영역을 확장했다. 특히 소아시아와 시리아를 정복하고 11세기 말에는 거대한 영토 확장으로 최고의 전성기를 맞으며 이슬람 문화를 꽃피우기도 했다. 왕족 사이의 내분과 분열로 1157년에 멸망했다.

장 토그릴베그는 마침내 이란에서 이라크까지 세력을 뻗어 바그다드의 아바스 왕조 칼리파의 보호자를 자처하고 술탄이라는 칭호를 받는다. 지배자가 된 술탄은 투르크인 부하 병사들에게 각지의 징세권(이쿠타)을 나눠주며 권력 기반을 다졌다.

그 결과 이슬람제국은 사실상 신흥 세력으로 부상한 투르크인의 것이 되었다.

셀주크 왕조의 팽창과 비잔틴제국의 위기

투르크인이 아바스 왕조를 장악함으로써 탄생한 셀주크 왕조는 이란의 도시 이스파한을 수도로 정하고 페르시아어를 공용어로 쓰는 등 이란인을 포섭한 정권이었다. 투르크인은 능숙한 통치 기술이 부족했기 때문에 이란인 관료 조직이 셀주크 왕조를 보좌한 것이다.

군사 정권이었던 셀주크 왕조는 많은 투르크인에게 이권을 분배해야 했기 때문에 지배 영역을 확장할 수밖에 없었다. 셀주크군은 이집트를 장악한 시아파 파티마 왕조를 무너뜨리기 위해 주변의 시리아, 팔레스타인, 아나톨리아로 점차 지배 영역을 확대해나갔다.

1071년 만지케르트 전투에서 투르크인이 비잔틴제국군을 무찌르자 망국의 위기를 예감한 비잔틴 황제는 서유럽의 권력자인 로마 교회의 교황에게 지원을 요청하게 된다. 십자군 원정은 그렇게 시작되었다.

> 십자군 원정 1096~1291년

셀주크 왕조의 침공에 유럽은 십자군 원정을 강행

셀주크군의 비잔틴제국 침략에 십자군 원정으로 대응

셀주크군이 비잔틴제국의 영토를 맹렬한 기세로 침략하자 유럽인들은 이것을 기독교 세계의 심각한 위기로 받아들였다.

비잔틴 황제에게 구원 요청을 받은 로마 교황 우르바노 2세는 원정에 성공해서 이번 기회에 서구 세계 및 동서 기독교회의 지도자로서 부동의 입지를 다지려고 했다. 교황은 1095년 프랑스 클레르몽 성 밖에서 개최된 종교 회의(클레르몽 공회의)에서, 성지 예루살렘이 야만족 투르크인에게 점령되었으며, 이를 탈환하려면 원정(십자군)이 불가피하다고 호소했다.

그리고 ①원정군은 1096년에 출발 ②비용은 자기부담 ③군대마다 출발은 따로 하되 콘스탄티노플(지금의 이스탄불)에서 비잔틴제국군과 합류해서 아나톨리아의 셀주크군을 공격 ④이후 예루살렘을 탈환한다는 전략을 수립한 후 주교들을 통해 각지의 기독교도들에게 적극적인 참여를 호소하라고 지시했다.

1096년, 프랑스인과 플랑드르인을 중심으로 구성된 4군단 약 3만 명의 십자군이 콘스탄티노플에 도착했다. 아나톨리아의 투르크인 거

셀주크 왕조와 십자군의 원정

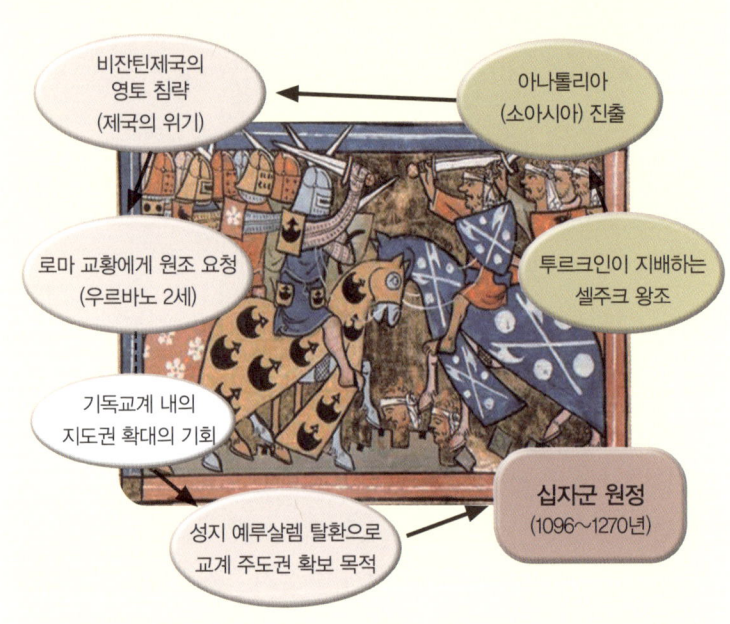

- 비잔틴제국의 영토 침략 (제국의 위기)
- 아나톨리아 (소아시아) 진출
- 로마 교황에게 원조 요청 (우르바노 2세)
- 투르크인이 지배하는 셀주크 왕조
- 기독교계 내의 지도권 확대의 기회
- 성지 예루살렘 탈환으로 교계 주도권 확보 목적
- 십자군 원정 (1096~1270년)

십자군
유럽의 그리스도교도들이 이슬람교를 정벌하고 성지 예루살렘을 되찾기 위해 일으킨 원정군이다. 교황 우르바노 2세가 클레르몽 회의 후 선언한 제1회 십자군부터 튀니스에서 패배한 제7회 십자군(1270년)까지 침입과 정벌을 거듭했지만 이들은 목적을 이루지 못했다. 다만 십자군 원정으로 동방과의 교통과 무역이 더 발달했고 비잔틴 문화는 유럽 문명에 많은 영향을 미쳤다.

점 도시를 함락한 뒤, 1099년 제노바에서 공성기와 증원군의 지원을 받아 이집트 파티마 왕조의 지배하에 있던 예루살렘을 함락했다. 당시 증오에 사로잡혀 있던 기독교도는 이슬람교도 주민 5만 명 중 4만 명을 처참하게 살해했다고 한다. 성지 탈환 후 현지에 예루살렘 왕국 등이 수립되었으나 병사 대부분은 전리품을 챙겨 귀국했다.

200년 십자군 원정을 통해 유럽 문명은 크게 도약

그 후 예루살렘 탈환에 앞장선 이슬람 측 세력은 시리아에서 성립한 잔지 왕조였다. 중동에서 세력을 떨치던 잔지 왕조의 지원군 자격으로 십자군이 쳐들어온 이집트에 파견된 쿠르드인 살라딘(살라흐 앗 딘 유수프, 1138~1193년)은 이집트 지배권을 손에 넣고 아이유브 왕조를 창건했다. 그리고 잔지 왕조까지 무너뜨린 후에는 이집트와 시리아를 통일하고 예루살렘을 탈환했다.

이슬람 측은 십자군에게 더 이상 승산의 여지가 없을 만큼 견고한 방어 태세를 구축했다. 신성로마제국 황제, 프랑스 왕, 잉글랜드 왕이

십자군전쟁 중 이슬람군의 대승, 1474년, 장 콜롱브

참여한 최대 원정(제3차 십자군, 1189~1192년)도 별다른 성과를 올리지 못한 채 십자군 원정은 점차 시들해졌다. 1291년에는 십자군의 마지막 거점이었던 아콘이 함락되면서 약 200년간 지속된 십자군 운동은 드디어 막을 내렸다.

약 200년에 걸친 유럽의 십자군 원정은 시리아, 팔레스타인에 유럽의 요새와 교회를 짓고 또 전쟁으로 인한 약간의 혼란을 초래한 것 외에는 이슬람 세계에 큰 영향을 미치지 못했다. 그러나 유럽에는 십자군 원정이 군사, 종교, 문화적 측면에서 큰 영향을 미쳤다.

동방의 선진 문명과 처음으로 큰 충돌을 경험하고 장기간 접촉함으로써 ①이탈리아 각 도시의 교역이 활성화되고 ②이슬람 문명이 대대적으로 유입되었으며 ③이질적인 동방 문명에 대한 관심이 증가하고 ④왕권이 확대되는 등 큰 변화가 일어났다.

이슬람 세계는 십자군 원정을 프랑크(유럽)인의 군사 침략으로 간주했으나 종교 전쟁으로 보지는 않았다. 그러나 유럽은 십자군 원정으로 인해 문화와 문명이 크게 도약하는 계기가 되었다.

> 몽골제국의 바그다드 함락 1258년

바그다드 함락하고 중동을 지배한 몽골제국

칭기즈 칸이 투르크인의 호라즘 왕조를 정복

　유목 민족의 관습이 남아 있던 셀주크 왕조는 왕위 계승, 재산 상속에 대해 정해진 방법이 없어서 부족끼리 끊임없이 분열하고 다투다가 빠르게 힘을 잃었다.

　11세기 말 셀주크 왕조의 맘루크(노예 병사)가 세운 호라즘 왕조가 아무다리야강 하류(호라즘 지방)를 중심으로 번성했고, 중앙아시아 서부를 비롯해 이란까지 통치 영역을 넓히며 실크로드 교역로를 지배했다.

　이 시기에 동쪽의 몽골고원에서 세계사를 뒤바꾸는 큰 변화가 일어났다. 1206년 칭기즈 칸이 몽골고원의 패자로 등장한 것이다. 칭기즈 칸은 호라즘 왕조와 손잡고 실크로드 교역로를 차지하려고 했다. 그러나 호라즘에 간 칭기즈 칸의 사절단이 살해당하고, 다시 파견한 사절도 수염이 잘려 쫓겨나는 수모를 당했다.

　분노한 칭기즈 칸은 10만 대군을 이끌고 호라즘에 쳐들어가 1220년 호라즘 왕조를 무너뜨렸고, 별동대는 1225년 님리시아의 대초원을 정복했다. 호라즘 왕조의 잘못된 판단이 몽골인을 중동 세계로 불러들인 것이다.

1206년 테무진이 칭기즈 칸으로 선포되는 장면, 15세기 자미 알 타와리크(몽골의 역사서) 사본, 프랑스 국립도서관

몽골제국이 바그다드의 원형 도시를 파괴

비록 쇠약해지긴 했어도 여전히 이슬람제국의 상징이었던 바그다드 조차도 몽골인의 손아귀에 쥐어졌다.

몽골제국 제4대 칸 몽케의 동생 훌라구는 칸의 명령에 따라 1258년 바그다드를 함락했다. 정복 과정에서 무자비한 약탈과 파괴를 일삼았고, 칼리파 일족은 끝까지 저항했으나 결국 살해당했고 아바스 왕조

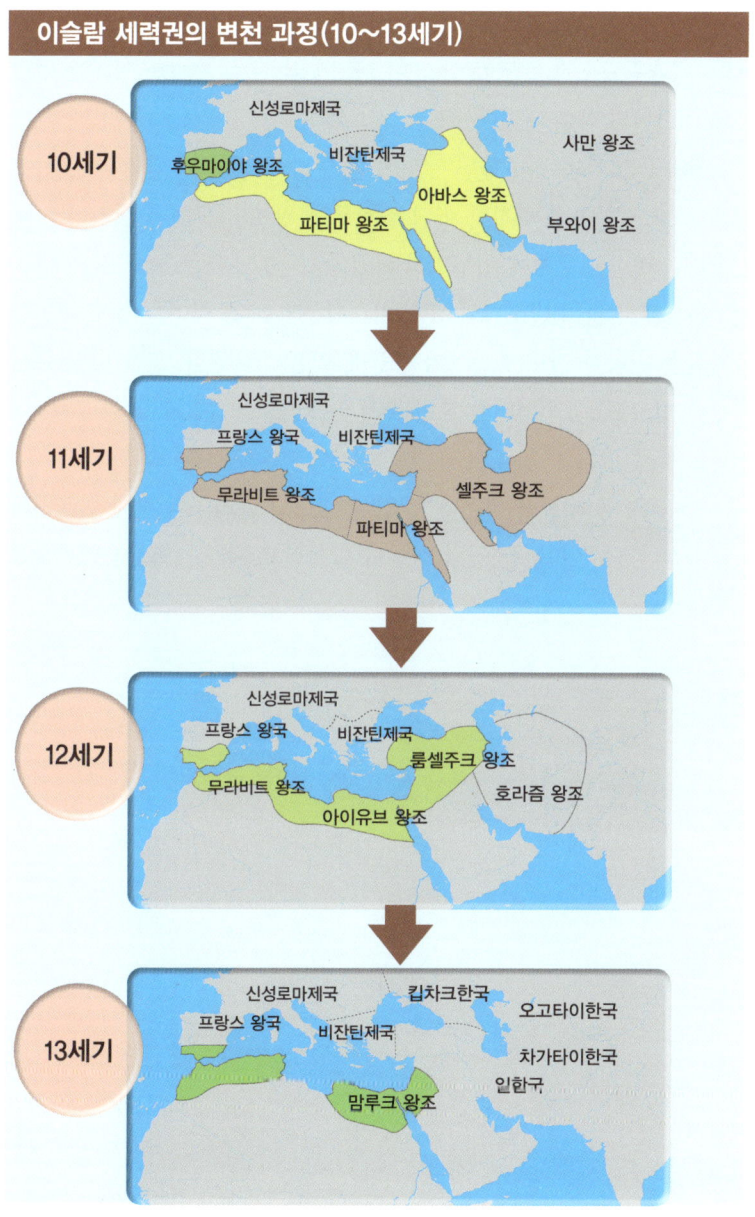

는 멸망했다. 바그다드의 자랑거리였던 원형 도시도 이때 파괴되었다. 이슬람교도가 주도한 팍스 이슬라미카(이슬람의 평화) 시대는 이렇게 대단원의 막을 내렸다.

훌라구는 이듬해 1259년 시리아 원정 중에 형 몽케 칸의 부고를 전해 듣고 귀환하려 하지만 이집트 맘루크 왕조의 군대가 시리아로 북상하는 바람에 중동에 머무르게 되었다.

본국에서 형 쿠빌라이와 동생 아리크부카가 칸 자리를 놓고 치열한 싸움을 반복한 점도 훌라구가 중동에 머문 이유였다. 그는 이란 북서부 해발고도 1,370미터인 고원 도시 타브리즈를 수도로 일한국(칭기즈 칸의 후손들이 세운 킵차크한국, 차가타이한국, 오고타이한국과 함께 몽골제국의 4개 한국 중 하나)을 세운다. 그러나 1335년 훌라구의 직계가 끊기자 왕위를 둘러싼 치열한 권력 다툼이 벌어졌고, 결국 1353년 일한국은 멸망한다.

> 이집트의 맘루크 왕조 1250~1517년

투르크인 노예 군사가 세운 이집트의 맘루크 왕조

투르크인 맘루크가 몽골군을 물리치고 이집트 실권 장악

13세기 몽골군의 침략으로 이슬람 세계가 큰 위기에 처했을 때, 투르크인 맘루크는 몽골군의 이집트 진출을 저지하고 1250년 술탄의 지위를 빼앗아 이집트에 맘루크 왕조(노예가 세운 이슬람 왕조)를 세웠다. 맘루크 왕조는 중동에서 가장 강한 세력으로 성장하면서 시리아에서 십자군을 물리치고 아나톨리아 지역까지 영토를 확장했다.

1258년 몽골군이 바그다드를 함락했을 때 아바스 가문의 왕족 두 사람이 이집트로 도피해서 술탄 바이바르스 1세의 보호 아래 칼리파로 인정받았다. 칼리파는 종교 의례를 거행할 때만 인정되는 형식적 존재였지만 어쨌든 이집트에서 아바스 왕조의 명맥을 유지한 것이다.

1258년 바그다드가 몽골인에게 장악된 후 맘루크 왕조의 수도 카이로(969년 창건)가 이슬람 세계의 새로운 경제와 문화의 중심지가 되었다. 14세기에는 인구수 50만 명을 기록할 정도로 중동 최대 도시로 성장해 동서 교역의 거점이 되었다.

카이로의 아즈하르 모스크에 부설된 아즈하르 대학은 이슬람 신학, 법학 분야의 최고 학부로서 지위를 확립하고 많은 인재를 배출했다.

두 도시가 합쳐진 통합 도시 카이로

푸스타트
- 군사 도시로 건설
- 642년에 대정복에 나선 아랍인의 이집트 원정으로 이집트의 주도(州都)가 되다.
(경제의 중심)

약 3km 떨어져 있다.

카히라(카이로)
- '승리자'라는 뜻
- 시아파 파티마 왕조가 969년에 새로운 수도로 건설하다.
(정치의 중심)

↓

아이유브 왕조와 맘루크 왕조가 합친 통합 도시

카이로

14세기 초에 인구가 약 50만 명이었다.

바그다드 대신 이슬람 세계의 중심이 되다.

카이로 성채
중세 시대의 이슬람식 성채로 1176~1183년에 아이유브 왕조의 통치자 살라딘이 건설했다. 십자군에게 대항하기 위해 만들었는데 파티마 왕조에 패한 후 성벽을 만들었다. 그는 "외벽이 있으면 두 개(카이로와 푸스타트)의 특별한 구역을 만들 수 있고, 군대 하나로 두 도시를 지킬 수 있다"라고 주장했다.

카이로
● 카이로 성채
● 푸스타트

이집트 덮친 페스트로 인해 맘루크 왕조도 붕괴

그러나 맘루크 왕조의 번영은 페스트라는 복병을 만나 위기에 처했다. 몽골제국의 통치권인 윈난 지방에서 풍토병 페스트가 발병, 중앙아시아 교역 네트워크를 타고 흑해 연안으로 빠르게 퍼졌다. 페스트는 지중해를 거쳐 백년전쟁(1339~1453년)이 막 시작된 유럽에 전파되어 순식간에 유럽 인구의 약 3분의 1을 죽음으로 몰아넣었다.

1348년 페스트는 마침내 이집트와 북아프리카를 덮쳤고, 인구가 빠르게 감소하면서 맘루크 왕조도 쇠망의 길에 들어선다.

이슬람 세계의 대역사학자 이븐 할둔은 명저 《역사서설》에서, 페스트가 맘루크 왕조에 미친 괴멸에 가까운 타격에 대해 "이슬람력 8세기(서기 14세기) 중반, 동서 문명 지역에 괴멸적인 역병이 돌아 여러 민족을 피폐하게 만들고 많은 문명을 집어삼키며 전멸시켰다. 그것은 정확히 각 왕조의 노쇠기, 즉 왕조의 존속이 한계에 달했을 때 찾아왔다. 이 역병은 왕조의 권력을 소멸시키고, 영향력을 빼앗았으며, 지배권을 약화시켰다. 왕조들은 그야말로 전멸과 붕괴의 위기에 빠졌다"라고 기록했다.

> **티무르제국 1370~1507년**

몽골제국의 재건을 꿈꾼 '정복왕' 투르크인 티무르

이슬람 세계를 정복한 몽골인은 이슬람 사회에 동화

13세기에 유라시아 대부분을 제패한 몽골제국은 중동과 광활한 중앙아시아 일대에 오고타이, 차가타이, 킵차크, 일의 4개 한국을 수립했다. 그중에 오고타이한국은 차가타이한국과 병합되었고, 나머지 한국은 모두 이슬람화되었다.

이슬람 세계를 정복한 몽골인은 이슬람 사회에 동화되어 활력을 잃었고, 무기력한 상태의 지배층도 이권 다툼과 권력 투쟁을 반복하며 내리막길을 걸을 뿐이었다. 그 결과 몽골 시대(팍스 몽골리카)는 막을 내리게 되었다.

몽골제국이 무너지는 동안 서투르키스탄에서는 투르크인이 주도권을 잡았다. 투르크화·이슬람화한 중앙아시아의 지배자가 된 티무르(재위 1370~1405년)는 몽골제국 칸의 자손을 초대해 왕으로 옹립하고, 자신은 대장군으로서 실권을 장악해서 유라시아 규모의 이슬람제국 형성을 목표로 티무르 왕조(1370~1507년)를 열었다. 몽골제국의 재건을 노린 것이다.

티무르는 강력한 군사력을 앞세워 이란, 이라크, 아르메니아, 그루

14세기 말 티무르 왕조의 최대 영역

지야(현재의 조지아)를 차례로 정복했다. 1398년에는 인도 델리를 침략해 약탈했으며, 1401년에는 맘루크 왕조로부터 시리아를 빼앗았다. 1402년에는 마침내 아나톨리아의 투르크인이 세운 오스만 왕조를 무너뜨리고 서아시아 내부분을 통일하는 대제국이 되었다.

그 후 티무르는 20만 군대를 이끌고 영락제가 통치하는 명나라로 원정을 나서지만 오트라르(현재의 카자흐스탄)에서 병으로 세상을 뜬다.

티무르에게 잡혀 감옥에 갇힌 술탄 바예지드 1세, 지팡이를 짚고 걸어가는 사람이 티무르, 1878년, 스타니스와프 츨레보프스키, 우크라이나 리비우 국립미술관

유라시아 통일의 꿈은 일흔이 넘은 티무르의 노환 때문에 허무하게 사라지고 말았다.

티무르제국은 투르크계 우즈베크인에 의해 멸망

티무르제국은 유목민의 습성대로 각 부족의 자립을 인정한 반면, 몽골제국은 부족을 해체해서 중앙집권적 지배 체제를 취했다. 티무르제국은 유목 사회가 안고 있는 통치 구조의 약점을 극복하지 못한 것이다.

그 때문에 티무르 왕조는 중추를 담당했던 투르키스탄과 이란이 떨어져나가자 바로 힘을 잃었고, 투르크계 우즈베크인에 의해 멸망했다. 현재 우즈베크인은 대부분 중앙아시아 우즈베키스탄공화국에 거주하며 인구의 70퍼센트 이상을 차지한다.

티무르 왕조의 마지막 황제 바부르는 우즈베크인에게 쫓겨나 아프가니스탄 동부로 도피한 후에는 인도에서 활로를 모색했다. 그는 북인도 전투에서 승리한 후, 1526년 무굴제국을 세웠다. 투르크인이 세운 무굴 왕조의 무굴은 사실 몽골이라는 뜻이다.

> 이슬람 무굴제국 1526~1858년

티무르 계승한 무굴제국이 힌두교의 인도를 지배

무굴제국은 영국 이전에 인도를 지배한 이슬람 왕조

파키스탄은 1947년 인도가 영국의 식민지에서 독립했을 때 이슬람교도가 힌두교에서 떨어져 나와 만든 신생 국가이다. 공용어는 아랍어·페르시아어에서 차용한 언어와 북인도 구어가 섞인 우르드어이다. 파키스탄은 우르드어 파크(청정한)와 스탄(나라)의 합성어이며 청정한 나라를 뜻한다.

무굴제국(1526~1858년)은 영국이 진출하기 전 인도를 차지한 이슬람 정복 왕조로서 투르크인·이란인이 지배층을 형성해 페르시아어를 공용어로 사용했다.

그러나 오랜 세월에 걸쳐 이슬람교도가 증가해서 1941년 통계에서는 인도인의 24퍼센트, 즉 네 명 중 한 명이 이슬람교도인 것으로 나타났다. 파키스탄은 그러한 움직임 속에서 성립했다. 수많은 힌두교도가 이슬람교로 개종한 셈인데, 이는 힌두교 성자와 신앙의 형태가 비슷한 수피들의 활발한 포교 활동, 카스트 최하층의 집단 개종, 이슬람 상업권과의 활발한 교역 때문이었다.

주민 대부분이 다신교 힌두교를 믿는 인도에서 외부에서 온 소수파

바드샤히 모스크, 라호르, ⓒ Jalal.shahid, W-C

정복자 집단이 정착할 수 있는 방법은 오직 그들을 회유하는 것뿐이었다.

무굴제국의 기반을 다진 제3대 황제 아크바르(재위 1556~1605년)는 유력 힌두 부족의 딸과 결혼해서 힌두교도의 유력자를 관료로 등용하는 등 유화책을 적극적으로 시행했다. 그리고 이슬람교도가 이교도에게 부과한 지즈야를 폐지하고, 데칸 지방을 제외한 인도와 아프가니스탄 일대를 광범위하게 지배했다.

제6대 아우랑제브 황제(재위 1658~1707년)는 전쟁을 거듭해서 데칸 고원 남쪽 지역을 정복하고 인도 역사상 가장 넓은 땅을 지배하는 대제국을 실현했다.

그러나 아우랑제브 황제의 지배는 유연성이 전혀 없었다. 엄격한 이슬람교도였던 그는 힌두교도의 습관을 무시하고 힌두교 사원을 파괴

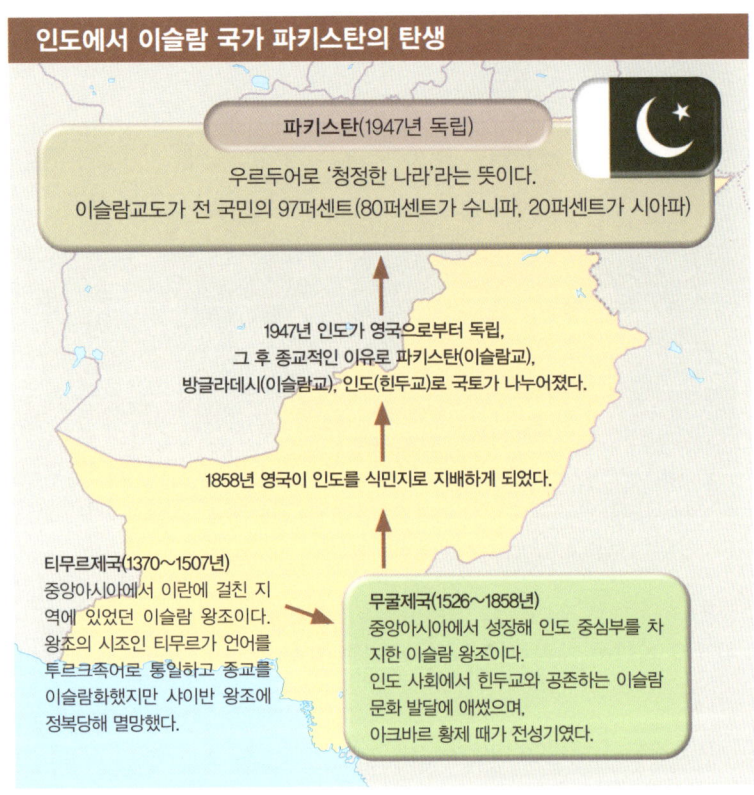

했으며, 지즈야를 부활시키는 등 전 인도의 이슬람화를 무리하게 추진했다. 그 결과 각지의 힌두교도들이 등을 돌리면서 민심을 잃은 채 제국은 빠르게 쇠퇴한다.

영국 동인도회사는 이슬람교도와 힌두교도의 대립을 이용

영국은 인도를 식민 지배할 때 이슬람교도 우대 정책을 펼쳐 힌두교도 지배에 이용했다. 또한 무굴제국이 전쟁으로 인한 대혼란을 겪고 있을 때 영국 동인도회사는 인도인 용병(세포이)을 이용해서 세력을

말 위에 앉은 아우랑제브, 1650년, 샌디에이고 박물관

확장했다. 1757년 플라시 전투〔인도의 플라시 지방에서 인도의 지배권을 둘러싸고 영국 동인도 회사와 프랑스의 벵골 토후(土侯) 연합군이 벌인 싸움으로 영국이 승리함〕로 벵골 지방을 지배하게 되었고, 1765년에는 벵골 지방의 징세권을 확보해 가혹한 세금을 징수하며 세력을 확장했다.

영국 동인도회사의 무자비한 수탈은 기근으로 이어졌고, 1769~1770년에 벵골 주민의 약 3분의 1이 사망한다. 그 후 동인도회사는 이슬람교도와 힌두교도의 대립을 이용해 인도 수왕국의 왕들을 잇달아 굴복시키고, 19세기 전반까지 인도의 주요 지역을 손에 넣어 식민지 통치를 실시했다.

오스만 왕조의 탄생 1299~1922년

투르크인 오스만 1세가
아나톨리아반도의 패권 장악

아나톨리아반도를 지배한 '가지'는 누구인가?

가지는 습격자를 뜻하는 아랍어인데, 이것이 변해서 성스러운 전사, 즉 이슬람 세계의 변두리를 방위하는 자를 가리켰다. 가지는 대부분 투르크인이었다.

셀주크 왕조 시대에 아나톨리아로 대거 이주한 투르크인은 비잔틴제국의 기독교도와 날마다 격렬한 전투를 벌였다. 가지는 이슬람교를 위한 전쟁이라는 구실로 토지와 전리품을 약탈하며 세력을 확장, 마침내 여러 지역에서 독립 국가(베이리크)를 형성했다. 13세기 몽골제국의 시대가 되자 몽골인의 지배를 거부한 수많은 투르크인이 아나톨리아로 향했고, 통솔력 있는 가지는 단숨에 세력을 확장할 기회를 얻었다.

오스만 왕조는 전설의 지배자 오스만 1세(재위 1299~1326년)에 의해 건국되었다. 오스만 왕조는 군웅 세력의 하나였으나 제2대 오르한 시대에 발생한 비잔틴제국의 내분을 이용해 서쪽으로 세력을 확장했다. 제4대 바예지드 1세(재위 1389~1402년) 때 발칸반도의 기독교 제후 연합군과 싸워 차례로 승리하면서 아나톨리아 패권을 장악했다.

바예지드 1세, 1552~1562년, 우피치 미술관

1402년 아나톨리아 중심부에서 벌어진 앙카라 전투에서 동방의 거대 세력 티무르에게 패해 한때 존망의 위기에 처했지만 티무르의 죽음으로 간신히 위기를 모면하기도 했다.

메흐메드 2세가 비잔틴제국의 콘스탄티노플을 정복

제7대 술탄 메흐메드 2세(재위 1444~1446년, 1451~1481년)는 1453년 아시아와 유럽, 지중해와 흑해를 잇는 교차로에 위치한 콘스탄티노플을 함락했다.

그리스식 교양을 갖추고 알렉산드로스 대왕과 카이사르의 전기를 좋아한 메흐메드 2세는 100마리 소가 이끄는 거대한 대포를 주조하는 등 출격을 준비했고, 20만 육군과 400척의 군함으로 쳐들어가 제2의 로마 콘스탄티노플을 정복하는 데 성공했다. 아우구스투스 이후 근 1,500년간 명맥을 유지한 동로마제국(비잔틴제국)을 쓰러뜨린 것이다.

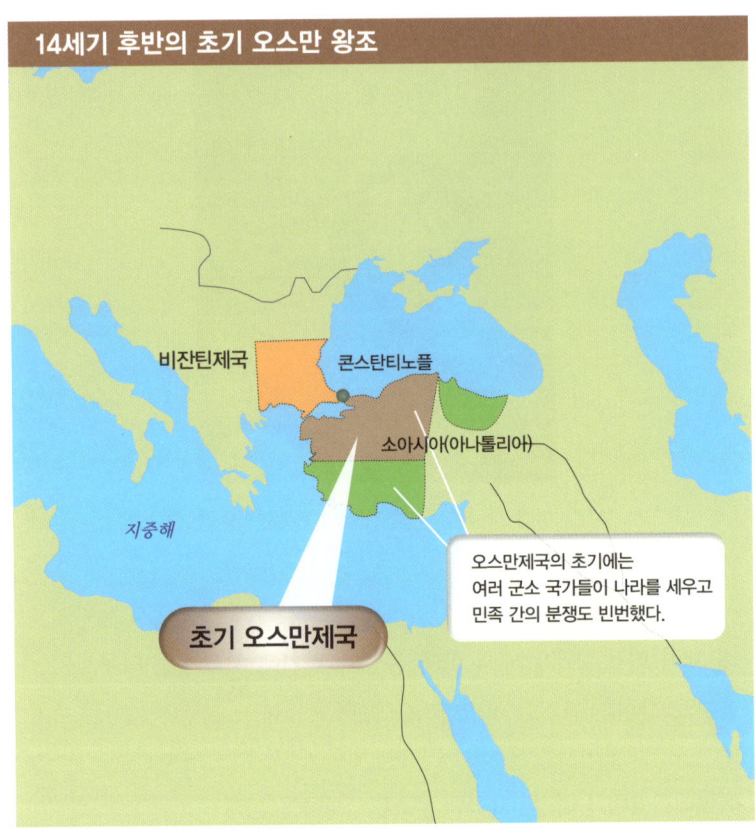

대도시 콘스탄티노플은 파괴되지 않고 이스탄불로 이름이 바뀌어 오스만제국의 수도가 되었다. 또한 오스만제국은 권위를 유지하기 위해 이라크 등지에서 이슬람 법학자(울라마)를 초빙했다. 카이로, 다마스쿠스 등에서 수많은 문화인과 기술자가 이스탄불로 이주하면서 이슬람 문화의 중심이 서쪽으로 빠르게 이동하기 시작했다.

오스만제국의 확장 16세기

3개 대륙을 지배한 오스만제국의 술탄

오스만제국의 술탄이 정치와 종교의 지배권을 장악

제9대 술탄 셀림 1세(재위 1512~1520년)는 아나톨리아 전역을 평정한 후 이란과 아랍 정복에 나섰다. 1514년에는 이란, 1517년에는 이집트의 맘루크 왕조를 무너뜨렸고, 시리아와 이집트 일대 주요 지역을 지배했다.

이슬람교의 2대 성지인 메카와 메디나도 예외는 아니었다. 셀림 1세는 맘루크 왕조를 무너뜨린 후, 몽골인에게 정복당해 카이로로 도피한 아바스 왕조 칼리파의 자손에게 칼리파 지위를 넘겨받았다.

이후 오스만제국의 술탄은 수니파 지도자와 칼리파를 겸했다. 케말 파샤의 혁명으로 1922년 술탄, 1924년 칼리파의 지위가 폐지될 때까지 오스만제국은 술탄이 정치와 종교의 지배권을 모두 장악하며 최고 권력자로 군림했다.

20여 민족의 6,000만 명을 아우르는 오스만제국

26세에 세10대 술탄이 된 술레이만 1세(재위 1520~1566년)는 약 반세기 동안 재위하는 중에 13번의 원정에 나섰고 서로는 알제리, 동으

로는 이라크, 북으로는 흑해 북안과 헝가리, 남으로는 이집트에 이르는 3개 대륙을 지배했다. 20여 민족의 6,000만 명을 아우르는 오스만제국이 만들어진 것이다.

지중해 최고의 해적 바르바로사를 등용한 술레이만 1세는 해군 병력을 강화하고, 1538년 프레베자 해전에서 베네치아·스페인의 연합함대를 격파해서 흑해와 지중해를 투르크인의 내해로 바꿨다.

1529년 12만 명의 오스만군은 빈 포위를 단행해서 오스트리아의 합스부르크제국을 존망의 위기로 몰아넣었다. 당시 빈은 방위군 약 2만 명과 시민 의용군 1,000명으로 힘겹게 버텼다.

오스만제국의 지배 주체는 투르크인이 아닌 이슬람교

 술레이만 1세는 오스트리아를 공략하기 위해 프랑스 왕 프랑수아 1세와 동맹을 맺었는데, 프랑스 왕에게 보낸 서한에서 자신을 '술탄 중의 술탄, 군주 중의 군주, 지상의 군주에게 왕관을 하사하는 자, 지상에 드리운 신의 그림자'라고 표현했다.

 그는 입법자라 불리며 제국의 행정과 재정 기구를 정비하는 등 600년간 지속된 제국의 기반을 다졌다. 이스탄불을 대표하는 술레이만 1세의 모스크는 건축의 거장 미마르 시난(술레이만 1세, 셀림 2세, 무라트 3세

술레이만 1세의 명으로 미마르 시난이 7년에 걸쳐 건축한 술레이마니예 모스크, 튀르키예 이스탄불, 2022년, ⓒ Hunanuk, W-C

를 섬긴 오스만제국의 건축가로 300개가 넘는 대형 건축 프로젝트 등을 완성했다)이 그의 명을 받고 지은 건축물이다.

오스만제국은 3개 대륙에 거주하는 신민 6,000만 명을 이슬람법으로 지배한 종교 제국이었다. 때문에 오스만제국의 광활한 지배 영역에서 투르크인은 어디까지나 인구 면에서는 소수 민족에 지나지 않았다. 따라서 투르크어를 할 줄 알고 이슬람교를 받아들이면 모두 제국의 신민으로 인정했다.

오스만제국의 지배 주체는 투르크인이 아닌 종교였다. 이슬람교가 다양한 지역 출신의 신민을 통치하는 데 이용된 것이다. 또한 오스만제국은 기독교, 유대교 등 비이슬람교 신자에게 개종을 강요하지 않았고, 종교 집단을 통치 단위로 이용했다(밀레트 제도).

> 데브쉬르메 제도 15세기~

발칸반도 슬라브인을
오스만제국의 인재로 등용

발칸반도의 소년들을 관료, 병사로 키우는 교육 제도

 군사 정권으로 오스만제국을 세운 투르크인은 이념, 통치, 군사 면에서 외부 세력에 의존할 수밖에 없었다. 이념 면에서는 배후에 위치한 이라크에서 이슬람법에 정통한 울라마(지식이 있는 사람이라는 뜻, 학자)를 초빙해서 종교적 이론과 질서를 확립하고 칼리파의 권위를 세웠다.

 정치적 통치와 군사 면에서는 발칸반도의 기독교 세계의 역할이 컸다. 일찍이 아랍인이 중앙아시아의 투르크계 유목민을 군사적으로 이용했듯이, 오스만제국은 비잔틴제국으로부터 지배권을 빼앗은 발칸반도의 슬라브인을 이용했다. 발칸반도가 오스만제국을 지탱하는 중요한 인재 공급 지역으로 활용된 것이다.

 오스만제국은 데브쉬르메 제도로 체제를 정비했다. 데브쉬르메 제도란 일정한 절차에 따라 선별한 발칸반도의 기독교도 소년들을 혹독하게 훈련시켜 궁정 직원이나 관료, 병사로 키우는 영재 교육 제도의 일환이다.

 데브쉬르메를 위해 선상한 신체, 수려한 외모, 명석한 두뇌를 갖춘 소년이 40호에 1명꼴로 뽑혔다. 징집된 소년들은 붉은 옷을 입고 끝이

술레이만 대제와 소년들, 1558년

뾰족한 원추형 모자를 쓴 채 이스탄불로 호송되었다. 인재 육성에 드는 비용은 소년들의 출신 지방관청에 부과했다.

예니체리는 노예 신분으로 술탄의 친위대가 된 엘리트 군단

이스탄불에 집합한 소년들은 카푸쿨루(술탄의 노예)라 불리며 이슬람교로 개종한 다음, 자신에게 걸맞은 갖가지 교육과 체력 훈련을 받았다. 그중에서도 특히 잘생기고 똑똑한 소년들은 궁정 직원이나 관료가 되는 교육을 받았다. 장래 고관 자리에 오르는 것도 이루지 못할 꿈은 아니었다.

선발에서 제외된 신체 건강한 소년들은 군사 훈련과 투르크어 교육을 받고, 일정 기간 동안 투르크 농가에서 지내며 전통 관습을 익혔다. 그 후 신병으로 군단에 들어갔고, 그중에 우수한 자는 예니체리(투르크

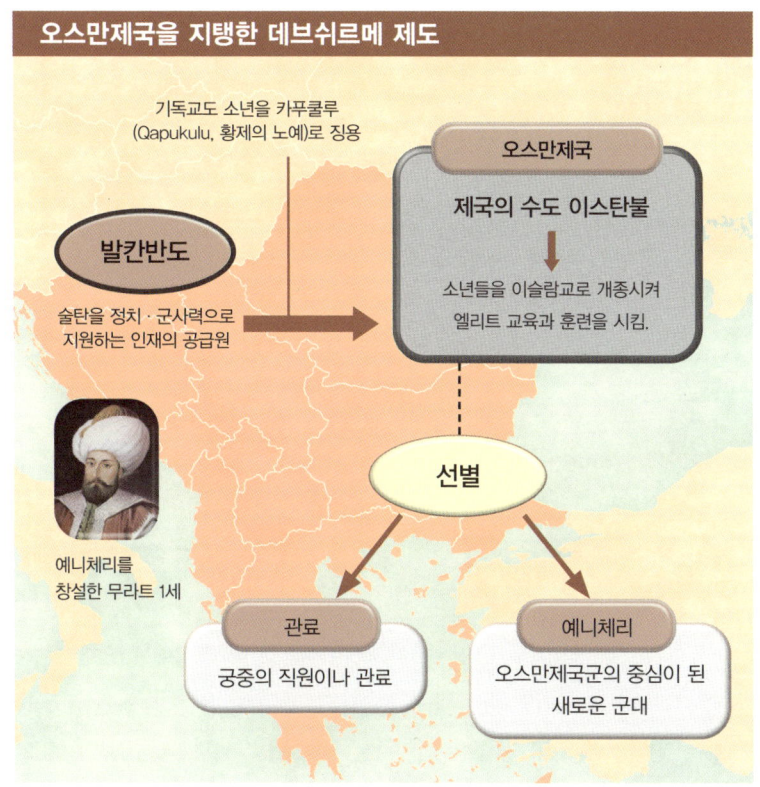

어로 새로운 군대라는 뜻)로 뽑혔다.

오스만제국군의 핵심은 예니체리였다. 예니체리 병사는 노예 신분이었으나 각종 특권을 누리며 술탄의 친위대가 된 엘리트 군단(처음에는 1,000명 정도)이었다. 선발된 병사들은 두터운 충성심을 갖추고 술탄을 위해 싸우는 수족으로 활약했다.

예니체리는 군기(軍旗)가 없었고, 수프를 끓이는 무쇠 솥을 항상 휴대했으며, 모자에는 수프를 먹을 때 쓰는 숟가락이 달려 있었다. 한솥밥을 먹으며 세계 최강의 군대라는 자부심과 결속력을 다진 것이다.

> 커피의 유럽 전파 6세기~

유럽에 건너간 커피는 이슬람의 알코올음료

알라를 접신하려는 이슬람 수피가 마시던 알코올음료

　유럽의 대표 기호 식품인 커피의 원산지는 아프리카 에티오피아이며, 이슬람 세계에서 음용 습관이 확산되다가 오스만제국 시대에 유럽에 전해졌다.

　커피는 원산지 에티오피아에서 전파되었고, 아라비아반도에서는 6세기경부터 재배되었다. 처음에는 커피 생두로 만든 가루에 버터를 넣고 경단처럼 빚어 휴대용 식량으로 이용했다. 원래 갖고 다니며 먹는 행동식이었던 것이다.

　아라비아반도의 예멘은 인도양과 홍해, 아프리카와 아라비아를 잇는 교역로의 십자로에 위치했는데, 이곳의 중심 항구 아덴은 13세기부터 커피의 집산지가 되었다.

　에티오피아에서는 커피를 분나Bunna라고 불렀으며, 예멘에서는 커피나무의 열매를 분Bun, 음료로 만든 커피를 카화Kahwah라 불렀다. 카화는 커피의 어원이 되었다. 카화는 달여서 만든 음료이며, 원래 알라를 체험하고 싶어 하는 이슬람 수피가 마시던 알코올음료라고 한다.

　카화의 성분에 대해서는 쉽게 발효되는 커피콩의 성질을 이용해 빚

아프리카산 커피의 유럽 전파 경로

- 17세기에 오스만제국을 거쳐 커피가 유럽에 전해짐.
- 13세기 후반에 커피를 끓이는 기구가 만들어짐.
- 17세기에 아라비아인이 인도 서안에 커피를 전해줌.
- 18세기에 네덜란드인이 브라질에서 커피를 재배하기 시작함.
- 원산지 에티오피아
- 아라비아반도 남부에 커피가 전해져 '분' 혹은 '분캄'이라고 불림. (10~11세기)

커피

커피는 9세기경부터 에티오피아의 고지대에서 재배되었는데, 염소 목동이 우연히 염소들이 먹던 열매를 발견하고 그 열매를 마을에 가져와서 피곤함을 덜어주는 효능을 알게 되면서 종교 수행자들이 먹기 시작했다는 전설이 있다. 그 후 커피는 이집트와 예멘으로 전파되었으며 15세기쯤에는 페르시아와 튀르키예, 북아프리카까지 퍼졌다.

신경을 자극한다고 해서 이슬람교에서는 금지하기도 했지만 그리스인과 지식인들에게 인기가 높았고, 아이로니컬하게도 이스탄불에 세계 최초의 커피 가게가 문을 열었다. 즉 커피는 이슬람에서 전 세계로 퍼지게 된 것이다.

우리나라는 구한말에 고종이 러시아 공사관에 피신해 있을 때 마시기 시작하면서 전해졌다는 설이 유력하다. 최초의 커피하우스는 정동의 손탁호텔에서 문을 열었으며, 일본을 통해 본격적으로 들어왔다고 한다.

은 술인지, 와인 등의 술에 커피 가루를 넣은 것인지 정확히 알려진 바가 없다. 다만 일상에서 벗어나 신과 합일을 이루고자 하는 수피가 알코올의 취기나 도취감을 원했으리라는 것은 충분히 짐작할 수 있다.

이스탄불에 세계 최초의 커피하우스 카흐베하네가 등장

그러나 이슬람교는 알코올의 음용을 철저하게 금지했기 때문에 커피 생두를 볶아 발효를 방지하고 알코올음료로 이용될 여지를 없앴다. 13세기경의 일이다.

그런데 볶은 커피에서 더욱 풍미가 살아나고 커피의 가장 큰 매력이라 할 수 있는 향이 깊어졌다. 커피의 향은 이렇게 우연히 발견되었다.

커피는 이슬람 세계에서 북쪽으로 올라갔고, 메카에서는 카다몬(생강의 일종)을 넣고 달이는 방식이 크게 유행했다. 급기야 오스만제국의 수도 이스탄불에는 오늘날과 흡사한 세계 최초의 커피하우스인 카흐

이스탄불의 카흐베하네 풍경

베하네Kahvehane가 등장했다.

  17세기는 유럽의 커피 문화에서 중요한 세기였다. 커피에 설탕을 넣어 마시는 습관이 당시 이집트에서 시작되었고 오스만제국에서 프랑스로 전해졌다.

  1645년 유럽 최초의 커피하우스가 이탈리아 베네치아에 등장하고, 1683년 런던의 커피하우스가 3,000개에 이를 만큼 커피의 인기는 가히 폭발적이었다.

이란의 사파비 왕조 1501~1736년

시아파 신비주의 교단이
이란에 사파비 왕조를 건국

사파비 왕조는 12이맘파라는 시아파 일파를 국교로 지정

　몽골제국이 멸망한 후 이란고원은 티무르제국의 지배하에 들어갔다. 그러나 1500년 투르크계 우즈베크인이 티무르제국을 무너뜨리면서 이란고원에 통치 권력의 공백이 생기게 되었다.

　그런 가운데 시아파 제7대 이맘의 자손을 자처하는 이스마일이 무장한 시아파 신비주의 교단의 신도들을 이끌고 1501년 대도시 타브리즈를 점령해서 사파비 왕조를 열었다.

　근세 이란을 지배한 사파비 왕조는 1514년 오스만제국과 싸워 패하지만 다시 세력을 회복해 수니파 오스만제국, 서투르키스탄, 우즈베크인의 여러 한국, 인도 무굴제국과 대항하며 이란에 시아파를 기반으로 하는 왕권을 다져나갔다.

　사파비 왕조는 12이맘파라는 시아파의 일파를 국교로 정하고, 술탄의 칭호를 폐지하는 대신 이란의 전통 칭호 샤(지배자, 왕을 뜻하는 페르시아어)를 채택하는 등 이슬람 국가로서 이란의 독자성을 강화했다. 그리고 수니파에 둘러싸인 상황에서도 열심히 12이맘파를 포교하며 세력을 넓히는 데 주력했다.

사파비 왕조와 시아파의 분포

사파비 왕조(1502~1736년)

시아파의 제7대 이맘의 자손 이스마일이 이란을 통일하고 세운 왕조이다. 수니파를 믿는 대부분의 이슬람 왕조들과는 다르게 파티마 왕조와 함께 대표적인 시아파 왕조였다. 이슬람의 페르시아 정복 후 무함마드의 혈통을 자랑하는 가장 큰 이란제국을 만들었으며, 이란 민족주의를 강조했다.

12이맘파

무함마드의 사망 후 후계를 놓고 의견이 엇갈리면서 이슬람 다수파인 수니파(무함마드의 친구이자 장인이 첫 후계자)와 시아파(무함마드의 사촌 알리가 첫 후계자)로 나누어졌다. 12이맘파는 이슬람 시아파의 분파로 무함마드의 첫 번째 후계자 알리(661년 사망)와 그의 자손 11명을 이맘으로 받아들여서 12이맘파라고 한다.
그런데 12대 이맘은 능력한 식후인 8/2년, 나이 /세 때 사라져버렸다고 한다. 그를 은둔 이맘이라고 하는데, 지금은 은둔 이맘을 기다리는 시대라고 믿는다. 12이맘파는 이란, 이라크, 아제르바이잔, 레바논 등지에 널리 분포되어 있으며, 이란의 국교이기도 하다.

사파비 왕조의 샤는 은둔 중인 이맘 대리인으로 통치

12이맘파란 무함마드의 사촌이자 딸 파티마의 남편인 알리를 초대 이맘(구세주라는 뜻)으로 삼고, 12대에 걸친 그의 부계 자손을 정통 이맘으로 인정하는 종파이다. 이맘은 874년에 대가 끊어졌는데 사망한 것이 아니라 은둔에 들어간 것이며, 939년까지 네 명의 대리인을 통해 교단을 지도한 후 다시 장기간의 은둔 상태에 들어갔다고 주장한다.

사파비 이란의 말과 신랑(왕실 앨범), 16세기 초, 하이다르 알린, 워싱턴 DC 스미스소니언 미술관 프리어 갤러리

12이맘파는 무함마드의 혈통인 이맘이 은둔 상태(행방불명)로 있다가, 인류에게 종말이 왔을 때 구세주로 나타나 정의를 실현할 것이라고 주장했다. 사파비 왕조의 샤도 은둔 중인 이맘의 대리인으로서 통치한다고 여겼다.

그날이 언제인지 알 수 없지만 이맘이 다시 나타날 때까지는 이맘의 뜻을 이해하는 법학자가 신도에게 지시를 내린다고 설명한다. 이란에서 아야톨라(알라의 증표라는 뜻)라는 종교법학자의 권위와 영향력이 강한 것도 그 때문이다.

17세기 초 사파비 왕조 제5대 왕 아바스 1세는 신식 포병대를 조직해서 우즈베크인을 격퇴하고 오스만제국으로부터 영토를 탈환했고, 페르시아만에서 포르투갈 세력을 몰아내는 등 티무르군의 공격으로 파괴된 이스파한을 재건해서 아름다운 모스크와 광장이 있는 새로운 수도로 만들었다.

인구 70만의 새 수도는 수공업이 발달하고 동서 교역이 활발했으며, 유럽인에게 '이스파한은 세계의 절반'이라는 칭송을 들을 만큼 번성했다.

> 칼럼

십자군을 무찌른 쿠르드인의 영웅 살라딘

쿠르드인은 나라 없이 살고 있는 민족이지만 왕년에는 매우 용맹스러운 유목민이었다. 이집트의 영웅 살라딘이 이를 증명한다.

살라딘은 티그리스 강변의 티크리트에서 태어난 쿠르드인으로, 그의 아버지는 셀주크 왕조의 맘루크가 세운 왕조 시대에 지방 장관을 지냈다. 큰아버지를 따라 이집트 원정에 나선 살라딘은 그 땅에 아이유브 왕조를 세웠고, 2년 후 시아파 파티마 왕조를 멸망시키고 이집트, 시리아, 이라크 일부를 지배했다. 그는 아바스 왕조 칼리파에게 술탄 칭호를 받았다.

49세에 시리아를 통일한 살라딘은 이슬람교도를 결집해서 1187년 예루살렘 왕국을 무너뜨리고 90년 만에 성지 예루살렘을 되찾았다. 그러자 유럽은 예루살렘을 탈환하기 위해 최대 규모의 십자군(제3차 원정, 1189~1192년)을 조직해서 살라딘을 공격했다. 하지만 살라딘은 영국 왕 리처드 1세(사자왕)의 군대를 물리쳤고, 기독교도의 예루살렘 순례를 인정하는 조건으로 팔레스타인을 지켜냈다.

그는 기독교도와의 전투 중에도 종교적 적개심에 의한 학살을 지양했고, 전투에서 패한 기독교도의 평화적인 철수를 인정하는 등 정정당당한 자세로 전쟁을 이끌어 기독교 세계에 기사도 정신이 투철한 사람으로 이름을 알렸다.

살라딘은 이집트를 성공적으로 통치하다가 1193년 65세로 사망했다.

8장

유럽 근대화와 오스만제국 몰락

유럽의 눈부신 성장과 오스만제국의 쇠퇴

오스만제국은 내부부터 서서히 무너져 내렸다

이슬람교와 투르크어를 매개로 하나가 된 오스만제국은 이슬람교, 여러 기독교 종파, 유대교가 공존하는 종교 제국으로서 도시와 부족을 유연하게 통합했다.

오스만제국의 질서를 유지하는 것은 발칸반도의 기독교도 자제들을 강제로 개종시켜 친위대로 육성한 예니체리라는 군대였다. 그러나 안일한 시대가 계속되는 사이 무능한 술탄의 통치, 관료의 부패, 예니체리의 전횡이라는 문제가 복합적으로 작용해 거대 제국은 내부부터 서서히 무너져 내렸다.

그 시기 유럽은 값싼 은이 신대륙에서 대량으로 유입되고 대서양 무역이 확대되는 등 눈부신 경제 성장을 이루었다. 그 영향은 러시아, 오스트리아에까지 미쳐 오스만제국과 러시아, 오스트리아의 역학 관계가 역전된다.

아시아와 유럽 잇는 요충지 중동을 둘러싼 열강의 쟁투

유럽이 산업혁명, 프랑스혁명을 겪으며 빠르게 힘을 키운 19세기에

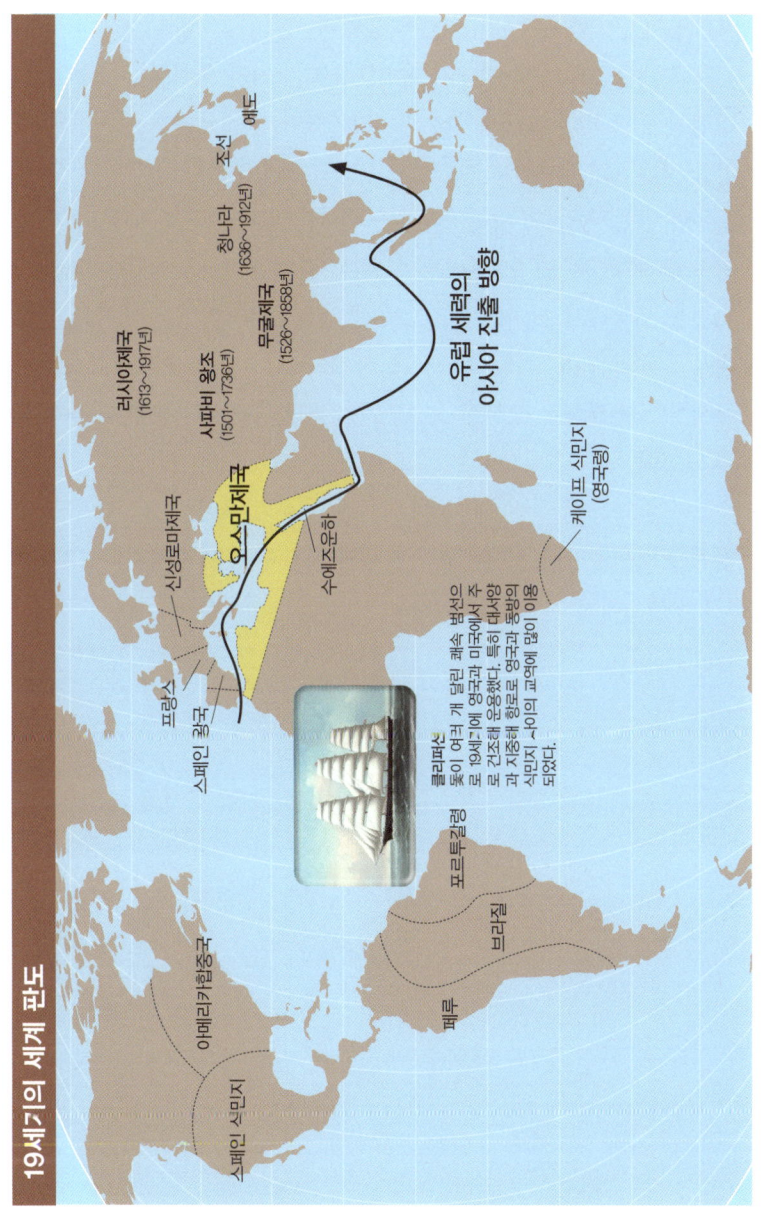

8장 유럽 근대화와 오스만제국 몰락 — 267

오스만제국이 해체의 내리막길을 걸었다.

　유럽 대륙은 정치와 경제가 발전된 근대국가가 생기면서 중동의 봉건적인 종교 제국을 내부부터 허물어뜨렸다. 열강들에는 아시아와 유럽을 잇는 오스만제국이 전략적으로 중요했던 것이다.

　유럽 열강의 압력, 러시아와 결탁해 서구화를 추진한 이집트, 발칸반도 슬라브인의 민족운동 등으로 위기에 처한 오스만제국은 서구 시스템을 도입해서 위기를 넘기고자 했다. 그러나 어설픈 개혁은 체제 내부의 균열을 더욱 재촉할 뿐이었다. 1869년 수에즈운하가 개통되자 아시아로 연결하는 교량인 오스만제국을 둘러싼 열강들의 다툼이 극에 달한다.

　그러한 가운데 식민 제국 영국과 신흥 제국 독일이 3C 정책과 3B 정책을 내세우며 오스만제국의 지배와 분할을 놓고 격돌한다. 그것이 제1차 세계대전이다.

> 오스만제국의 쇠퇴 17세기 말

오스만제국과 유럽의
세력이 역전되기 시작

유럽은 대항해 시대 이후 경제 성장기에 돌입

오스만제국은 이집트, 메소포타미아, 헝가리 등 경제적으로 풍요로운 지역을 정복하며 성장했다. 막대한 전리품과 세금 징수로 제국의 팽창을 추동한 것이다.

그러나 16세기 말 정복 활동이 정점을 찍으면서 제국의 수입도 자연스레 감소한다. 그럼에도 궁정의 사치스러운 생활은 계속되었고, 관료 조직과 군대도 하염없이 팽창한 상태에서 재정 규모가 줄어든 제국은 이를 감당할 수 없게 되었다. 한번 비대해진 다음 빈틈이 생긴 시스템은 복구하기가 좀처럼 어려운 법이다.

16세기부터 유럽 군대의 병기가 발달한 것도 한몫해서 오스만제국의 군대는 무기 경쟁에서 시대에 뒤처지게 되었다. 제국 내부에서는 저렴한 신대륙의 은이 대량 유입되면서 인플레이션이 발생, 생활이 어려워진 관료들이 너도나도 부정부패를 저질렀고 예니체리의 반란이 끊이지 않았다.

한편 유럽은 대항해 시대(15~17세기) 이후 유입된 신대륙의 은 덕분에 경제 성장기에 들어섰고, 17세기에는 그 영향이 오스만제국의 접

경 지대인 러시아와 오스트리아에도 확산되었다. 오스만제국과 유럽 사이에 역학 관계가 역전되기 시작한 것이다.

서구식 근대화 도입과 이슬람 전통의 고수가 충돌

그런 상황에서 시대의 흐름을 읽지 못한 오스만제국은 1683년 15만 대군을 투입해 오스트리아의 수도 빈을 포위했다(제2차 빈 전투). 자국 군의 힘을 과신하고 성벽을 파괴할 거대포도 없이 원정에 나선 오스만군은 한층 견고해진 빈의 성벽을 공략하지 못한 채, 빈을 지원하러

1683년의 빈 전투, 17세기, 작가 미상

참전한 폴란드군의 협공을 받고 허무하게 패했다.

15만 군대를 동원해 총력을 기울인 빈 포위의 실패는 오스만제국과 유럽 세력의 역학 관계가 역전되었음을 전 세계에 증명한 사건이었다.

1699년 헝가리 중부에서 교황, 오스트리아, 폴란드, 베네치아로 이루어진 신성동맹과의 전투에서 대패한 오스만제국은 같은 해 카를로비츠 조약에서 헝가리를 오스트리아에, 우크라이나를 폴란드에 할양하는 등 유럽 지역의 영토를 크게 잃는다.

영국 등 해양 세력의 세계 지배와 유럽 근대국가의 발전을 목격한 오스만제국은 유럽 문명을 재인식하는 계기가 되었다. 아흐메드 3세 (재위 1703~1730년) 시대에는 이스탄불 지배층 사이에서 프랑스의 향락적인 로코코 문화가 유행했고, 한때 유럽인이 취미 생활로 즐긴 이른바 '튤립 광풍'도 휘몰아쳤다.

　또한 뒤처진 군사 기술을 보완하고자 유럽식 대포 기술을 도입했다. 이처럼 오스만제국의 전통 시스템을 존속하기 위한 방편으로 앞선 서구 문명의 도입을 모색하는 한편, 이슬람의 원점으로 돌아가자는 주장이 나날이 거세지면서 제국은 심각한 자기모순에 빠지게 된다.

> 그리스 독립전쟁 1821~1829년

그리스 독립전쟁으로
오스만제국은 붕괴 시작

발칸반도의 민족운동이 오스만제국에 큰 타격

1789년 프랑스혁명 후 유럽에 확산된 민족주의의 충격은 그리스 독립전쟁(1821~1829)으로 이어졌고, 이는 열강의 개입에 의한 오스만제국의 패배로 끝났다. 당시 그리스정교 총주교는 오스만제국이 그리스정교와 아르메니아정교, 유대교의 공존을 중시한다는 이유로 그리스 독립에 반대했다.

한편 이 전쟁을 계기로 오스만제국 내에서는 민족과 국가라는 새로운 이념에 근거한 서구식 시스템을 도입하자는 움직임이 일어나게 되었다. 동지중해 진출을 노린 러시아, 영국, 프랑스의 지원으로 발칸반도의 민족운동이 거세지면서 이 지역의 인적 자원으로 제국을 유지해온 오스만제국은 큰 타격을 입었다.

이후 유럽 열강은 오스만제국 내 민족주의 운동을 지지함으로써 제국의 붕괴는 정해진 수순이었다.

붕아한 체제 속에서 마무드 2세(재위 1808~1839년)는 1826년 제국을 지탱해온 예니체리 군단을 폐지하는 등 지배 보수층을 제거하기로 결심한다. 그는 행정 개혁, 우편 제도 도입, 초등 교육 의무화 등 제국의

자유의 깃발에 축복을 내리는 그리스 파트라스의 수석 주교 게르마노스 3세, 1865년, 테오도로스 브리자키스, 아테네 내셔널 갤러리

구조 개혁을 추진했다.

   1839년 마무드 2세는 '모든 신민은 법 아래 평등하다'라는 이념을 내세운다. 탄지마트(은혜 개혁)라는 대대적인 서구화 개혁으로 법 앞의

평등, 재판과 과세의 공정성 보장, 근대국가 건설 등을 실현해 서구식 근대국가의 재건에 나서겠다고 천명한 것이다.

그러나 이 근대화 방법은 이슬람교도와 비이슬람교도의 공존 시스템을 무너뜨리는 결과를 초래했다. 많은 이슬람교도가 마무드 2세를 이교도라 부르며 반발했기 때문에 지방까지 완벽하게 개혁한다는 것은 불가능한 일이었다.

오스만제국의 시장이 서구 열강에 무방비 상태로 개방

산업혁명 이후 유럽은 강력한 경제력을 앞세워 오스만제국의 경제적 침탈에 나섰다. 영국은 1838년 영국·오스만제국 통상조약을 체결하고 제국 전역에서 통상 및 수송의 자유를 얻는다. 이후 오스만제국의 시장이 서구 열강에 무방비 상태로 개방된다.

영토 상실, 전쟁으로 인한 군사비 증가, 관료의 부패, 궁정의 사치, 근대화에 드는 비용 때문에 재정이 악화된 오스만제국은 1854년 크림 전쟁에 드는 비용을 충당하기 위해 외채를 발행하는 등 유럽 여러 나라로부터 계속해서 돈을 빌렸다.

그 결과 1875년 이후로는 외채 이자를 갚지 못하게 되었고, 1881년부터 채권국 대표로 구성된 오스만채무관리국(영국, 프랑스, 독일을 비롯한 6개 채권국과 오스만 은행 대표가 소금·담배 독점세, 인지세, 주세, 생사세(生絲稅) 등의 징수권을 소유하고 관리했음)이 국가 재정을 감독하게 되었다. 1911년에는 제국 수입의 3분의 1을 관리국에 지불할 만큼 재정 파탄 상태에 빠지게 된다.

> 오스만제국의 분할 19세기

유럽과 러시아의 대립으로 분할되는 오스만제국

동방문제의 기본 구도는 러시아 VS 서구 열강

쇠퇴한 오스만제국의 영토에 유럽 열강이 진출하면서 발생한 19세기 일련의 분쟁을 '동방문제'라고 한다.

흑해를 장악한 러시아는 지중해 진출을 위해 오스만제국령 보스포루스 해협·다르다넬스 해협의 지배와 발칸반도에 사는 슬라브계 민족의 자립을 목표로 한다. 그러자 슬라브인 비중이 높은 오스트리아와 러시아의 동지중해 지배를 두려워한 영국은 러시아와 대립 관계를 형성했다.

1831년 이집트군이 오스만제국을 공격하자 러시아는 오스만제국을 도와주는 대신 두 해협의 독점 항행권을 얻는다. 그러나 유럽 열강은 제2차 이집트 사건 후 두 해협의 중립화, 군함 통과 금지를 내세우며 러시아의 남하를 막았다.

1850년대 초, 러시아는 팔레스타인 성지 관리권을 둘러싸고 가톨릭과 그리스정교가 갈등을 빚자 이를 구실로 영국과 프랑스의 지원을 받은 오스만제국과 전쟁을 벌인다. 이것이 크림전쟁(1853~1856년)이다. 러시아 흑해 함대의 본거지인 크림반도에서 벌어진 이 전쟁은

오스만제국을 뒤흔든 그리스 독립전쟁

발칸반도에서 슬라브 민족운동이 점점 거세짐.

러시아 · 영국 · 프랑스가 그리스 독립운동을 지원했다.

그리스 독립전쟁 (1821~1829년)

오스만제국
오스만제국의 지배층이 서구화되기 시작함.(탄지마트)

이집트의 자립

- 탄지마트를 시행한 오스만제국의 술탄 압둘 마지드
- 그리스 독립전쟁
- 오스만제국의 지배를 받던 그리스가 민족주의에 눈을 뜬 후 러시아와 영국의 도움을 받아 독립을 위해 벌인 전쟁이다.

탄지마트
오스만제국의 술탄 압둘 마지드가 1839년에 시행한 근대식 대개혁이다. 종교적이고 보수적인 제도를 철폐하고, 개인의 재산과 인권을 보장하고 기독교도들에 대한 동등권을 부여했으나 국내 보수 세력들의 반발이 컸다. 그러나 탄지마트는 오스만제국의 근대화에 기폭제가 되었다.

러시아군의 패배로 끝났다. 러시아는 베사라비아 남부, 도나우강 하구 지역 등을 오스만제국에 반환했고 흑해에 함대를 정박할 수 없게 되었다.

러시아가 오스만제국을 굴복시키고 흑해와 발칸반도 장악

범슬라브주의는 슬라브 민족의 통일과 연합을 목표로 동유럽, 러시아에서 추진한 운동이다. 1867년 모스크바에서 범슬라브회의가 개최되었고, 1875년부터 이듬해까지 발칸반도 전역에서 슬라브인이 봉기했다.

1877년 러시아는 슬라브인의 지원으로 오스만제국에 전쟁을 선포한 다음 이스탄불을 향해 공격을 개시했다. 이 전쟁이 러시아·투르크전쟁(1877~1878년)이다. 이 전쟁에서 오스만제국을 굴복시킨 러시아는 남쪽 흑해 연안의 영토를 확보하고 루마니아 등 발칸반도의 슬

러시아·투르크전쟁에서 항복하는 투르크인, 1883년, 니콜라이 드미트리예프-오렌부르그스키, 상트페테르부르크 포병박물관

라브 국가들을 독립시키는 데 성공했다.

 그러나 러시아가 발칸반도에서 절대적 우위에 있는 것에 영국과 오스트리아가 격렬하게 항의했고, 독일제국의 재상인 비스마르크의 주재로 베를린회의(1878년)가 열린다.

 체결된 조약에서 오스만제국의 영토 할양은 관계국이 공동으로 진행해야 하며 한 국가가 독점할 수 없다는 원칙이 확인되었다. 또한 세르비아, 몬테네그로, 루마니아의 독립, 불가리아의 자치가 인정되었고, 보스니아 헤르체고비나의 행정권이 오스트리아에 이양되었다. 오스만제국은 유럽 지역의 영토를 대부분 잃은 것이다.

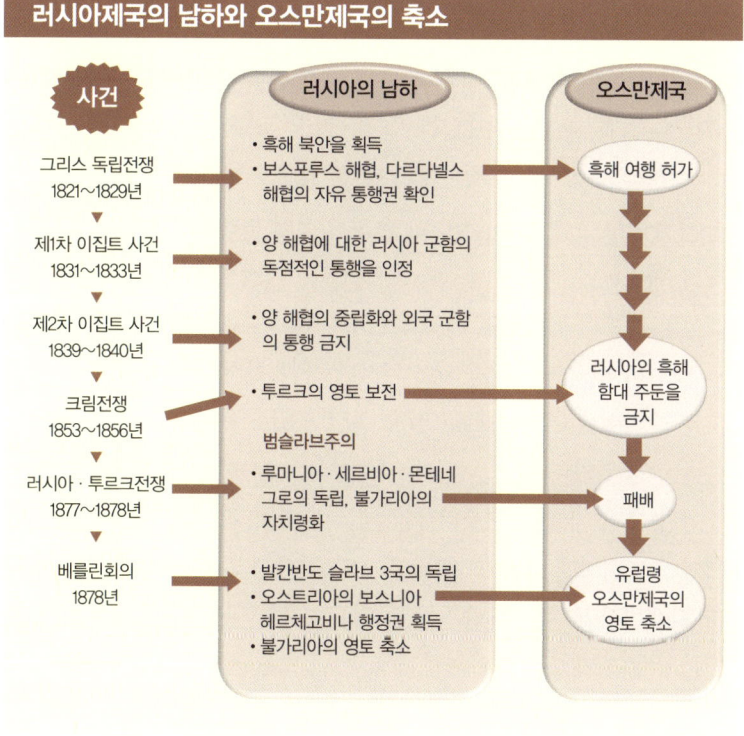

> 수에즈운하 건설 1854~1869년

프랑스가 건설한 수에즈운하, 이집트가 영국에 헐값 매각

프랑스가 건설한 수에즈운하 운영권은 영국이 소유

　세계 정세에 어두운 이집트 무함마드 알리의 후계자들은 근대화에 실패했을 뿐만 아니라, 내정 전반에 걸쳐 유럽 국가들의 간섭을 받게 되는 등 혼란 상태로 내몰렸다.

　이집트 총독은 부국강병을 지향하며 목화를 비롯한 상품 작물의 생산을 늘리고 관개 설비, 철도와 운하 건설에 막대한 자금을 투입했다. 특히 이스마일 총독(재위 1863~1879년)은 이집트가 유럽의 일부라고 표현할 정도로 극단적인 서구화주의자였다. 그는 목화 재배를 중심으로 열심히 서구화 노선을 추진하지만 목화 가격은 국제 경제의 변동으로 불안정했고, 이집트는 점차 유럽 공업에 단순히 원료를 공급하는 나라가 되었다.

　어쩔 수 없이 1862년부터 외채에 의존하게 된 이집트는 눈 깜짝할 사이에 빚더미에 올랐다. 14년 후 1876년에는 25억 프랑의 차관 이자가 발생해서 영국과 프랑스를 중심으로 하는 이집트채무위원회가 이집트의 국가 재무를 관리하게 되었다.

　은퇴한 프랑스 외교관 레셉스는 1854년 이집트 총독에게 수에즈운

1869년의 수에즈운하

하 개설 특허권을 얻어냈다. 이에 의거해 국제수에즈운하회사가 설립되었고, 자본금 40만 주 중 17만 7,000주는 이집트 측이, 나머지는 프랑스의 투자가 소유했다.

10년에 걸친 운하 건설은 무려 12만 명의 이집트 농민이 희생될 만큼 힘든 난공사였다. 비용이 예상보다 두 배 이상 들기는 했지만, 1869년 총길이 161킬로미터, 폭 80미터의 수에즈운하가 완공되었다.

수에즈운하가 개통되자 유럽에서 아시아로 가는 항해가 아프리카 남단의 희망봉을 거쳐 갈 때보다 3분의 2로 단축되어 아시아로 진출하려는 유럽 국가들의 필수 코스가 되었다. 그러나 개통 직후에는 이용하는 배가 적어서 회사가 파산 상태에 직면했고, 더불어 이집트 정부도 심각한 재정 위기를 겪었다.

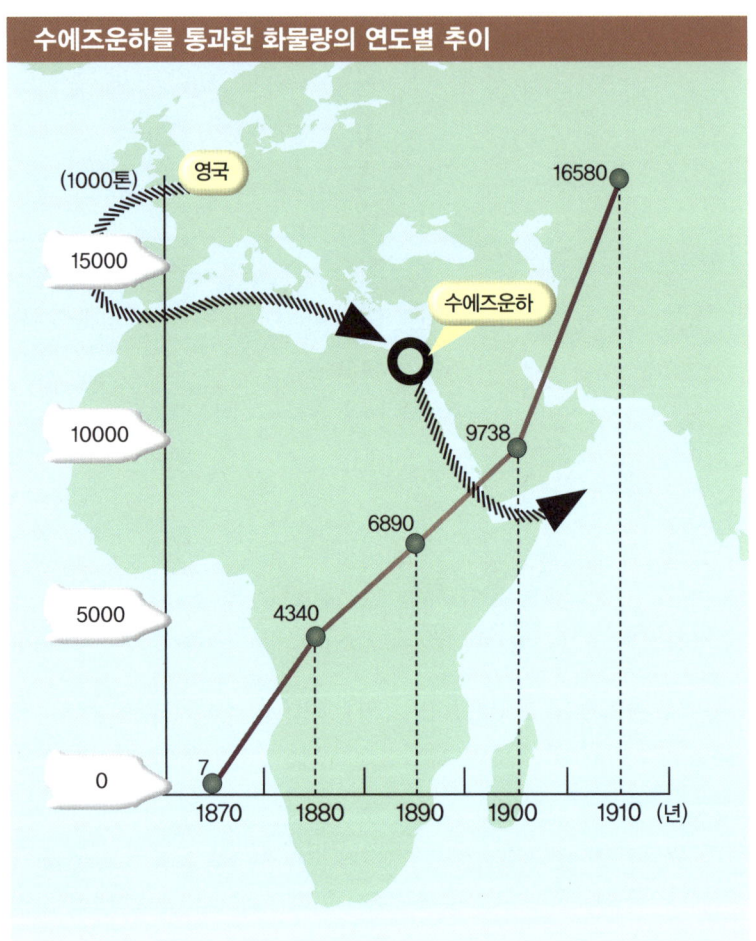

영국은 운하 지대의 이권과 안전 확보에 총력

진퇴양난에 빠진 이스마일 총독은 1875년 약 400만 파운드를 받고 영국 정부에 국제수에즈운하회사의 주식을 매각했다. 수에즈운하의 관리권은 영국으로 넘어갔고, 운하는 영국과 인도를 잇는 해상 교역의 요충지가 되었다. 그 후 영국은 모든 수단을 동원해서 운하 지대의 이권과 안전 확보에 총력을 기울였다.

불안정한 통치와 외세의 재정 지배로 이집트 민중의 불만이 극에 달한 상황에서 우라비 파샤 대령이 이끄는 민족운동이 일어났다. 그는 입헌제, 의회 개설, 외국의 내정 간섭 거부를 주장하는 국민당을 결성해 1882년 정권을 장악하는 데 성공했다.

그러자 영국은 총독을 지원해 질서를 회복한다는 구실로 군대와 함대를 출병해서 이집트 전역을 점령하고 민족운동을 진압했다(1882년). 이후 영국은 1954년까지 70년 이상 이집트에 머물렀다.

> 영국과 페르시아만 1622년~

'바다의 지배자' 영국이 페르시아만의 상권을 장악

영국은 페르시아만 연안 국가들을 식민 지배

1622년 영국은 페르시아만 교역의 중심 호르무즈섬을 포르투갈로부터 빼앗고, 교역이 활발해진 18세기 말 오스만제국 바스라에 있던 상관(商館)과 정무관 사무소를 페르시아만 연안의 쿠웨이트로 옮겼다.

18세기의 페르시아만 지역은 해적 해안으로 유명해서 지금의 아랍에미리트에 속한 라스알하이마(페르시아만 입구에 있는 반도 끝)항 등을 거점으로 해적선이 자주 출몰해 약탈을 하는 등 활개를 쳤다. 그리고 19세기 초 영국은 외국의 간섭과 침략에서 보호해주는 대신 영국 이외의 나라와 외교 관계를 맺지 않고 영토 및 특권을 내주지 않는다는 조약을 연안국들(바레인, 카타르, 오만, 쿠웨이트)과 체결했다. 이것은 독일의 페르시아만 진출을 저지하려는 조치였다.

1970년 이후 영국으로부터 독립한 페르시아만 연안국

1970년 이후 영국으로부터 독립한 페르시아만 연안국은 대부분 석유 수출에 의존하는 부유한 나라이다.

1959년 아라비아반도 동안 아부다비에서 거대 유전이 발견되었

페르시아만을 둘러싼 중동 국가들

페르시아만

아라비아만으로도 흔히 불리며, 아라비아반도의 북동쪽과 이란 사이에 들어선 큰 만이다. 호르무즈 해협을 통해 오만만과 아라비아해로 이어지는데 해저 유전 탐사 개발이 활발한 지역이다. 페르시아만을 중심으로 이란과 이라크·쿠웨이트·사우디아라비아·바레인·카타르 및 아랍에미리트연방국이 자리 잡고 있으며, 만에 있는 여러 섬의 영유권을 둘러싸고 이란과 아랍 국가들 사이에 분쟁이 끊이지 않을 만큼 국제적인 분쟁 지역 중 하나이다.

고, 석유 파동 이래 대량의 오일머니가 들어와 경제적 풍요를 누렸다. 1971년 영국이 철수한 후 연안 6개국의 수장이 연방을 결성했고, 1972년 라스알하이마가 추가되어 7개 수장국(아부다비, 두바이, 샤르자, 아지만, 움알쿠와인, 라스알하이마, 푸자이라)으로 이루어진 아랍에미리트연방이 결성되었다. 그중 중계무역항 두바이는 중동의 금융 중심지가 되었다.

아라비아반도에서 페르시아만 쪽으로 튀어나온 카타르반도는 1916년 지금의 아랍에미리트 등과 함께 영국의 보호령이 되었으나 1971년 영국이 철수하면서 카타르로 독립했다. 수도는 축구 도하의 기적으로 유명한 항구 마을 도하이다. 24시간 내내 아랍어로 방송되는 위성 방송국 알 자지라(섬을 의미)는 카타르 정부가 서구 미디어를 모방해서 만든 방송국이며 중동의 CNN으로 평가받고 있다.

페르시아만 내에 있는 바레인 군도는 18세기 말 이란의 지배에서 벗어나 수장국(首長國) 바레인을 수립했다. 1861년 영국의 보호령이 되었으나 1930년대에 석유가 발견되면서 국제적인 주목을 받아 1971년 독립했다. 또한 시아파가 다수를 점하고 있으며, 1979년 이란혁명(중동 민족운동의 양상을 뒤바꾼 획기적 사건이었으며 경제적으로는 제2차 석유 파동을 불러왔다) 이후 정세 불안이 계속되고 있다.

북부 지역이 페르시아만과 아라비아해를 잇는 요충지인 오만도 19세기에는 사실상 영국의 식민지였다. 수도 무스카트에 거점을 둔 술탄과 내륙부·남부 세력의 전투가 이어졌으나, 1967년 이후 석유가 개발되면서 정치적으로 안정되고 중동 지역의 중재자 역할을 자임하고 있다.

> 이란의 왕정 붕괴 19세기

사파비 왕정의 붕괴로
영국과 러시아가 본격 침탈

유럽 열강이 경제적 침탈을 목적으로 이란에 진출

　이란의 사파비 왕조는 페르시아어와 시아파 신앙을 중심으로 민족국가를 형성했으나 1722년 이웃 나라 아프가니스탄에 침략당한 후 금세 멸망했다. 이후 혼란기를 겪다가 1796년 카자르 왕조가 성립했다. 그러나 이란 분할 협정을 맺은 러시아와 오스만제국이 진출하면서 카자르 왕조는 또다시 붕괴의 위기에 빠진다.

　19세기에는 러시아와 두 번에 걸친 전쟁을 치르며 더욱 심각한 위기에 직면했다. 특히 러시아와의 2차 전쟁에서 패배한 뒤 체결한 투르크만차이 조약으로 러시아에 영토 할양, 치외법권, 관세 자주권 포기 등을 인정했는데, 이는 유럽 열강이 경제적 침탈을 목적으로 이란에 진출하는 계기가 되었다.

　유럽에 대한 경제적 종속과 서구 문화 유입은 이란의 전통 가치를 흔들었고 민중의 불만은 점점 고조되었다. 그러한 불안한 정세 속에서 사이에드 알리 무함마드라는 청년이 자신이 자취를 감춘 12대 이맘과 교신하는 바브(문)라고 주장하며 시아파 신앙을 이용해 민중 조직을 만들었다(바브교).

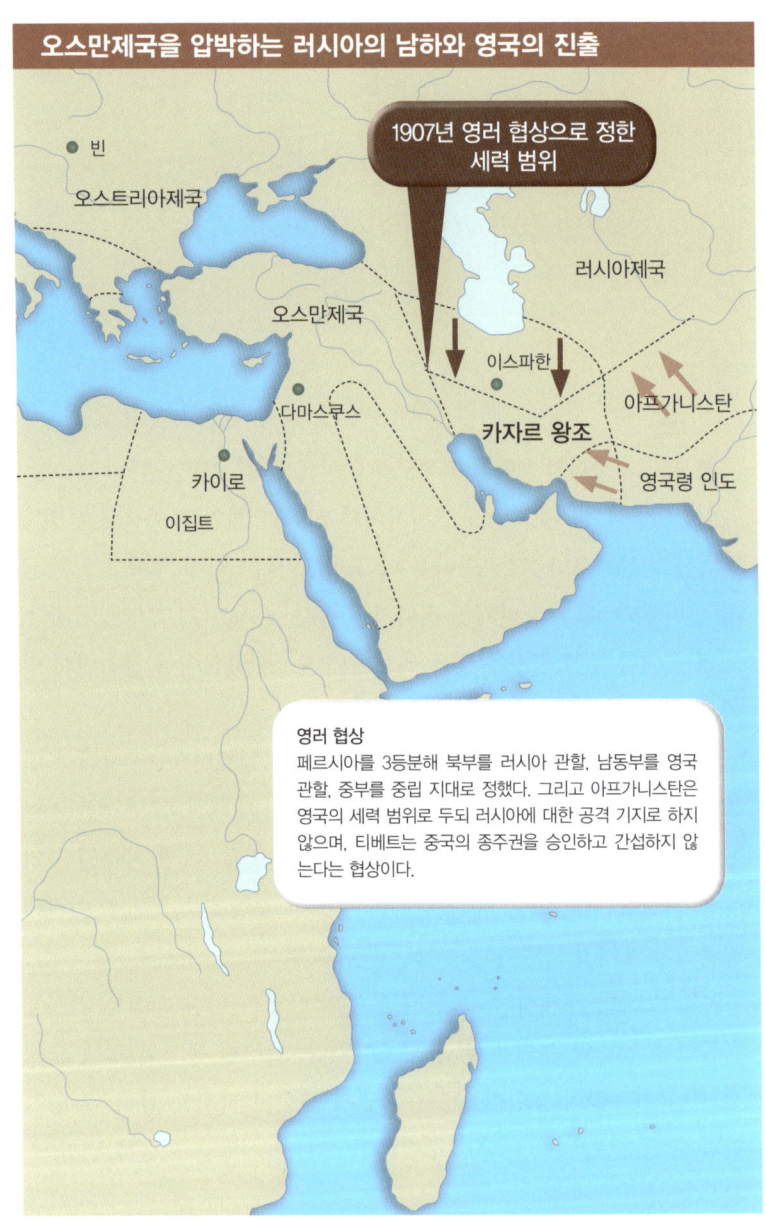

그는 부패한 이슬람교를 비난하며 시아파의 개혁, 부의 분배를 호소했고 민중은 그를 구세주(마흐디)로 받들며 열렬히 지지했다. 전국적으로 확산되는 바브교에 위기의식을 느낀 정부는 그들을 가차 없이 탄압했고, 교주인 사이에드 알리 무함마드는 1850년 타브리브에서 처형되었다.

담배 불매운동으로 이란의 재정권은 영국이 장악

19세기 말 유럽 국가들이 군사, 경제적으로 더욱 압력을 가하자 왕은 광산 개발과 도로, 공장 건설의 이권을 유럽 세계에 넘기며 위기를 모면하려고 했다.

1890년 왕이 영국 회사에 50년간 물담배용 담배의 전매권을 넘기자, 시아파 최고 지도자들은 외국이 전매한 담배를 피우는 것은 이슬람 교리에 위배된다는 견해를 밝히며 반발했다. 이에 민중이 가세해서 대규모 반대 운동이 일어났다.

그러자 왕은 9개월 후 영국 담배회사에 넘긴 이권을 회수했다. 이것이 담배 불매운동이다. 그러나 담배 이권을 회수하는 과정에서 다시 외국에 거액의 빚을 지는 바람에 이란의 재정권은 영국의 손에 들어가게 되었다.

외국의 지속적인 위협과 왕조의 부패가 계속되자 1905년 상인과 시아파 지도자를 중심으로 한 민중이 불만을 터뜨리며 헌법 제정과 의회 개설을 요구했다. 이로써 1906년 국민의회가 개설되고, 헌법에 상응하는 기본법이 채택된다(이란 입헌혁명).

하지만 이 같은 움직임을 원치 않았던 러시아가 개입해서 가까스로 세운 신체제를 무너뜨렸다. 영국과 러시아는 반신불수 상태의 이란을 원했던 것이다.

> 3B 정책과 3C 정책 19세기 말

영국에 대항하기 위해
독일은 오스만제국에 접근

독일은 철도를 건설해서 페르시아만으로 진출 시도

1888년 29세의 나이에 독일제국 황제가 된 빌헬름 2세는 기적이라 불린 독일 경제의 고속 성장을 발판으로 세계의 패권자 영국에 도전장을 내밀었다. 영국을 능가하는 거대 함대를 건설하기 시작해 두 나라의 치열한 함대 건조 경쟁에 불을 붙인 것이다.

그러나 아시아로 가는 해상 수송로는 수에즈운하를 비롯해 모두 영국의 손안에 있었다. 독일이 영국의 벽을 돌파하려면 철도를 건설해서 페르시아만으로 진출하는 수밖에 없었다. 오스만제국 영내에서 페르시아만으로 연결되는 철도를 만들면 독일 제품 수출, 군대 수송, 이라크 모술 부근에 매장된 석유 개발에도 유리한 고지를 점할 수 있었다.

이미 베를린-이스탄불 간 철도는 만들어져 있었다. 그래서 건설 비용과 기술을 모두 자국에서 부담하는 조건으로 오스만제국에 허가를 받아 아나톨리아-바그다드 철도 건설에 착공했다.

1899년에는 페르시아만 연안의 바스라까지 연결되는 연장 공사에 착수했다.

빌헬름 2세의 초상화, 1908년, 필립 드 나슬로, 프라이빗 컬렉션

1881년 50억 프랑의 채무를 갚지 못해 영국과 프랑스를 중심으로 구성된 오스만채무관리국에 재정을 넘긴 술탄에게 철도 공사는 전혀 예상치 못한 독일의 제안이었다.

이스탄불에서 출발해서 페르시아만 연안에 이르는 320킬로미터의 철도는 제1차 세계대전이 발발하기까지 약 60퍼센트가 개통되었다. 오스만제국은 철도 건설과 운영을 빌미로 더욱 독일에 종속되었고, 나중에는 투르크군의 군사 훈련까지 독일군에 위임했다.

베를린, 비잔티움(이스탄불), 바그다드를 철도로 연결하는 독일의 3B 정책은 케이프타운, 카이로, 캘커타(현 콜카타)를 잇는 영국의 3C 정책

독일의 3B 정책과 영국의 3C 정책이 충돌

- 베를린
- 비잔티움 (이스탄불)
- 바그다드
- 바스라
- 쿠웨이트
- 페르시아만
- 카이로
- 홍해
- 인도양 (영국 세력권)
- 캘커타
- 케이프타운

독일의 3B 정책

영국이 러시아의 범슬라브주의를 지원

영국이 독일의 바스라 진출을 억제

영국의 3C 정책

독일의 3B 정책
독일 제국주의 근동 정책의 하나로 베를린·비잔티움·바그다드를 연결하는 철도 부설과 그 주변의 이권 개발을 목표로 한 정책이었다. 주요 지점인 베를린·비잔티움·바그다드의 머리글자가 모두 B이기에 3B 정책이라 불렀는데, 러시아의 남하 정책과 충돌해 제1차 세계대전의 근본 원인이 된다.

영국의 3C 정책
영국 제국주의 식민지 확대 정책의 하나로 남아프리카의 케이프타운, 이집트의 카이로, 인도의 캘커타를 연결하는 정책이었다. 그런데 이 세 지역의 머리글자가 모두 C이기에 3C 정책이라고 불렀다. 러시아의 남하 정책, 독일의 3B 정책과 충돌하면서 제1차 세계대전의 원인이 된다.

과 정면으로 대립각을 세우는 바람에 제1차 세계대전으로 이어진다. 이로써 중동도 제국주의의 치열한 식민지 전쟁에 휘말리게 된다.

영국은 독일의 페르시아만 진출을 봉쇄

세계지도에서 페르시아만 연안을 찾아보면 이란과 쿠웨이트 사이에 이라크가 지배하는 매우 좁은 해안이 있는 것을 알 수 있다. 독일이 철도 건설로 페르시아만 진출을 노리던 시기, 이라크와 쿠웨이트는 모두 오스만제국의 일부였다. 18세기 초 이민자가 건설한 쿠웨이트항은 한때 바그다드철도의 종점으로 검토되기도 했다.

그러나 영국은 독일의 페르시아만 진출을 저지하고 견제할 목적으로, 영국 이외의 국가에 영토를 넘기지 않으며, 영국 정부의 허가 없이는 외국 대표를 만나지 않는다는 보호조약을 쿠웨이트를 비롯한 페르시아만 연안의 수장들과 맺었다.

제1차 세계대전 후 독일의 몰락과 함께 쿠웨이트는 전략적 가치를 잃었으나, 1938년 대규모의 부르간 유전(현재 원유 매장량 세계 2위로 추정 매장량은 590억 배럴이며, 하루 산출량은 100만 배럴에 달하고 원유가 지표로 분출된다)이 발견되면서 다시 영국의 지배가 이어졌다. 쿠웨이트는 1961년이 되어서야 겨우 독립을 이룰 수 있었다.

중동의 석유 시대 19세기 후반

오스만제국 붕괴를 재촉한 강대국의 석유 쟁탈전

20세기 들어 중동에서 대규모 유전이 잇달아 발견

석유는 1850년경부터 석탄을 대체할 새로운 에너지원으로 주목받았다. 20세기 들어 중동에서 대규모 유전이 잇달아 발견되자 서구 열강은 석유 이권을 차지하기 위해 격렬하게 대립했으며, 이는 오스만제국의 붕괴를 앞당기는 요인이 되었다. 1901년 영국인 기사가 이란의 카자르 왕조로부터 약 130만 제곱킬로미터에 달하는 지역에서 60년간 석유를 채굴할 수 있는 권리를 따낸다. 7년 후 이란 남서부 마스지드 술레이만에서 세계 최대의 유전이 발견되자 영국은 앵글로-페르시아석유회사(훗날 앵글로-이라니언석유회사, 브리티시페트롤리엄으로 개칭)를 세워 국가적인 지원을 아끼지 않았다. 당시 해군 함정의 연료를 석탄에서 석유로 대체하려던 영국은 이란 석유의 채굴권을 확보해 앵글로-페르시아석유회사의 주식 51%를 소유하게 되었다.

한편 오스만제국으로부터 바그다드철도 부설권을 얻은 독일은 철도 인근 지역의 석유 채굴권을 손에 넣고 독일은행에서 자금을 제공받아, 마침 대량의 석유가 매장된 것으로 확인된 이라크에서 석유 개발을 추진했다. 그러한 움직임 속에서 1908년 열강의 과잉 대립을 해소

중동의 석유 이권을 노린 적선협정 지역

1928년, 중동 지도에 빨간색 펜으로 선을 그어 구오스만제국 영내에서 이라크석유회사(영국·프랑스 자본) 주주의 단독 행동을 금지하는 적선협정이 체결되었다. 이 협정은 결국 미국의 석유 자본이 합법적으로 중동에 진출하는 실마리가 되었다.

할 목적으로 튀르키예석유회사가 설립되었다.

세계대전 종전 후 중동의 석유 이권에 미국이 가세

독일은행이 이라크에서 앵글로-페르시아석유회사를 배제하려 하자 영국은 1914년 튀르키예석유회사의 주식 절반을 영국계 회사인 앵글로-페르시아석유회사가, 나머지는 독일은행과 로열더치셸이 각각 25퍼센트씩 보유한다는 내용의 타협안을 성사시켰다. 그러나 얼마 후 제1차 세계대전이 발발한다.

제1차 세계대전이 독일의 패전으로 끝나자 영국은 독일은행이 갖고 있던 튀르키예석유회사의 주식 지분을 프랑스에 인계하기로 결정한 후, 이를 세계대전 이전의 석유 이권을 계승한 것이라고 주장한다. 영국과 프랑스는 비밀 협정을 맺고 중동의 석유 개발에서 미국을 비롯한 여러 강대국을 배제하기로 결정했다.

그러자 중동의 석유 채굴에 뒤늦게 뛰어든 미국은 대전 이전에 확보한 열강의 석유 권리가 무효라고 주장하며 뉴저지의 스탠더드오일을 중심으로 신디케이트(독점 판매 조직)를 결성했고, 1928년 드디어 튀르키예석유회사(이듬해에 이라크석유회사로 개칭)에 참여하는 데 성공한다.

같은 해 미국의 석유회사는 유전 개발 우선권을 갖고 있던 사우디아라비아에서 유전 개발에 성공한다. 미국이 페르시아만 연안과 아라비아반도에서 우위를 점하게 된 것이다. 현재 세계에서 가장 큰 유전은 사우디아라비아에 있는 가와르(남북 280킬로미터, 동서 약 50킬로미터 규모이며, 제2위 유전의 두 배가 넘는 산유량을 자랑한다) 유전이다.

가와르 유전, 사우디아라비아 국영 석유회사 제공

청년투르크혁명 1908년

오스만제국을 붕괴시킨 청년투르크의 군사혁명

입헌군주제를 내세우는 미드하트 파샤의 헌법 공포

오스만제국의 대재상 미드하트 파샤는 서구화와 이슬람 원리주의 사이에서 고뇌하는 자국이 부흥하려면 서구 시스템을 도입할 수밖에 없다고 생각했다. 그는 입헌제 중심의 초안을 작성해서 1876년 헌법을 공포했다(미드하트 헌법). 이 헌법은 언론·출판·집회·신앙의 자유, 주거·재산 불가침, 평등한 관리 채용 기회, 상원·하원으로 구성된 의회 개설, 책임내각제 등의 내용이 주를 이루었다.

유럽 열강의 군사, 정치, 경제적 압력을 어떻게든 완화하려던 술탄 압둘 하미드 2세는 서구 국가들의 지원을 기대하며 입헌군주제를 내세우는 미드하트 파샤의 헌법 공포에 찬성한다.

그러나 실제로 개혁이 일어나 술탄의 권한이 실효성을 잃게 되자, 1877년 술탄은 미드하트 파샤를 파면하고 외국으로 추방한다. 훗날 미드하트 파샤는 아라비아반도의 교도소에서 처형되었다. 1877년 러시아·투르크전쟁 발발과 함께 헌법이 정지되면서 입헌정치는 겨우 1년 만에 좌절된다.

러시아·투르크전쟁 후 베를린회의에 의해 유럽의 영토를 대부분

베를린회의, 1881년, 안톤 폰 베르너, 베를린 붉은 시청사

잃고 재무도 유럽 국가에 장악된 오스만제국은 과감하게 이슬람 체제를 강화하거나 서구화하는 방법밖에 없었다. 어설픈 개혁으로는 사태가 더욱 악화될 뿐이었다.

그러한 가운데 서구의 군사 시스템을 배우던 사관학교의 청년들을 중심으로 1889년 통일진보위원회가 결성되었다. 바로 정치결사대 청년투르크당의 모체이다. 이들은 폐지된 미드하트 헌법을 부활시키는 일에 오스만제국의 미래를 걸었다.

범투르크주의 주장한 청년투르크혁명의 거대한 구상

청년투르크당은 1908년 군인 엔베르 파샤의 지도로 오스만제국령인 그리스의 테살로니카(영어로 살로니카)에서 청년투르크혁명을 일으키고, 술탄에게 미드하트 헌법의 부활을 요구했다. 술탄은 1909년 의회를 해산하고 혁명을 진압하려 했으나 실패하고 직위에서 해제된다.

1913년 군사혁명으로 정권을 장악한 청년투르크당은 엔베르 파샤 외 3명을 주축으로 군사 독재 정치를 시작한다. 엔베르 파샤는 투르

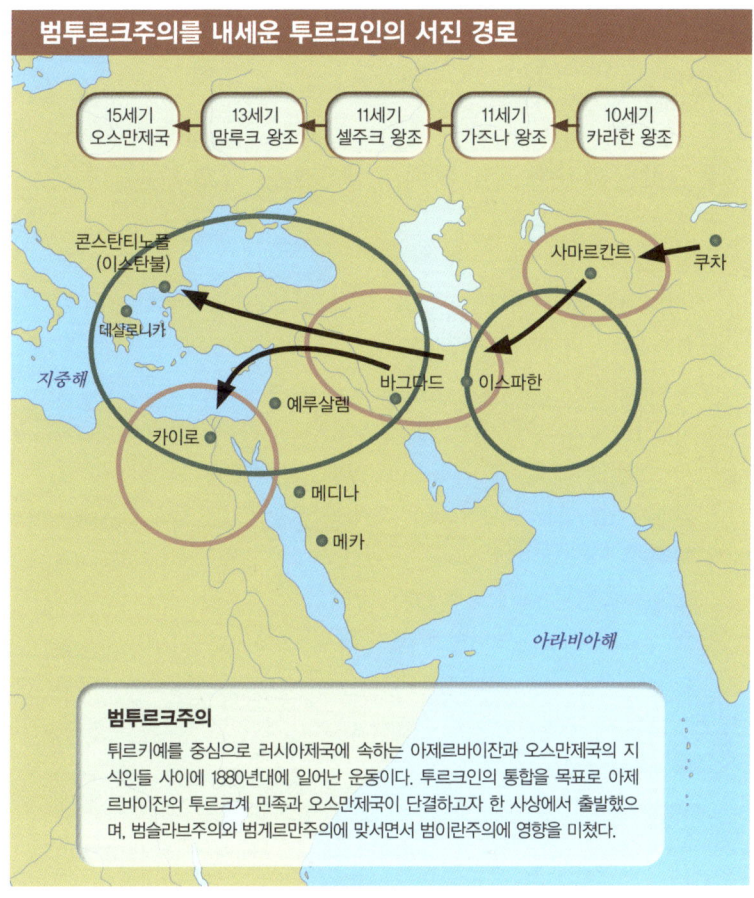

크인 전체를 규합할 범투르크주의라는 무모한 민족주의로 투르크인의 재건을 꾀했다. 이슬람제국으로서의 오스만제국이 해체되는 것은 어쩔 수 없더라도 투르크인이 서쪽으로 이동하기 전 본거지로 삼았던 중앙아시아 일대의 투르크인 국가는 반드시 재건하겠다는 의지였다.

즉 동서 투르키스탄에서 러시아를 몰아내고 타림 분지까지 제국의 영역을 확장한다는 구상이었다.

8장 유럽 근대화와 오스만제국 몰락 — 299

칼럼

요르단과 모로코의 왕족이 무함마드 직계 자손들?

이슬람교를 창시한 무함마드의 아들 중 자손을 남긴 이는 제4대 칼리파 알리와 결혼한 막내딸 파티마뿐이었다. 아들들은 모두 어릴 때 죽고 다른 딸도 아들을 남기지 못했다.

아버지 쪽의 계보를 중시하는 이슬람에서는 사실 파티마의 두 아들 하산과 후세인은 알리의 가계에 속하는 것이 맞지만 사촌지간인 알리는 무함마드와 형제처럼 자랐기 때문에 둘은 예외적으로 무함마드의 아들로 간주된다. 알리와 파티마 사이에서 태어난 자손은 현재 수천 명에 달하며 샤리프(고귀하다는 뜻)라는 칭호를 붙여 특별하게 대우한다.

제1차 세계대전 중에 영국은 그 점을 이용해서 오스만제국의 메카 지방 장관으로 일하던 무함마드의 집안, 즉 하심 가문의 병약한 당주와 두 아들을 지도자로 추대했다. 아랍인을 규합하고 배후에서 오스만제국을 공격하는 데 이용한 것이다.

전후 영국은 간접 지배를 꾀하며 두 형제를 이라크와 트란스요르단 왕위에 올렸다. 호족 사우드 가문은 아라비아반도(헤자즈 지방)의 하심 가문을 몰아낸 후 사우디아라비아 왕국을 세웠고, 이라크 왕도 제2차 세계대전 후 추방당했다. 결국 남은 인물은 요르단 왕뿐이다. 현재의 국왕 압둘라 2세는 무함마드의 40대손으로 알려진다. 모로코 국왕 무함마드 6세도 무함마드의 자손이라고 한다.

시아파 이란에서는 검은 터번이 무함마드의 자손임을 나타낸다. 하타미 전 대통령도 늘 검은색 터번을 착용해서 무함마드의 자손임을 드러냈다.

9장

유럽 근대화와 오스만제국 몰락

제1차 세계대전 이후 중동의 골격이 형성

영국과 프랑스의 주도로 중동의 원형이 탄생

처참했던 제1차 세계대전은 독일과 독일 측에 선 오스만제국의 패배로 끝났다. 러시아에서는 러시아혁명이 일어나 사회주의 정권이 수립되었다.

대전 후 오스만제국은 한때 아나톨리아의 영토까지 분할되어 서구 열강의 공동 식민지가 될 위기에 처했으나 케말 파샤(훗날 케말 아타튀르크)가 주도한 민족운동으로 주권과 영토를 회복했다.

영국과 프랑스는 대전 중에 맺은 조약에 따라 광활한 아랍인 거주지에 국경선을 그어 프랑스는 시리아와 레바논, 영국은 트란스요르단, 팔레스타인, 이라크를 지배했다. 그것이 현재 아랍 국가들의 경계를 나누는 국경선이 되었다. 특히 석유가 산출되는 중동의 노른자위를 지배한 영국은 인공 경계선을 긋고 이라크를 만들어 식민 통치를 하는 동안 쿠르드인의 독립은 인정하지 않았다.

영국이 유대인의 국가 건설과 대량 이주를 허용

그뿐만 아니라 제1차 세계대전 중에 아랍 세계의 명문가 하심 가문

대통령 재임 시절의 케말 아타튀르크, 1932년. 튀르키예의 '조지 워싱턴'으로 불릴 만큼 신망이 두텁다.

과 결탁해서 아랍인을 오스만제국과의 전쟁에 동원하려 했다. 이를 위해 하심 가문의 두 형제를 트란스요르단과 이라크의 국왕 자리에 앉혀 아랍인을 간접 지배했다.

한편 대전 당시 팔레스타인에 아랍인 국가 건국을 약속했던 영국은 이를 어긴 채, 이 지역에 유대인의 민족적 고향 건설과 대량 이주를 허용했다. 유대인 금융 자본가 로스차일드의 협력을 얻기 위해서였다.

이것이 현재 진행 중인 팔레스타인 분쟁의 불씨가 된다. 불모지로 취급된 아라비아반도는 원래 하심 가문이 지배하고 있었으나, 이슬람 원리주의 운동과 연결된 사우드 가문이 등장해서 그들을 몰아내고 사우디아라비아 왕국을 세웠다.

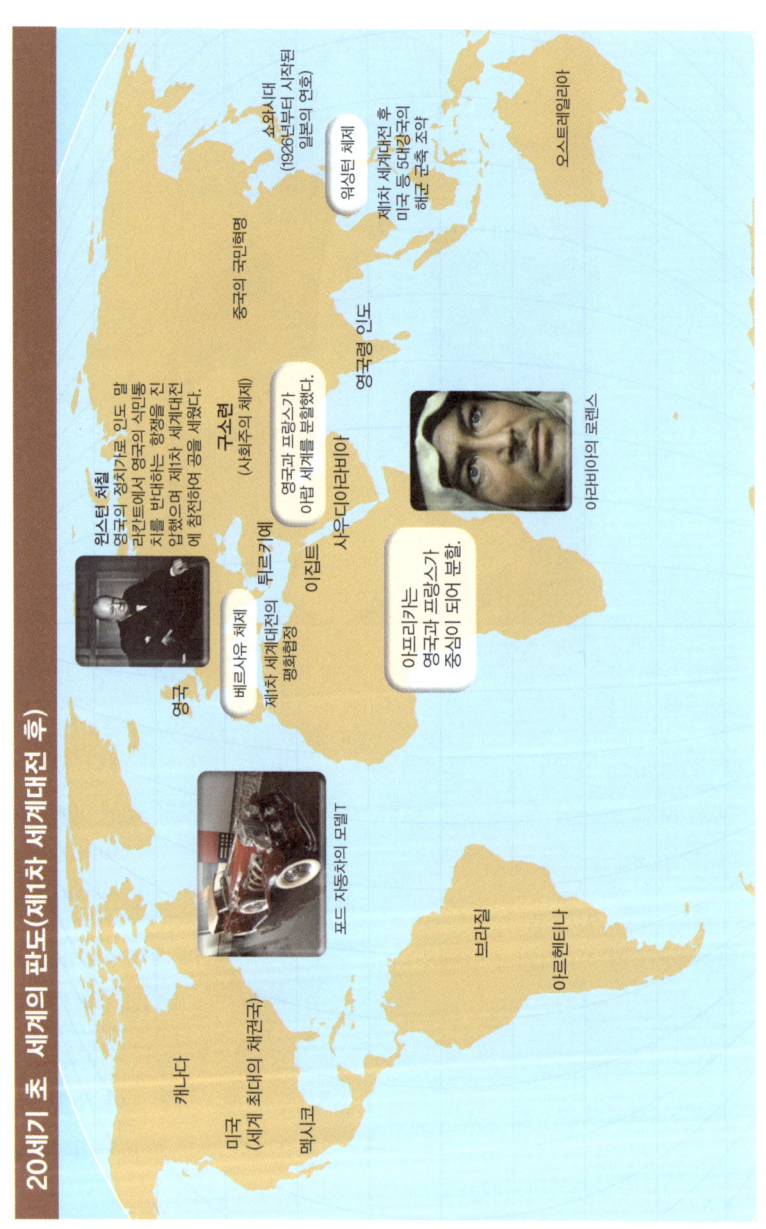

20세기 초 세계의 판도(제1차 세계대전 후)

> **제1차 세계대전과 중동 1914~1918년**

오스만제국의 패전으로
격변하는 중동의 재편

제1차 세계대전 패전 후 오스만제국은 해체 돌입

제1차 세계대전은 영국, 프랑스, 러시아, 독일의 제국주의 열강이 오스만제국을 차지하기 위해 약 1세기 동안 벌인 대립과 분쟁을 마무리하는 전쟁이었다. 대전 결과 독일에 가담한 오스만제국(튀르키예)은 패배하는 바람에 해체 수순에 돌입했다. 이슬람교에 입각해 아랍 세계를 지배한 제국의 통치 시스템이 무너지고, 영국과 프랑스의 주도로 분할하고 통치하는 식민지 상태의 아랍 국가 체제가 성립한 것이다.

영국과 프랑스가 튀르키예, 이라크, 시리아, 팔레스타인에 마음대로 직선의 국경선을 그으면서 지금까지도 중동이 불안정한 상태에서 벗어나지 못하는 원인을 제공했다.

원래 오스만제국 정부는 제1차 세계대전에 참전하지 않으려 했으나 잃어버린 땅을 되찾는 데 협조하겠다는 독일의 제안에 따라 참전하는 쪽으로 마음을 바꾼다. 그들은 남하하는 러시아를 무찌르고 중앙아시아의 투르크인을 규합해서 투르크인 대국을 건설할 계획이었다.

오스만제국은 다르다넬스 해협을 통과해서 이스탄불을 함락하려던

영국 해군을 갈리폴리 전투에서 물리쳤지만, 수에즈운하와 이집트를 점령하기 위한 시나이반도(《구약성서》의 〈출애굽기〉에 등장하는 곳으로 유명하며 이집트 총면적의 약 6퍼센트를 차지한다) 횡단 작전에는 실패했다. 이때 영국은 오스만제국 내 아랍인을 이용해 오스만제국을 배후에서 분열시키고 위협하는 작전을 펼쳤다.

투르크 민족주의의 대두와 아랍인의 반투르크 운동 고조

1908년에 일어난 청년투르크혁명 이후 오스만제국에서는 투르크 민족주의가 대두하는 동안 아랍인들 사이에서는 반투르크 의식이 고조되었다.

영국은 그러한 오스만제국 내부에서 발생한 민족 대립을 이용했다. 영국은 전후 아랍인의 독립을 약속하고 무함마드의 후손이자 아랍 최고의 명문가인 하심 가문의 메카 태수 후세인과 그의 아들 압둘라(훗날 요르단 초대 국왕)를 지도자로 앞세워 오스만제국으로부터 독립하려는 아랍 반란군을 조직했다.

1916년 카이로의 영국군사정보부에서 메카 태수 후세인의 아들 파이살에게 군사 고문 역할로 파견한 사람이 데이비드 린 감독의 영화 〈아라비아의 로렌스〉로 유명한 젊은 고고학자 로렌스(1888~1935년)이다. 그는 사막의 아랍인들과 함께 배후에서 오스만제국을 위협했고, 사막 지형을 이용한 지속적인 기습 작전으로 투르크 영토를 교란했다. 1918년에는 파이살과 함께 시리아의 다마스쿠스를 점령했다.

그러나 영국은 강화회의에서 아랍의 독립을 보장하겠다던 약속을 지키지 않았고, 이에 양심의 가책을 느낀 로렌스는 메카 태수의 두 아들을 영국의 세력권인 요르단과 이라크 국왕 자리에 앉히는 등 아랍 국가의 건설을 위해 노력했다.

> 케말 파샤의 튀르키예혁명 1923년

케말 파샤의 혁명으로
튀르키예공화국이 출범

연합군의 제국 해체 요구에 튀르키예혁명으로 대항

제1차 세계대전에서 패한 오스만제국은 투르크인 대국 건설은커녕 제국이 산산조각으로 분해될 운명에 처했다.

수도 이스탄불은 영국이 주도하는 연합군에게 점령되었다. 오스만제국은 1920년 체결된 강화조약인 세브르 조약에 따라 해체되었고, 튀르키예 영토는 아나톨리아 북반부로 축소되었으며, 다르다넬스·보스포루스 양 해협 지대는 다국적 위원회에서 관리하게 되었다.

또한 군대가 해체되고 재정은 영국, 프랑스, 이탈리아에서 관리하게 되었으며 외국인을 위한 치외법권이 부활했다. 유럽 열강의 공동 식민지 신세로 전락한 것이다.

술탄 정부는 굴욕적인 세브르 조약을 받아들였으나, 대전 중에 영국군을 무찌르고 국민 영웅이 된 케말 파샤는 조약 수용을 거부하고 나섰다. 그는 조약 반대파를 규합해 600년간 집권한 술탄 정부를 타도하고, 1923년 앙카라를 수도로 하는 튀르키예공화국을 수립해서 초대 대통령 자리에 올랐다.

그는 대전 막바지에 아나톨리아를 점령한 영국, 프랑스, 이탈리아,

세브르 조약

제1차 세계대전이 끝나고 연합국과 오스만제국이 체결한 조약이다. 연합국은 오스만제국에서 튀르키예가 아닌 영토와 튀르키예 영토의 일부를 점령한다는 내용이며, 이 조약으로 오스만제국은 많은 영토를 잃었다.

로잔 조약

1923년에 튀르키예공화국이 수립된 후 튀르키예와 연합국이 맺은 조약으로, 튀르키예가 거부한 세브르 조약을 보완한 조약이다. 이 조약으로 튀르키예는 원래의 땅이었던 스미르나, 콘스탄티노플, 동트라키아 등을 원상회복했다.

그리스군을 차례로 격파하는 데 성공했다. 그 기세를 등에 업고 1923년 로잔 조약을 통해 아나톨리아 보전, 이스탄불과 양 해협 지대의 지배권 회복, 재정주권 환수, 치외법권 폐지 등을 실현해 독립국가의 지위를 지켰다.

영국과 프랑스가 이러한 내용을 담은 조약을 튀르키예에 양보한 이유 중 하나로 러시아혁명을 들 수 있다. 서구 열강은 러시아혁명이 중동 지역에 미칠 영향력이 두려웠던 것이다.

튀르키예공화국을 근대국가로 만드는 세속화 정책 추진

케말 파샤는 1920년 결성된 튀르키예국민당의 독재하에서 서구 시스템을 바탕으로 공화국을 건설했다. 아라비아반도 주변의 이슬람 국가들에 대한 지배는 영국과 프랑스에 맡기고, 자신은 튀르키예공화국을 근대국가로 만들기 위한 세속화 정책을 추진한 것이다.

그 내용은 칼리파 제도 폐지, 정교 분리, 여성의 베일 착용 금지와 사회 참여 허용, 튀르키예어 표기를 아라비아문자에서 로마자로 변경하는 것 등이다. 케말의 개혁 정책 중 가장 눈에 띄는 것은 칼리파 폐지이다. 튀르키예공화국에서 칼리파는 이미 공석이었지만 이슬람 교단의 구심점을 공식적으로 없앤다는 점에서 국가 체제의 큰 변화를 의미하는 것이었다.

제1차 세계대전 중 러시아의 주선으로 만들어진 페르시아·카자크 여단의 대령 레자 칸은 러시아혁명이 발발해 러시아 세력이 후퇴한 틈을 이용해 1925년 이란에 팔레비 왕조를 세우고 왕위에 올랐다. 레자 칸은 튀르키예를 따라 서구 시스템을 도입해서 민법·형법 제정, 교육의 근대화, 여성의 베일 착용 금지, 이란 종단철도 건설 등의 개혁 정책을 실시했다.

> 영국의 팔레스타인 정책 1915~1917년

영국의 이중 외교가
팔레스타인 문제의 시작

중동 분쟁의 기원은 제1차 대전 당시 영국의 임기응변식 외교

영국은 팔레스타인 문제, 이라크 문제, 쿠르드인 문제 등 중동 분쟁의 원인을 제공한 당사국이다.

영국은 이중 외교로 비난받았으며 오늘날 심각한 국제 문제로 부상한 중동 분쟁이 다음과 같은 모순된 약속에서 비롯되었다는 점에서 책임이 무겁다.

① 1915~1916년에 주고받은 다섯 통의 후세인-맥마흔 서한
② 1916년의 사이크스-피코 비밀 협정
③ 1917년의 밸푸어 선언 등의 비밀 협정이 서로 모순을 일으켰다는 데 있다.

아랍의 독립을 인정한 후세인-맥마흔 선언은 아랍의 지도자 후세인과 영국의 고등판무관 맥마흔이 주고받은 서한으로 체결된 협정이며, 대전 후 아랍인 국가 건설에 양측이 합의한다는 내용으로 이루어져 있다. 파이살은 이 협정에 따라 다마스쿠스를 점령했다.

영국의 무책임한 팔레스타인 외교

**1915년 10월
후세인-맥마흔 선언**

오스만제국과의 전쟁에 협력하면 전후 아랍 국가의 독립을 약속

↕ 모순

**1916년 5월
사이크스-피코 비밀 협정**

오스만제국 분할 협정
팔레스타인의 국제 관리도 약속

→ 아랍의 분노

↕ 모순

**1917년 11월
밸푸어 선언**

팔레스타인에 유대인 국가의 건설을 약속

→ 아랍의 분노

(좌측 전체 묶음) 모순

↓

1차 대전 종전 후 유대인이 팔레스타인으로 유입

↓

팔레스타인전쟁으로 아랍인의 팔레스타인 탈출

↓

**아랍 난민 문제 발생
(팔레스타인 문제)**

중동 국가의 국경선을 그은 사이크스-피코 비밀 협정

아랍인이 봉기하기 직전 영국의 중동 전문가 사이크스와 프랑스 외교관 피코가 러시아의 동의하에 주고받은 비밀 협정이다. 오스만제국의 영토를 3분할해서 영국이 시리아 남부와 이라크, 프랑스가 시리아 중심부, 아나톨리아 남부, 이라크 모술 지구, 러시아가 이스탄불, 다르다넬스·보스포루스 양 해협 지대, 아나톨리아 동부를 차지한다는 내용으로 이루어져 있다.

1917년 러시아혁명이 일어나고 튀르키예가 아나톨리아 확보에 성공하면서 일부는 수정되었지만, 이 비밀 협정에 따라 오늘날 중동 국가의 국경선이 만들어지게 되었다. 당시 러시아혁명 정부가 비밀 협정을 공표하자 많은 아랍인이 분노를 감추지 못했다.

1917년 영국의 외무대신 밸푸어가 유대인 대부호 로스차일드에게 보낸 편지를 밸푸어 선언이라고 한다. 선언의 요지는 팔레스타인에 유대인의 민족적인 고향을 건설하는 데 최선을 다한다는 것이었다. 이는 아랍인과의 약속과 상충되는 내용이었다. 어쨌든 유대인은 이 선언에 따라 대거 이주해 이스라엘을 건국했고, 이는 훗날 팔레스타인 문제의 발단이 된다.

> 오스만제국의 영토 분할 1920년~

영국과 프랑스가 주도한
중동의 분할과 식민 지배

사이크스–피코 비밀 협정과 밸푸어 선언이 분할의 기준

1920년 4월 이탈리아 산레모에서 개최된 영국, 프랑스, 이탈리아, 일본의 연합국 회의에서 구오스만제국의 처리 문제는 사이크스-피코

```
                    Foreign Office,
                    November 2nd, 1917.

Dear Lord Rothschild,

        I have much pleasure in conveying to you, on
behalf of His Majesty's Government, the following
declaration of sympathy with Jewish Zionist aspirations
which has been submitted to, and approved by, the Cabinet

        "His Majesty's Government view with favour the
establishment in Palestine of a national home for the
Jewish people, and will use their best endeavours to
facilitate the achievement of this object, it being
clearly understood that nothing shall be done which
may prejudice the civil and religious rights of
existing non-Jewish communities in Palestine, or the
rights and political status enjoyed by Jews in any
other country"

        I should be grateful if you would bring this
declaration to the knowledge of the Zionist Federation.
```

밸푸어가 로스차일드에게 보낸 편지, 유대인 국가를 팔레스타인에 건립하는데 영국의 지원을 확인한다는 내용, 1917년, 대영박물관

사이크스-피코 비밀 협정에서는 오스만제국이 붕괴하면 오스만제국 동부 지역을 포함한 A 지역을 프랑스 관리 지역, B 지역을 프랑스가 고문과 관리를 두는 지역, C 지역을 국제 관리 지역, D 지역을 영국이 고문과 관리를 두는 지역, E 지역을 영국의 관리 지역으로 협정했다. 그런데 케말 파샤의 민족운동으로 튀르키예가 주권과 영토를 회복함으로써 1920년에 '산레모회의'에서 승인한 아래 안으로 수정되었다.

비밀 협정과 밸푸어 선언을 존중하기로 확정되어 영토를 분할하는 것으로 결론이 났다.

프랑스는 레바논을 비롯한 북부 시리아의 위임통치국을 맡고, 영국은 남부 시리아와 이라크의 위임통치국을 맡는다는 내용이었다. 즉, 시리아와 레바논은 프랑스의 보호국이 되었고, 이라크와 트란스요르단, 밸푸어 선언을 적용할 팔레스타인은 영국의 보호국이 된 것이다.

그리고 1921년 영국의 식민장관 처칠은 카이로회담을 열고, 아라비아의 로렌스에게 조언을 얻는 등 영국의 중동 지배를 구체적으로 논의했다.

먼저 밸푸어 선언을 존중해서 유대인의 민족적 고향을 건설하기로 확정했다. 그리고 요르단강 서안은 팔레스타인 위임통치령으로, 동안은 하심 가문의 압둘라를 수장으로 하는 트란스요르단으로 정해 영국이 재정을 지원하기로 했다.

한편 영국은 프랑스가 시리아를 통치하는 데 방해가 된다는 이유로 시리아 다마스쿠스에서 추방한 하심 가문의 파이살을 위임통치령 이라크의 국왕으로 추대했다. 영국은 하심 가문의 두 형제를 지배자 자리에 앉혀 아랍의 민족운동을 진압하려 한 것이다.

중동의 국경선 획정 1920년~

영국과 프랑스가 결정한 중동의 직선 국경선

영국과 프랑스가 직선으로 그은 아랍 세계의 국경

세계지도를 보면 중동의 국경에 부자연스러운 직선이 많은 것을 알 수 있다. 여러 부족이 분립해 살고 있던 아프리카 대륙은 유럽 열강이 식민지로 삼기 위해 멋대로 설정한 직선의 국경선을 바탕으로 나라가 세워졌는데, 요르단, 레바논, 이라크, 이스라엘을 비롯한 아랍 국가의 국경선도 마찬가지이다. 제1차 세계대전에서 영국과 프랑스가 자기들 입맛대로 국경선을 그었기 때문이다.

제1차 세계대전이 일어나기 전까지 중동은 이슬람교라는 종교를 중심으로 다양한 사회를 통합하는 오스만제국의 지배하에 있었다.

영국, 프랑스, 러시아를 비롯한 서구 열강은 중동에 근대의 민족과 국가라는 유럽식 통치 체제를 이식해서 오스만제국을 해체하면서 자국의 세력으로 끌어들이려 했다. 결국 오스만제국(튀르키예)이 제1차 세계대전에서 패함으로써 영국과 프랑스의 야망이 실현되었다.

아랍 지역을 튀르키예와 분리해서 영국과 프랑스가 지배

영국은 제1차 세계대전 중에 아랍인 민중 봉기를 지원해서 오스만

중동의 현재 국경선

제국에 타격을 입히려 했다. 영국의 지원을 받은 아랍군은 의외로 선전하며 진격을 계속했고, 1918년 오스만제국을 물리치고 다마스쿠스에 입성해서 이듬해 시리아 왕국 수립을 선언했다.

1920년 4월에 열린 산레모회의에서 프랑스가 레바논을 포함한 북부 시리아, 영국이 남부 시리아(요르단, 팔레스타인)와 이라크의 위임통치국이 되기로 결정되었다. 프랑스군은 이 결정에 따라 시리아 왕국을 다시 무너뜨렸다.

그리고 1920년 8월에 체결된 세브르 조약으로 오스만제국은 아랍인 거주 지역에서 주권을 상실하며, 다르다넬스 해협과 보스포루스 해협은 국제 위원회가 관리하고, 아나톨리아 대부분은 그리스, 이탈리아, 프랑스, 쿠르드인, 아르메니아인에게 분할하기로 결정되었다.

3년 뒤인 1923년, 튀르키예는 전승국과 로잔 조약을 다시 체결해서 현재의 국경을 회복하지만, 아랍 지역을 튀르키예와 분리해서 영국과 프랑스가 지배하는 것은 인정했다.

오스만제국으로부터 독립한 아랍인은 새로운 지배자 영국과 프랑스에 큰 불만을 품었다. 영국은 오스만제국을 상대로 아랍인 무장 운동을 지도해온 명문 하심 가문을 이용해 아랍인의 불만을 잠재우고자 셋째 아들 파이살을 이라크 왕위에, 둘째 아들 압둘라를 트란스요르단 왕위에 앉혔다.

1958년에 혁명이 일어나 이라크 왕국은 무너졌지만, 요르단 왕가는 지금도 명맥을 유지하고 있다. 하심 가문의 후세인(전 메카 태수, 파이살과 압둘라의 아버지)은 스스로 헤자즈 왕이라 칭하며 홍해 연안을 지배했으나, 1924년 사우드 가문과의 전투에서 패했다. 아라비아반도로 영토를 확장한 사우드 가문은 1932년 사우디아라비아 왕국을 세운다.

> 중동의 쿠르드인 문제 7세기~

왜 이란계 쿠르드인은 나라를 갖지 못했는가?

영국의 석유 이권 장악 욕심에 희생된 쿠르드인의 비극

대다수의 쿠르드인이 거주하고 있는 튀르키예, 시리아, 이라크, 이란 일대의 고원과 산악 지대인 쿠르디스탄(Kurdistan, 쿠르드인의 땅)에는 2,500만에서 3,000만 명에 달하는 쿠르드인이 있다. 하지만 그들은 세계에서 가장 큰 소수민족이자 중동에서 네 번째로 인구가 많은 민족임에도 불구하고 자신들만의 나라를 갖지 못하고 있다.

7세기 이란계 쿠르드인은 아랍인에게 정복당해서 수니파 이슬람교도가 되었다. 그들의 용맹함은 유명했지만 산악 지대에 살았기 때문에 민족의 결속력이 약했다. 물론 1920년대 쿠르드인의 독립운동이 시작된 후 조직된 페시메르가(Peshmerga, 쿠르드인 민병대)는 죽음에 맞서는 자를 의미할 만큼 강한 전투력을 자랑했다.

오스만제국이 제1차 세계대전으로 붕괴한 후 쿠르드인에게도 독립의 기회가 찾아왔다. 1920년 세브르 조약을 통해 오스만제국이 해체되자, 영국은 석유가 매장된 이라크 북부를 피해 아나톨리아에 쿠르드인의 건국을 인정해서 튀르키예 사회에 분열을 가져왔다.

그러나 튀르키예인은 굴욕적인 조약을 거부했고, 케말 파샤의 지휘

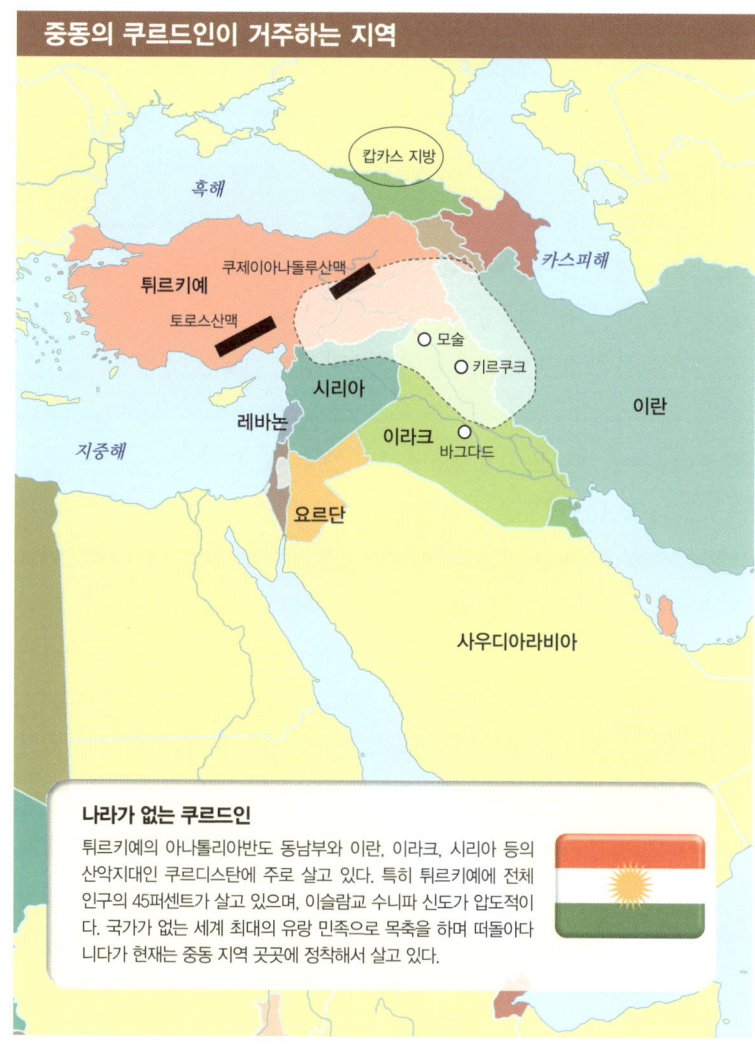

로 아나톨리아를 점령한 각국의 군대를 격파한 후 1923년 로잔 조약으로 오늘날의 영토를 회복했다. 결국 튀르키예 동부에 나라를 세우

려던 쿠르드인의 계획이 무산되고 말았다.

독립국가 건설에 대한 쿠르드인의 염원을 무시한 채 그들의 거주지를 튀르키예, 시리아, 이라크, 이란으로 분할한 것은 근본적으로 쿠르디스탄이었던 모술(옛 아시리아제국의 수도 니네베와 티그리스강을 끼고 마주한 곳)에서 석유가 나오자 이에 주목한 영국이 그 지역을 모술주(州)로 이라크에 편입했기 때문이다. 영국의 식민장관 처칠은 키르쿠크와 모술의 대규모 유전을 장악하고자, 이라크의 영역을 확정할 때 쿠르드인의 독립을 없던 일로 하고 이라크로 강제 편입한 것이다.

쿠르디스탄은 대부분 튀르키예 동부의 산악 지대에 분포

쿠르디스탄은 대부분 튀르키예 동부의 산악 지대로 이루어져 있는데, 튀르키예인은 자국민의 20%를 차지하는 쿠르드인이 쿠르드어를 사용하는 것을 인정하지 않고 오랫동안 동화 정책을 펼쳤다.

마찬가지로 인구의 20%가 쿠르드인인 이라크에서는 이란·이라크 전쟁 당시 쿠르드인이 이란 측에 가담하자, 국경 부근의 주민들을 소개한다는 구실로 수많은 쿠르드인을 이주시킨 후 화학 무기 등으로 죽이는 잔혹한 사건이 발생했다.

1991년 걸프전쟁 직후에는 쿠르드인이 전쟁에 패한 사담 후세인 정권에 반란을 일으키자, 이를 진압해서 쿠르드인 100만 명 이상이 튀르키예, 이란, 이라크 북부 산악 지대로 도피하기도 했다. 하지만 2003년 이라크전쟁 이후 이라크 내 쿠르드인의 목소리가 커지고 있으며, 자국에 쿠르드인 비중이 높은 튀르키예, 이란, 시리아 등이 이라크의 동향에 큰 관심을 기울이고 있다.

> 영국의 중동 정책 1920년대~

영국의 이집트 지배와 사우디아라비아의 독립

영국은 이집트 왕국의 형식적인 독립을 승인

수에즈운하를 보유한 이집트는 영국이 중동을 지배하는 데 버팀목 역할을 했다. 그러다 제1차 세계대전이 발발하고 오스만제국이 독일과 함께 참전하자, 영국은 오스만제국과 이집트의 관계를 끊기 위해 전후 체제 개혁을 약속하며 이집트 민중이 전쟁에 협조하게 만들었다.

전쟁이 끝나자 이집트에서는 오스만제국의 구영토에 자치권을 주겠다던 영국에 대해 약속 준수를 요구했고, 1918년에 이집트 최초로 결성된 근대적인 와프드당이 앞장서서 자치 회복 운동에 앞장섰다. 와프드당은 이집트의 독립을 요구하며 1919년 파리강화회의에 대표단을 파견했다.

그러나 영국은 와프드당의 지도자 자글룰 파샤를 옥에 가두었다. 그러자 이에 반발한 이집트인의 폭동이 전국적으로 확산되었고, 영국은 그들을 회유하고자 이집트 왕국으로서 형식적인 독립을 승인한다(1922년). 하지만 영국의 측근이었던 이집트 국왕이 직접 수상을 임명하고 국회를 휴회할 권한을 가짐으로써 실권은 사실상 영국이 쥐고 있었다.

사우드가의 사우디아라비아 왕국 탄생과 미국의 개입

사우디아라비아 왕국의 건국은 와하브파(초창기 이슬람교로의 회귀를 주장하며 수니파와 대립하고 금욕주의를 실천하는 사우디아라비아의 국교) 원리주의 운동과 밀접한 관련이 있다.

이야기는 18세기 초로 거슬러 올라간다. 당시 오스만제국의 세력이 미치지 않은 아라비아반도 중부에서 와하브라는 인물이 온갖 종교적 일탈을 배제하고 예언자 무함마드 시대의 순수한 이슬람 사회로 회귀하자고 주장하는 복고 개혁 운동을 일으켰다.

마침 나폴레옹군의 이집트 침략도 있었던 데다 훗날 사우디아라비아 왕가로 이어지는 호족 사우드 가문의 전폭적인 지지로 복고 운동은 점점 고조되었다. 19세기 초에는 엄청난 기세로 아라비아반도 전역에 확산되었다.

영국은 제1차 세계대전 중 사우드가의 정적인 명문 하심 가문의 후세인이 아라비아반도 서부의 헤자즈 지방에서 왕국을 수립할 수 있도록 지원한다. 그러자 와하브파의 보호자로서 이슬람 원리주의와 깊은 관계였던 사우드 가문은 헤자즈 지방으로 진격했고, 1924년 후세인을 왕위에서 끌어내리는 데 성공했다. 그 후 사우드 가문은 영지를 확대해서 1932년 사우디아라비아 왕국을 세웠다. 아라비아반도의 대부분을 지배하는 왕족 국가의 탄생이었다.

사우디아라비아 건국은 영국과 프랑스가 세운 중동 질서를 흔드는 사건이었고, 이슬람 원리주의의 등장 역시 양국이 원하는 바는 아니었다. 하지만 영국과 프랑스는 사막이 대부분인 아라비아반도라는 불모지에서 일어난 해프닝으로 치부하며 별다른 관심을 두지 않은 채 용인했다. 그런데 뜻밖에도 페르시아 연안의 담맘에서 거대 유전이 발견된다.

사우드 가문은 미국의 석유회사가 출자한 아라비안아메리칸석유(아람코)에 석유 채굴권을 임대해서 중동 최고의 부자가 되었다. 이집트와 사우디아라비아는 똑같이 왕국을 이루었으나 그 과정과 결과는 전혀 다르다.

사우디아라비아가 중동의 강자로 부상한 이유는?

사우디아라비아에서 확인된 석유 매장량은 2023년 기준으로 약 3,000억 배럴로 세계 석유 매장량의 약 16퍼센트에 달한다. 매장량이 풍부하기 때문에 유정을 발견하고 채굴하는 비용도 매우 저렴하다.

국왕이 세속적인 통치권과 종교상의 최고 지도자를 겸하는 사우디아라비아는 석유도 국가, 즉 왕가의 재산이고 채굴과 판매도 국영기업 사우디아람코(아라비안 아메리칸석유의 약칭)가 한다. 이곳의 수입이 국가 세수의 80%를 차지할 만큼 사우디아라비아는 석유로 인한 세수 의존도가 절대적으로 높다. 인구가 약 3,600만 명(2025년 기준)으로 쿠웨이트(약 500만 명)와 비교하면 7배나 많은데, 석유 생산량은 쿠웨이트의 약 4배이기 때문에 1인당 GDP(국내총생산)는 쿠웨이트보다 낮다.

1980년대에는 석유 가격이 떨어지고 유전이 풍부한 동부 지역에 다수의 시아파가 거주하는 상황이었기 때문에 이란의 이슬람혁명이 영향력을 미치지 못하도록 약 250억 달러나 되는 거액을 이라크에 제공했다.

그러던 중 걸프전쟁이 일어난다. 이라크에 대한 채권은 회수가 불가능해지고, 550억 달러(IMF 추산)라는 막대한 지출을 강요받아 심각한 재정 위기에 빠진다. 또한 대학을 졸업한 청년층의 실업 문제가 심각해졌고 왕족의 부패, 대량 무기 구입, 친미 정책에 대한 불만이 날로 높아지는 상황이다.

2017년 왕세자 자리에 오른 무함마드 빈 살만이 왕족의 부패 방지와 영화관 허용 등 국내 개혁 정책을 과감하게 실행하면서 온건한 이슬람 국가로 변신을 꾀하고 있다. 지정학적 환경의 변화에 따라 중동의 강국으로 떠오른 사우디아라비아는 강대국의 갈등과 지역 분쟁의 조정자 역할을 하면서 영향력을 키우고 있다.

10장

석유 분쟁과 중동의 민주화

열강의 석유 분쟁과 근대국가를 향한 진통

석유 이권, 민족운동 등이 뒤엉킨 종교와 부족 대립

제2차 세계대전 이후 인류 문명의 회복과 빠른 경제 성장을 뒷받침한 것은 중동에서 풍부하게 생산되는 값싼 석유였다. 이미 전쟁 중에 중동의 석유가 중요하다는 것을 알게 된 영국과 미국은 '영미 석유 협약'까지 맺을 정도였다.

즉 현대 문명은 중동의 석유 자원에 의해 유지된다고 해도 과언이 아니게 되었다. 그런 이유로 대전 이후 현재까지도 중동은 세계에서 가장 중요한 지역 중의 하나가 되었다.

전후 중동은 세계대전으로 인한 영국·프랑스의 식민지 지배 질서 붕괴, 아랍 민족운동의 고조, 이스라엘 건국에 따른 장기간의 팔레스타인 분쟁, 냉전을 배경으로 하는 미국과 소련의 중동 진출, 석유 이권을 둘러싼 열강의 대립, 이웃 국가와 부족들 간 헤게모니 투쟁, 친서구파와 이슬람 전통 보수파의 대립, 종교·종파 간의 대립 등이 얽히고설킨 복잡한 역사를 만들어갔다.

다시 말하자면 오스만제국 붕괴 이후 새로운 근대국가의 질서를 형성하기 위한 오랜 과도기가 진행 중인 것이다.

2010년 각지에서 일어난 '아랍의 봄' 이후의 중동

인류는 1970년대에 시작된 정보혁명으로 글로벌 시대를 맞이했다. 이 시기에 이집트와 이스라엘이 제4차 중동전쟁을 일으켰고, 아랍 국가들이 석유 생산의 감산과 금수 조치를 취하면서 오일 쇼크로 인해 세계 경제가 큰 타격을 입었다. 이후 국제 사회에서 중동 산유국의 권한이 크게 확대되었으며, 이란의 이슬람혁명 이후에는 원리주의 운동이 활발해졌다.

또한 이란·이라크전쟁, 걸프전쟁, 이라크전쟁으로 이어지는 일련의 전쟁에 미국이 직접 개입했다가 좌절하고, 아프가니스탄 공격 실패로 소련이 붕괴하고, 팔레스타인 분쟁은 여전히 중동 지역의 불씨로 남아 있다.

그러나 페르시아만 연안국의 국왕과 수장이 낡은 정치 체제를 고수한 채 석유 자원으로 얻는 막대한 부를 쏟아 붓는 방식으로 나라를 유지하는 것은 한계를 드러내고 있다. 날로 커지는 빈부 격차도 심각한 사회 문제이다. 이로 인해 2010년 중동 각지에서 일어난 '아랍의 봄' 이후, 이슬람 과격파의 출현 등 나날이 심각해지는 중동의 정세 불안이 세계의 이목을 집중시키고 있다. 인류의 가장 오랜 역사와 문명을 자랑하는 중동은 새로운 길을 향한 여러가지 진통을 겪고 있는 중이다.

제2차 세계대전 이후 20세기 후반~

격동의 중동 현대사를
6단계 시기로 나눠 이해한다

복잡해지는 중동 현대사를 6개 시기로 나누어 파악

 제2차 세계대전 이후 중동은 영국과 프랑스가 세운 질서가 무너지고, 동서 냉전 시대가 도래하면서 미국과 소련의 본격적인 진출과 민족운동이 고조되면서 큰 변화를 겪는다.

 여기에다 범아랍주의, 다양한 민족운동, 보수적 부족주의, 이슬람 원리주의 등이 서로 경쟁하는 한편, 서구 열강이 개입된 석유 분쟁, 이스라엘 분쟁, 중동 내 주도권 쟁탈전 등이 뒤얽히며 지극히 복잡한 양상을 띠게 되었다.

 따라서 중동 현대사는 시기별로 나누어 정리할 필요가 있다. 다소 복잡해서 이해하기 어렵겠지만 단계별로 차근차근 내용을 파악하면 전체 그림이 한눈에 보일 것이다.

 시기를 나누는 방법은 여러 가지겠지만 여기서는 제2차 세계대전이 끝난 1945년부터 21세기 초반까지 반세기 동안 중동 사회에 일어난 변화 과정을 다음과 같이 나눈다.

제1기(1945~1957년) 영국, 프랑스의 식민 지배가 붕괴하는 시기

이집트의 민족운동 지도자 나세르가 이끄는 범아랍주의를 필두로 각지에서 민족운동이 고조되어 영국과 프랑스의 영향력이 급속도로 약해진다. 이스라엘 건국에 따른 팔레스타인전쟁(제1차 중동전쟁, 1948~1949년)과 이집트혁명(1952년), 수에즈전쟁(제2차 중동전쟁, 1956~1957년)이 일어난다.

제2기(1958~1967년) 범아랍주의 민족운동이 고조되는 시기

범아랍주의 민족운동이 이라크, 시리아, 예멘 등으로 확산되어 왕정 체제를 비롯한 구질서가 연이어 붕괴된다. 1967년 제3차 중동전쟁(6일전쟁)에서 이스라엘의 기습 공격으로 이집트군이 치명상을 입는 바람에 나세르의 영향력도 약화된다. 냉전 체제 아래 미국과 소련의 영향력이 강해진 시기이기도 하다.

제3기(1968~1979년) 세계 석유 파동과 중동 세력의 대전환기

국제 석유 자본이 갖고 있던 중동 석유의 지배권이 산유국에 넘어가면서 중동의 국제적 지위가 순식간에 상승한 시기이다. 이와 함께 강대국의 영향력이 약화되면서 중동 지역 내에서 복잡한 정치 상황이 전개되기도 한다.

중동의 산유국은 제4차 중동전쟁(1973년) 이후 단합된 세력을 형성했다. 이 전쟁으로 석유수출국기구OPEC가 '석유 전략'을 개시해서 세계 경제를 쥐락펴락하고(석유 파동), 서양 주요 국가가 쥐고 있던 석유 가격 결정권이 중동 산유국으로 넘어간다.

중동 민족운동의 맹주 이집트가 이스라엘과 화해 국면으로 돌아서고 팔레스타인해방기구가 이스라엘을 상대로 투쟁에 나선다. 중동에서 가장 국제적이었던 소국 레바논이 내전으로 분열되고, 아프가니스탄에는 공산당 정권에 힘을 보태기 위해 소련군이 침공한다.

대표적인 친미 국가로서 서구화를 적극 추진해온 이란에서 1979년 호메이니혁명이 일어나 이슬람 세력이 부흥한 것도 중동을 뒤흔든 대사건이었다. 1979년은 이라크의 이슬람혁명, 메카의 카바 신전 점거, 소련군의 아프가니스탄 침공 등 이슬람 원리주의 운동이 폭발했던 해이다.

제4기(1980~1991년) 산유국의 분쟁에 강대국이 적극 개입하는 시기

이 시기에는 석유 주산지인 이라크, 이란, 쿠웨이트에 이해관계가 얽힌 강대국들이 지역 분쟁에 적극적으로 개입한다. 먼저 이란에서 일어난 이슬람혁명의 영향을 막기 위해 미국이 이라크에 힘을 실어주고, 1980년부터 1988년까지 장기간에 걸친 이란·이라크전쟁이 벌어진다.

1990년에는 전쟁 때문에 커다란 경제적 부담을 지게 된 이라크가 쿠웨이트를 침공한다. 그러자 미국이 소련, 사우디아라비아 등과 연합해서 이라크와 걸프전쟁을 벌인다. 미국과 소련이 연대하고 아랍 국가들이 크게 분열하는 새로운 움직임이 시작된 것이다.

팔레스타인에서는 1987년 가자와 요르단강 서안에서 이스라엘에 대한 아랍인 민중 저항 운동인 인티파다(봉기를 뜻하는 아랍어)가 시작되어 긴장이 고조되었다. 또한 아프가니스탄에서는 파키스탄을 통해 들어오는 미국의 지원을 업고 소련군에 대한 무력 투쟁이 일어나 마침내 1989년 소련군이 철수하게 된다.

제5기(1992~2010년) 미국의 중동 개입으로 테러가 확산하는 시기

걸프전쟁 후 미국이 중동에서 세력을 확대하면서 이슬람 세력을 억압하고 이스라엘에 힘을 실어주자, 아랍인들이 강하게 반발하며 이슬람 원리주의 부흥 운동이 테러 등 폭력 투쟁으로 발전한다.

제2차 세계대전 후 중동으로 진출한 미국과 소련

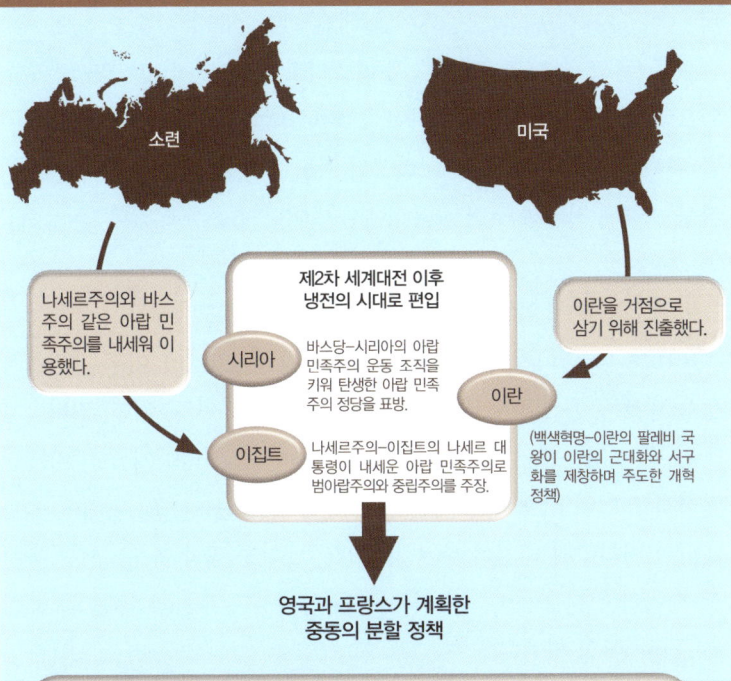

- 소련 → 나세르주의와 바스주의 같은 아랍 민족주의를 내세워 이용했다.
- 미국 → 이란을 거점으로 삼기 위해 진출했다.

제2차 세계대전 이후 냉전의 시대로 편입

- **시리아**: 바스당–시리아의 아랍 민족주의 운동 조직을 키워 탄생한 아랍 민족주의 정당을 표방.
- **이란**: (백색혁명–이란의 팔레비 국왕이 이란의 근대화와 서구화를 제창하며 주도한 개혁 정책)
- **이집트**: 나세르주의–이집트의 나세르 대통령이 내세운 아랍 민족주의로 범아랍주의와 중립주의를 주장.

↓

영국과 프랑스가 계획한 중동의 분할 정책

중동의 변혁을 주도한 2명의 맹주

팔레비
팔레비 왕조의 마지막 왕으로 38년 동안 이란을 통치했다. 그는 급진적인 근대화와 산업화로 이란을 강대국으로 만들 목적으로 백색혁명을 주도하면서 미국의 편에 섰다. 1979년 2월에 호메이니의 이슬람혁명으로 왕위를 내려놓고 이집트로 망명한 후, 암살을 피해 세계 각지로 옮겨 다녔지만 그다음 해에 카이로에서 사망했다.

나세르
쿠데타로 대통령이 된 후 군주제를 폐지하고 이집트 전역에 토지개혁을 실시했다. 그는 수에즈운하를 국유화하고 정치적인 승리를 거두면서 이집트와 아랍 세계에서 인기가 올라가자 범아랍주의를 실현하기 위한 민족주의를 내세우고 개혁을 실시했다. 1970년 아랍연맹 회담을 마친 후 대통령 재직 중에 심장마비로 사망했다.

2001년 알카에다가 뉴욕 세계무역센터 테러 사건을 일으키자, 미국은 아프가니스탄을 침공해서 탈레반(페르시아어로 신학교 학생을 탈리브라고 부른 데서 유래함) 정권을 무너뜨리고, 2003년에는 이라크전쟁을 일으켜 후세인 정권을 타도한다. 그러나 미국의 개입은 영국이 국익을 위해 국경을 그어 만든 이라크의 복잡한 사회 모순을 확대하는 결과를 초래해 지금까지 전쟁 상태에서 벗어나지 못하고 있다.

제6기(2010년~) 아랍의 봄과 시리아 내전으로 대혼란의 시기

2010년 말 튀니지에서 시작한 민중 봉기가 2011년 이후 페이스북 등을 통해 중동 전역으로 확산되면서 튀니지, 카이로, 예멘, 리비아의 군사 독재 정부가 잇달아 무너진다(아랍의 봄). 시리아에서는 2011년 알아사드 정권의 독재에 맞선 민주화 운동이 일어나고, 여기에 종파 대립이 얽히면서 내전이 장기화되었다. 또한 시리아 북부에서는 통치 공백 지역이 더욱 확대되면서 마침내 알아사드 부자의 50년 독재 정권에 종지부를 찍었다.

인근 이라크에서는 이라크전쟁 후 다수파를 형성한 시아파 말리키 정권이 종파주의적 지배를 고수하자 중부 수니파의 불만이 고조되었다. 그러한 가운데 과격 테러 단체 IS(이슬람국가)가 시리아와 이라크의 일부 지역을 장악해서 '유지연합(이라크전쟁 중 미국의 부시 정권이 내세운 안전 보장 체제)', 쿠르드인, 이라크군과 전쟁을 벌였으나 미국의 개입으로 완전히 진압되었다.

팔레스타인전쟁 1948년

이스라엘의 독립 선언과 아랍군의 팔레스타인 침공

분할이냐 연방이냐, 유엔은 다수파의 안건을 가결

1930년대에 영국의 위임통치령이었던 팔레스타인에는 독일 나치의 반유대인 정책(약 600만 명 학살) 때문에 유대인의 대규모 이주가 이루어졌다.

1939년에는 팔레스타인 인구 약 142만 명 중 30%(약 45만 명)를 유대인이 차지한다. 1940년대에는 유대인의 끊임없는 이주로 아랍인의 반발이 거세졌고, 유대인 비밀 조직은 영국이 유대 국가 건설을 방해한다는 이유로 테러 활동을 전개했다. 말 그대로 무정부 상태와 다름없는 대혼란에 빠진 것이다. 사태가 수습할 수 없는 지경에 이르자 영국은 1947년 팔레스타인 위임통치를 포기하고 앞으로 모든 것을 국제연합(유엔)에 맡긴다고 발표했다.

1947년, 설립 초기부터 영국으로부터 골치 아픈 문제를 떠맡게 된 유엔은 총회를 열어 유엔 팔레스타인특별위원회(11개국으로 구성)를 조직한 다음 3개월 후 두 가지 권고안을 제출했다.

다수파의 안건은 팔레스타인을 분할해서 아랍인과 유대인의 2개 나라를 각각 세우고 성지 예루살렘을 유엔에서 관리하는 방법이었다.

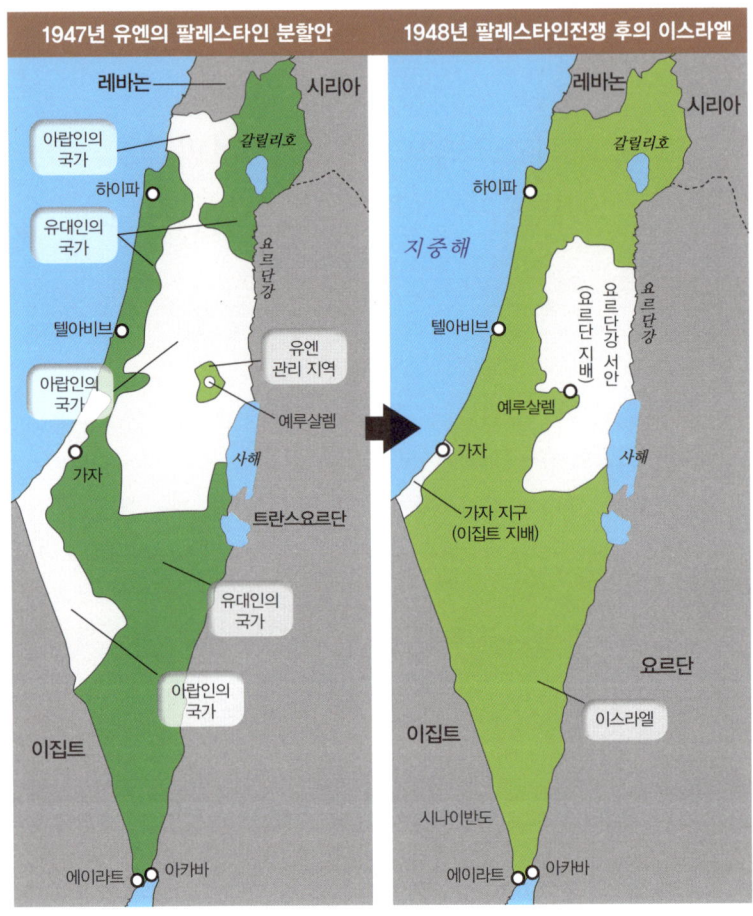

그리고 인도 외 3개국으로 구성된 소수파의 안건은 예루살렘을 수도로 해서 아랍인 국가와 유대인 국가로 이루어진 연방 국가를 만드는 방법이었다.

아랍 국가들은 팔레스타인은 팔레스타인 사람들의 땅이므로 두 안건을 모두 결사반대한다는 입장을 표명했다.

팔레스타인의 기독교 가정, 1850년, W. H. 바트렛

  1947년 11월 29일, 유엔은 미국의 공작에 힘입어 찬성 33개국, 반대 13개국, 기권 10개국으로 다수파의 안건을 가결했다. 유엔의 분할안은 팔레스타인 전체 인구의 3분의 1, 토지의 6퍼센트를 차지하고 있는 유대인에게 영토의 3분의 2를 할양한다는 것이었다.

팔레스타인전쟁 승리로 이스라엘이 영토의 80퍼센트 차지

  1948년 5월 14일, 텔아비브에서 이스라엘 독립이 선언되었다. 다음날 유엔의 조치를 부당하게 여긴 아랍 연합군이 세 방향에서 팔레스타인을 침공하면서 팔레스타인전쟁(제1차 중동전쟁, 이스라엘 입장에서는 독립전쟁)이 발발했다.

  이스라엘은 막 철수를 시작한 영국군 기지에서 무기를 조달하는 한편, 체코에서 무기를 구입해 전쟁을 치렀는데 군사력이 아랍 연합군을 압도했다. 결국 1949년 유엔안전보장이사회가 중재에 나섰고, 이스라엘은 끝까지 반대한 이라크를 제외한 나머지 아랍 국가들과 일련의 휴전 협정을 맺는다. 전쟁에서 승리한 이스라엘은 팔레스타인 영토의 80퍼센트(유엔 분할안의 1.5배)를 차지하고 독립한다.

한편 팔레스타인인 100만 명이 자기가 살았던 땅을 잃고 난민 캠프에서 생활하게 되면서 팔레스타인 난민이 발생한다. 전쟁 과정에서 트란스요르단의 수장 압둘라는 요르단강 서안을, 이집트는 가자 지구를 자국의 영토에 편입했다.

> 아랍 민족주의의 등장 1940년대~

아랍 민족주의 등장으로 영국·프랑스 식민지 동요

아랍인의 단일 국가 통일을 주장하는 바스주의 제창

제2차 세계대전은 20세기의 세계 질서를 뒤바꾼 대규모 전쟁이었다. 독일과 총력전을 벌이느라 국력을 탕진한 영국과 프랑스가 몰락하고, 뒤늦게 참전한 미국이 초강대국으로 부상하면서 소련과 냉전이 시작되었다.

세계 각지에서 독립을 요구하는 민족운동이 거세지면서 유럽이 19세기 후반부터 20세기 전반에 걸쳐 쌓아 올린 식민지 체제가 무너졌다. 중동은 제2차 세계대전에 직접 참전하지는 않았지만 전쟁이 끝나자 민족운동이 고조되어 영국·프랑스의 지배 체제가 크게 흔들리기 시작했다.

1930년대 프랑스에서 유학한 아랍 지식인들은 유럽 열강의 분단 지배를 몰아내고 아랍어라는 공통어와 공통 역사를 가진 아랍인이 단일 국가로 통일되어야 한다고 주장하는 바스주의를 제창했다.

1947년 시리아의 수도 다마스쿠스에서 바스주의 실현을 목표로 하는 바스당이 결성된다. 바스당은 금세 시리아에서 세력을 형성하며 권력을 장악한다. 일찍이 시리아 헌법은 바스당을 '국가를 지도하는

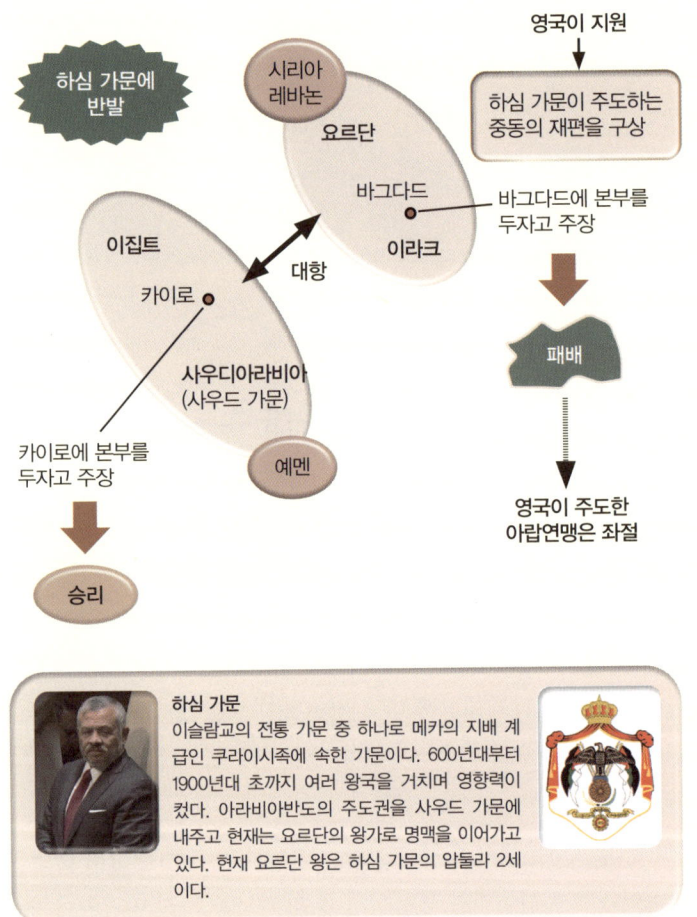

정당'으로 규정했다. 그러다가 2012년에 그 조항을 삭제했으나 사실상 일당 지배가 이루어지고 있다.

1950년경 이라크에서도 바스당이 결성되었다. 초기 당원은 50명 안팎이었지만 빠르게 성장했다. 1960년대에는 같은 시기에 권력을 장악한 이라크와 시리아의 바스당이 이해관계로 대립하며 적대 관계가 되었다. 1970년대 이후 사담 후세인의 지도 아래 바스당은 이라크의 독재 정당으로 성장했으나, 2003년 이라크전쟁으로 후세인 정권이 몰락하면서 바스당의 지배도 막을 내린다.

1945년 이집트 카이로에서 7개국의 아랍연맹 결성

제2차 세계대전 중이던 1943년, 이집트는 중동 각국의 독립이 보장되는 선에서 결속을 다지고 공통의 이익을 실현하자는 취지로 아랍연맹의 결성을 제창했다. 그리해서 1945년 카이로에서 이집트, 이라크, 레바논, 사우디아라비아, 시리아, 요르단, 예멘의 7개국으로 이루어진 아랍연맹이 결성된다.

아랍연맹 결성은 중동을 영구 지배하려는 영국의 새로운 구상과도 맞아떨어졌다. 영국은 아랍의 명문 하심 가문을 통해 아랍 통일 국가를 실현하려 했고, 이라크와 당시 중동에서 가장 강한 군대를 보유한 요르단(지휘관은 모두 영국군)은 모두 하심 가문의 지배 아래 있었다.

아랍연맹이 하심 가문의 영향력을 키우는 데 좋은 도구가 될 거라고 판단한 영국은 이라크 바그다드에 연맹 본부를 설치하기로 계획했다. 그러나 아랍 세계의 주도권을 잡으려던 이집트는 하심 가문과 적대 관계인 사우디아라비아의 사우드 가문의 도움으로 카이로에 본부를 설치하는 데 성공한다. 영국의 중동 지배 구상이 좌절된 것이다.

아랍연맹은 아랍 국가의 독립 지원과 팔레스타인 내 유대인 국가 건설 저지를 목표로 내세웠다.

> 범아랍주의와 이란 백색혁명 1950년대~

미국이 팔레비를 지원, 이란에 친미 정권 수립

미국과 영국이 소련을 견제하려고 중동 문제 개입

뒤에 설명할 수에즈전쟁 이후 이집트의 나세르가 주장한 범아랍주의가 중동에 확산되었다. 1958년 2월 이집트의 나세르 정권과 시리아의 바스당 정권이 손잡고 나세르를 대통령으로 하는 아랍연합공화국을 세웠다. 양국은 목화를 팔아 소련에서 대량의 무기를 구입하고, 소련의 지원을 받아 서구와 아랍 세계의 구지배층이 형성한 체제와 질서에 정면으로 도전한다는 데 뜻을 모았다.

그러자 친서구파인 이라크, 요르단의 하심 가문 연합이 사우디아라비아와 결탁해서 민족운동 확산을 저지했다. 결국 중동은 동서 냉전체제 아래 신세력(카이로)과 구세력(바그다드)으로 분열된 것이다.

그러나 1958년 7월 이라크 바그다드에서 군인 카셈을 중심으로 조직된 청년 장교 그룹 '자유장교단'이 혁명을 일으켜 하심 가문의 왕정을 종식시키고 공화정 수립을 선언한다(이라크혁명). 그 결과 이라크에서 영국의 영향력이 약해졌고, 아랍의 민족운동이 대대적으로 전개되었다. 이런 변화로 소련이 중동에 큰 영향력을 갖게 될까 우려한 미국과 영국은 민족운동의 확산을 막기 위해 중동 문제에 강력히 대응한다.

이란의 30대 총리였던 모하메드 모사데크(1951년)

미국이 지원한 팔레비 국왕의 왕정 복귀와 백색혁명

한편 미국은 이란을 발판으로 세력을 확장해나갔고, 그 과정은 다음과 같다. 제2차 세계대전 당시 영국과 소련은 독일로부터 이란의 석유를 지킨다는 명분으로 이란을 침공해서 테헤란을 중립 지대로 삼고 남부와 북부를 각각 점령했다.

전후 소련은 소비에트이란석유회사를 설립하려 했으나, 이란 정부는 미국의 원조에 의존하며 이를 거부한다. 거대 산유국이었던 이란은 영국 대신 국내에 진출한 미국과 소련도 갈등의 도화선이 될 소지가 다분했다. 이란의 민족운동은 자연히 석유 채굴과 정유, 판매를 독점한 영국의 앵글로-이라니언석유회사를 향했다.

1951년에 수상이 된 민족주의자 모사데크는 석유산업의 국영화를 단행하면서 1952년 영국과의 국교를 단절한다. 그러자 영국이 미국,

프랑스의 석유회사와 카르텔을 형성해 이란 석유를 세계 시장에서 몰아내는 바람에 이란은 재정 위기에 빠진다.

이란의 근대화를 추진한 모사데크의 급진 정책에 반대한 친서구파 팔레비 국왕은 1953년 모사데크를 해임했고, 이들의 대립은 유혈 사태로 번진다. 하지만 미국의 지원을 업은 팔레비와 군부가 승리함으로써 이란의 민주주의는 좌절되고 만다.

이란은 대부분 미국 회사인 8대 석유회사가 출자한 국제합병회사에 석유 이권을 넘기는 대신 이익을 분배하기로 한다. 이로써 이란 석유에 대한 영국의 독점은 막을 내린다.

미국의 도움을 받아 왕정으로 복귀한 팔레비 국왕은 미국과 군사협정을 맺고, 1960년 이스라엘을 승인하는 등 중동 내 미국의 거점 역할을 수행한다. 이후 이란은 약 25년간 친미 정권을 유지하며 장기 집권의 토대를 마련했다.

팔레비 국왕은 미국의 지원으로 1963년 이후 농지 개혁, 국영공장의 민영화, 여성 참정권 승인 등을 골자로 하는 백색혁명을 단행했고, 국내 산업 육성과 군대의 근대화, 미국 문화 개방을 강력하게 추진했다. 미국은 이란의 주요 지역에 군사 기지를 다수 세우고, 군사 고문 3만 명을 파견해서 이란의 군사력 강화에 힘썼다.

그러나 비밀경찰에 의한 치안 유지, 근대화에 따른 심각한 빈부 격차, 전통문화 붕괴는 민중과 종교 세력의 반발을 불러일으켰다. 마침내 시아파 성직자층을 중심으로 백색혁명에 반대하는 움직임이 거세졌고, 이란의 국내 정세는 점차 불안정한 상태로 빠져들었다.

> 수에즈전쟁 1956~1957년

서구에 대항한 나세르가
아랍 세계의 리더로 부상

나세르는 군사 쿠데타로 왕정 폐지와 구지배층 타도

이집트의 혁명 지도자 나세르는 "이집트혁명은 팔레스타인전쟁의 참호에서 시작되었다"라고 말했다. 조악한 소총과 함께 전선에 방치된 연대를 지휘하던 나세르는 이집트인의 적은 다름 아닌 구시대의 왕정 체제라는 것을 뼈저리게 느낀다.

우체국 직원의 아들로 태어난 나세르는 팔레스타인전쟁이 끝나자 사관학교 동창들과 '자유장교단'이라는 청년 장교 단체를 조직했고, 1952년 나기브 등과 왕정 폐지를 주장하는 군사 쿠데타를 일으켜 구지배층을 몰아냈다(이집트혁명). 이때 영국은 20개월 내로 수에즈운하 지대에서 철수할 것을 나세르에게 약속한다.

이집트의 새 정권에 기대를 건 미국은 나세르를 단순한 군인으로 생각하고 포섭을 시도한다. 농지 확대를 위한 대규모 댐 공사인 아스완 댐 프로젝트에 돈을 투자해 이집트를 친미 국가로 만들려던 것이다.

그뿐만 아니라 이라크 바그다드에 본부를 둔 바그다드조약기구라는 군사 동맹에 이집트를 끌어들여 소련과의 냉전에 맞서는 든든한 발판으로 삼으려 했다. 그러나 나세르는 미국의 뜻과 달리 동맹 참가를 거

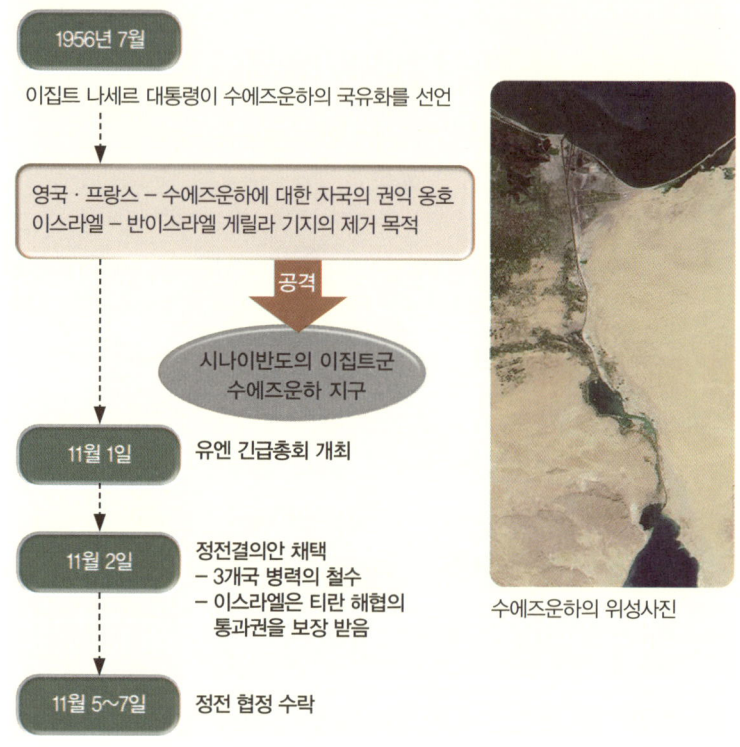

수에즈운하의 위성사진

부하고 인도의 네루, 인도네시아의 수카르노 등과 함께 냉전에서 빠지는 비동맹의 길을 택한다.

1955년 나세르는 소련의 무기를 구입하고, 중국(1949년에 성립한 사회주의 정권)과 국교를 맺는다. 미국은 보복 조치로 아스완댐에 대한 융자 약속을 취소한다. 그러자 나세르는 주주 대부분이 영국인과 프랑스인으로 구성된 수에즈운하회사를 접수해서 국유화 조치를 취하는 과감한 승부수를 던진다.

영국과 프랑스가 나세르 타도를 외치며 수에즈운하 점령

이집트의 이 같은 도전에 영국과 프랑스는 기득권 수호를 위해 전쟁을 이용하려 한다. 1956년 이스라엘군은 반이스라엘 게릴라 기지를 친다는 명분으로 시나이반도로 쳐들어갔고, 낙하산 부대를 투입해서 3개월 만에 시나이반도를 점령한다. 영국과 프랑스 양국의 군대는 두 나라의 전투에 개입한다는 구실을 내세워 수에즈운하 지대를 군사 점령하고 나세르 정권 타도를 노린다. 그것이 수에즈전쟁(제2차 중동전쟁, 1956~1957년)이다.

전쟁이 계속되는 가운데 대통령 선거를 눈앞에 둔 미국은 소련의 전쟁 개입을 염려해서 영국과 프랑스의 공격을 비난한다. 결국 유엔의 즉시 정전 결의와 소련의 이집트 지원 성명으로 영국과 프랑스, 이스라엘군이 이집트 영토에서 철수한다. 과거 중동을 지배했던 영국과 프랑스는 외교에 실패함으로써 무능함을 드러냈고, 새로운 아랍 세계의 리더로서 나세르의 존재감을 국제 사회에 널리 알리는 계기가 되었다.

전쟁 후 1964년, 나세르가 이스라엘에 빼앗긴 팔레스타인 땅을 되찾자고 주창하면서 아랍 국가들이 팔레스타인해방기구를 결성한다. 의장은 전 사우디아라비아 유엔 대사가, 해방군은 이집트군이 맡는다.

제3차 중동전쟁 1967년

이스라엘의 대공습으로
6일전쟁에 패한 이집트

각국의 이해관계 충돌로 아랍 통일의 바스주의도 분열

　이집트가 수에즈전쟁에서 승리한 후 범아랍주의 민족운동이 시리아, 이라크로 확산되면서 중동에 새로운 질서가 형성되는 듯했다. 그러나 현실의 이해관계가 얽히자 국가 간의 전쟁에 다시 불이 붙었고, 금과옥조로 여기던 이념은 뒷전으로 밀려났다.

　이라크혁명의 지도자 카셈은 이라크의 석유 수입을 이집트와 나누는데 불만을 품고 이집트의 나세르와 결별을 선언한다. 또한 나세르가 10년 내 두 배 이상의 소득 증가를 목표로 실시한 국가 차원의 경제 정책에 불만을 표시한 시리아도 1961년 이집트와 결별한다.

　한편 영국은 석유 자원을 확보하기 위해 억지로 이라크 정부를 지원했으나 내부의 복잡한 사정으로 통치에 어려움을 겪었고, 카셈은 북부 쿠르드인의 봉기로 골머리를 앓았다. 1961년 쿠웨이트가 독립하자 카셈은 쿠웨이트를 이라크의 일부로 간주하고 침공을 시도하지만 영국군에게 저지당한다. 결국 카셈은 1963년 육군 공정부대의 쿠데타로 살해되고 바스당 정권이 들어선다.

　시리아에서도 이라크 쿠데타의 영향으로 혁명이 일어나 바스당 정

권이 수립되었다. 그러자 이번에는 석유 자원을 보유한 이라크의 바스당과 그렇지 못한 시리아의 바스당이 갈등을 빚는다. 양국의 바스당은 각자의 이익 추구에 몰두했고, 아랍 통일을 이루자던 바스주의를 망각한 채 서로에 대한 암살을 멈추지 않았다.

이스라엘과 6일전쟁 참패 후 지도력을 잃은 나세르

시리아의 실권을 장악한 급진 군사 집단 바스당은 국내 정치가 벽에 부딪치자 이스라엘과 분쟁을 일으켜 외부에서 해결책을 모색하기로 했다.

시리아의 군사력이 약한 것을 알고 있던 이집트의 나세르는 시리아와 군사 동맹을 맺어 반대 세력을 견제해주는 한편, 민족운동의 지도자라는 권위를 지키기 위해 수에즈전쟁에서 시나이반도에 배치된 유엔 긴급군을 철수시켰다. 그리고 이스라엘 함대가 통과하지 못하도록 아카바만으로 연결되는 티란 해협을 봉쇄했다.

당시 이스라엘은 대량 이민에 의해 건국 초기보다 인구가 4배 이상 증가한 상태였고, 군사력을 비롯한 국가 기반도 한층 강화되어 있었다. 이스라엘은 티란 해협 봉쇄가 전쟁의 이유로 충분하다고 판단하고 1967년 6월 5일 이집트, 시리아, 요르단을 시작으로 이집트 공군 기지 25개를 기습 공격했다. 제3차 중동전쟁이 시작된 것이다.

허를 찌르는 공격으로 이집트의 주력 공군 전투기가 하루 만에 410기나 파괴되었고 시리아, 요르단군도 처참하게 격파당하며 아랍 측은 최악의 패배를 맛본다. 이 전쟁의 패배로 인해 아랍 세계에서 나세르의 명성도 조금씩 금이 가기 시작했다.

이스라엘군은 6일간의 전쟁에서 이집트의 시나이반도, 시리아의 군사 요충지인 골란고원, 요르단의 요르단강 서안을 점령하는 큰 성과를 거두었다.

> 제4차 중동전쟁과 오일 쇼크 1973~1974년

세계 강타한 '오일 쇼크'로 아랍 산유국이 승리

원유 가격은 제4차 중동전쟁 기간 동안 약 4배 인상

1970년 이집트의 나세르 대통령이 죽고 다음 대통령 자리에 오른 사다트는 이스라엘에 점령당한 시나이반도를 되찾고자 시리아와 요르단과 손을 잡고 전쟁 준비에 들어간다.

1973년 남부 이집트군은 수에즈운하를 건너 시나이반도로 쳐들어가고, 북부 시리아군도 골란고원에서 전투에 돌입한다. 아랍 국가들도 지원 부대를 파견하고 서둘러 재정을 지원하는 등 이스라엘 공격에 동참한다.

전쟁의 초기 전투는 기습당한 이스라엘군에게 불리하게 돌아갔으나, 미국이 최신 무기를 대량 공수해서 이스라엘 지원에 나선다. 반면 이집트와 시리아는 소련의 지원을 받는다.

제4차 중동전쟁이 시작되자 아랍 산유국은 석유를 무기로 이집트와 시리아를 원조한다. 이른바 '석유 전략'을 구사한 것이다.

아랍석유수출국기구(OAPEC) 가맹국 10개국과 석유수출국기구(OPEC) 가맹국인 페르시아만 연안의 6개국은 원유 가격을 한번에 70퍼센트나 인상한다. 이것은 국제석유자본(메이저)이 중동 석유 가격을 인하

10장 석유 분쟁과 중동의 민주화 — 353

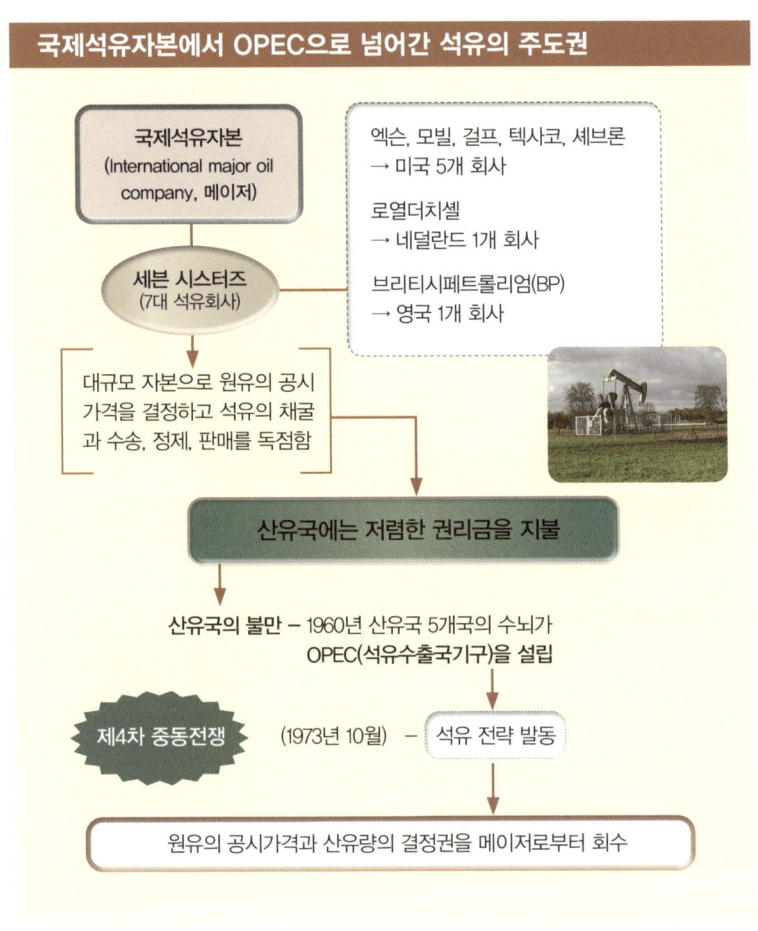

한 것에 대한 대항책이기도 했다. 원유 가격은 제4차 중동전쟁이 벌어지는 동안 약 4배나 인상되었다.

산유국 입장에서 제4차 중동전쟁은 자원 전쟁의 승리로 평가

아랍 산유국으로만 구성된 아랍석유수출국기구는 이스라엘이 제3

차 중동전쟁 때 점령한 아랍 영토에서 철수하고, 팔레스타인인이 권리를 되찾을 때까지 석유 산유량을 매달 5퍼센트씩 감축하기로 결정했다. 그리고 사우디아라비아도 미국이 이스라엘에 군사 지원을 계속할 경우 원유 공급을 중단한다고 발표했다. 이렇게 발생한 석유 부족과 원유 가격 급등은 세계 경제에 큰 타격을 주었다.

1973~1974년에 일어난 제4차 중동전쟁과 이란혁명 이후 석유 수출이 중단되고 이로 인한 석유 부족, 원유 가격 인상으로 세계 경제에 닥친 위기를 '석유 파동(오일 쇼크)'이라고 한다.

중동 석유에 전적으로 의존하는 일본은 1974년 전후 경제 최초로 마이너스 성장을 기록할 만큼 석유 파동의 영향을 크게 받았다. 그러나 중동의 산유국 입장에서 제4차 중동전쟁은 석유수출국기구가 국제 석유자본으로부터 주도권을 되찾은 자원 전쟁의 승리를 의미한다.

전쟁이 장기화되자 미국과 소련이 전면에 나서서 공동으로 유엔안전보장이사회에 즉시 정전 결의안을 제출한다. 이튿날 이집트와 이스라엘은 이를 수락하고 병력 격리 협정을 조인한다.

이후 이집트는 다시 수에즈운하를 통과할 수 있게 되었고, PLO는 팔레스타인의 합법적 대표로 인정받는다. 그렇게 사다트는 이집트의 영웅이 되었다.

> 레바논 내전 1975~1990년

종교 갈등과 주변국 개입, 레바논 전역이 초토화

마론파 민병대가 팔레스타인인을 공격해 내전이 확산

고대 페니키아를 계승한 레바논은 1944년 프랑스 지배로부터 독립을 이루었다. 수도 베이루트는 일찍 서구화의 길을 걸으며 중동의 금융 중심지로서 번영을 누리고 있었다.

인구 500만 명이 넘는 소국 레바논은 기독교 4종파, 이슬람교 3종파로 이루어진 종교적 모자이크 국가이다.

1930년대 이후 대통령은 마론파 기독교도, 총리는 수니파, 국회의장은 시아파, 부총리와 국회 부의장은 그리스정교도를 임명한다는 관행에 따라 간신히 정치적 안정을 유지해왔다. 하지만 실제로는 다수파를 차지한 기독교도가 대부분의 특권을 누리며 경제를 좌우했고, 제2차 세계대전 후에는 이슬람교도가 빠르게 증가하면서 양측의 대립이 고조되었다.

PLO가 요르단에서 쫓겨나 레바논으로 근거지를 옮기자, 유혈 사태를 우려한 레바논 정부는 PLO에 자치정부나 다름없는 특권을 주고 이스라엘에 대한 공격을 묵인했다. 그러나 1975년 베이루트 외곽에서 마론파 민병대가 팔레스타인인들이 탄 버스를 공격해 이슬람교도 27

명을 살해하는 사건이 일어났고, 이후 해묵은 갈등이 폭발하며 전국으로 내전이 확산되었다.

1976년에는 베이루트 외곽에 있는 팔레스타인 난민 캠프를 공격해서 약 4,000명이 목숨을 잃었다. 시리아는 당초 이슬람 측에 서서 참전했으나, 나중에는 레바논의 종파 균형을 깨지 않기 위해 마론파 측으로 돌아섰다. 시리아군의 개입으로 내란은 잠시 진정 국면에 접어들었다.

이스라엘, 시리아, PLO 등이 개입한 레바논 내전

그러나 무력 투쟁이 계속되자 1982년 이후 이스라엘이 참전해서 레바논 남부 베이루트를 침공했다. 이스라엘은 PLO를 레바논에서 철수시키고 마론파의 주도 아래 친이스라엘 정권을 수립하려 했다. 하지만 시리아의 지원을 얻은 이슬람교도와 이란의 지원을 얻은 시아파 민병 조직 헤즈볼라가 이스라엘군과 치열한 전투를 이어가며 내전은 장기화에 돌입했다.

미국은 1990년에 일어난 걸프전쟁에 참전한 대가로 시리아의 레바논 침공을 인정한다. 시리아군이 기독교도, 이슬람교도 민병 지도자로 구성된 거국내각을 세우고 마론파 민병 조직을 무장 해제함으로써 어렵사리 내전이 종결된다.

이스라엘, 시리아, PLO 등이 개입한 15년간의 내전으로 레바논의 관광업, 금융업이 거의 붕괴되다시피 했고, 중동의 파리라 불리던 수도 베이루트는 물론 레바논 전역이 초토화된다.

내전 후 시리아군 약 3만 명이 주둔하며 레바논 정부를 조종했으나, 2005년 하리리 전 총리가 암살되자 미국 등이 시리아군 철수를 종용해 2005년에는 정보기관을 포함한 전 시리아군이 레바논에서 철수했다.

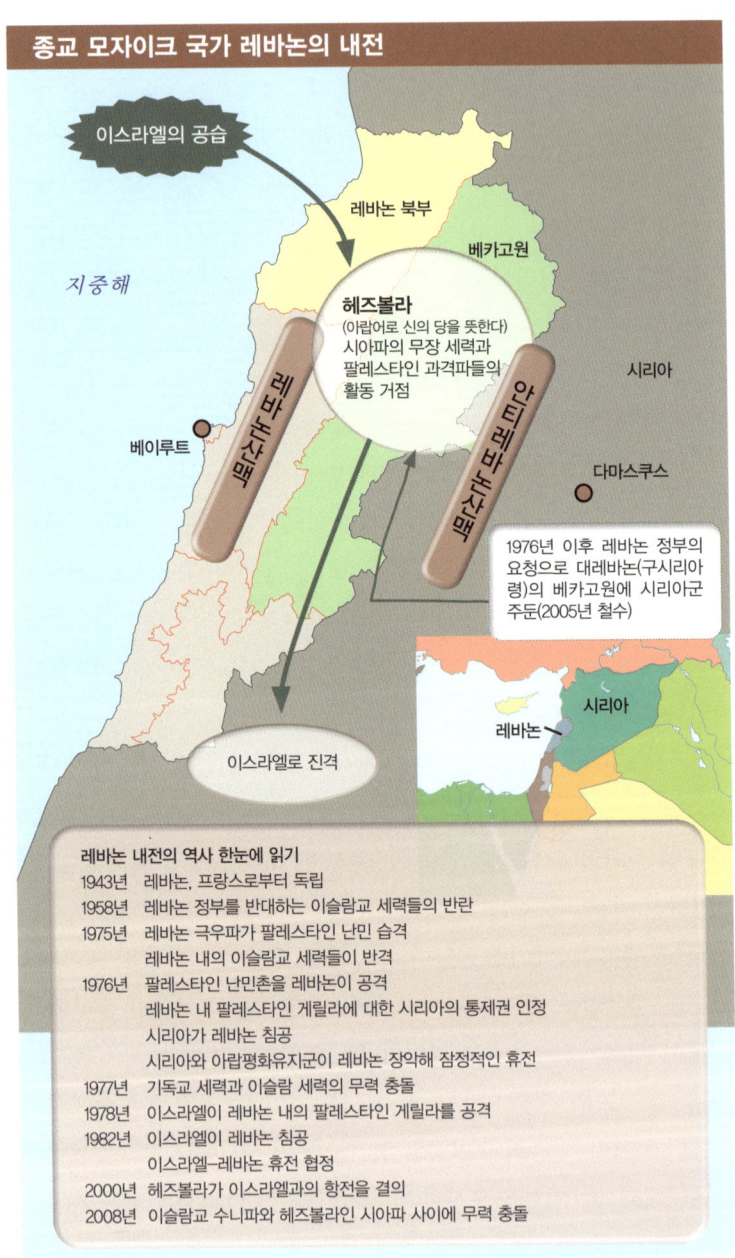

종교 모자이크 국가 레바논의 내전

- 이스라엘의 공습
- 레바논 북부
- 베카고원
- 지중해
- 헤즈볼라 (아랍어로 신의 당을 뜻한다) 시아파의 무장 세력과 팔레스타인 과격파들의 활동 거점
- 레바논산맥
- 안티레바논산맥
- 시리아
- 베이루트
- 다마스쿠스
- 1976년 이후 레바논 정부의 요청으로 대레바논(구시리아령)의 베카고원에 시리아군 주둔(2005년 철수)
- 이스라엘로 진격
- 시리아
- 레바논

레바논 내전의 역사 한눈에 읽기

- 1943년 레바논, 프랑스로부터 독립
- 1958년 레바논 정부를 반대하는 이슬람교 세력들의 반란
- 1975년 레바논 극우파가 팔레스타인 난민 습격
  레바논 내의 이슬람교 세력들이 반격
- 1976년 팔레스타인 난민촌을 레바논이 공격
  레바논 내 팔레스타인 게릴라에 대한 시리아의 통제권 인정
  시리아가 레바논 침공
  시리아와 아랍평화유지군이 레바논 장악해 잠정적인 휴전
- 1977년 기독교 세력과 이슬람 세력의 무력 충돌
- 1978년 이스라엘이 레바논 내의 팔레스타인 게릴라를 공격
- 1982년 이스라엘이 레바논 침공
  이스라엘-레바논 휴전 협정
- 2000년 헤즈볼라가 이스라엘과의 항전을 결의
- 2008년 이슬람교 수니파와 헤즈볼라인 시아파 사이에 무력 충돌

팔레스타인 자치정부 수립 1993년

이스라엘과 PLO의 오슬로 협정도 유명무실화

전 세계를 놀라게 한 라빈과 아라파트의 평화협정

1988년에 PLO는 이스라엘의 생존권 인정과 팔레스타인 국가의 독립을 요구하며 미국, 이스라엘과 대화 노선을 유지한다. 그러한 가운데 1993년 느닷없이 북유럽의 소국 노르웨이의 수도 오슬로에서 전 세계인을 놀라게 한 평화협정이 이루어진다(오슬로 협정).

그동안 서로를 인정하지 않았던 이스라엘과 PLO가 북유럽 소국의 중재로 서로의 존재를 인정하기로 하면서 팔레스타인 문제가 해결될 조짐이 보인 것이다. 소국 노르웨이의 외교 노력이 국제 분쟁과 난민 해결의 단서를 제공한 것은 충분히 칭찬받을 만한 일이었다.

같은 해, PLO 의장 아라파트와 이스라엘 총리 라빈은 역사적인 평화협정인 팔레스타인잠정자치협정을 미국의 클린턴 대통령 입회하에 백악관에서 조인한다. 라빈은 팔레스타인에서 소년이 돌을 던지며 시작된 인티파다를 무력으로 진압할 당시 국방장관이었던 인물인데, 강경 입장을 180도 비꾸어 화해 모드로 돌아선 것이다.

그 후 PLO와 아라파트는 팔레스타인으로 돌아갔고, 가자 지구와 요르단강 서안에서 팔레스타인 자치가 확대되었다. 1996년 치러진 선

요르단강 서안 지구의 이스라엘 분리 장벽

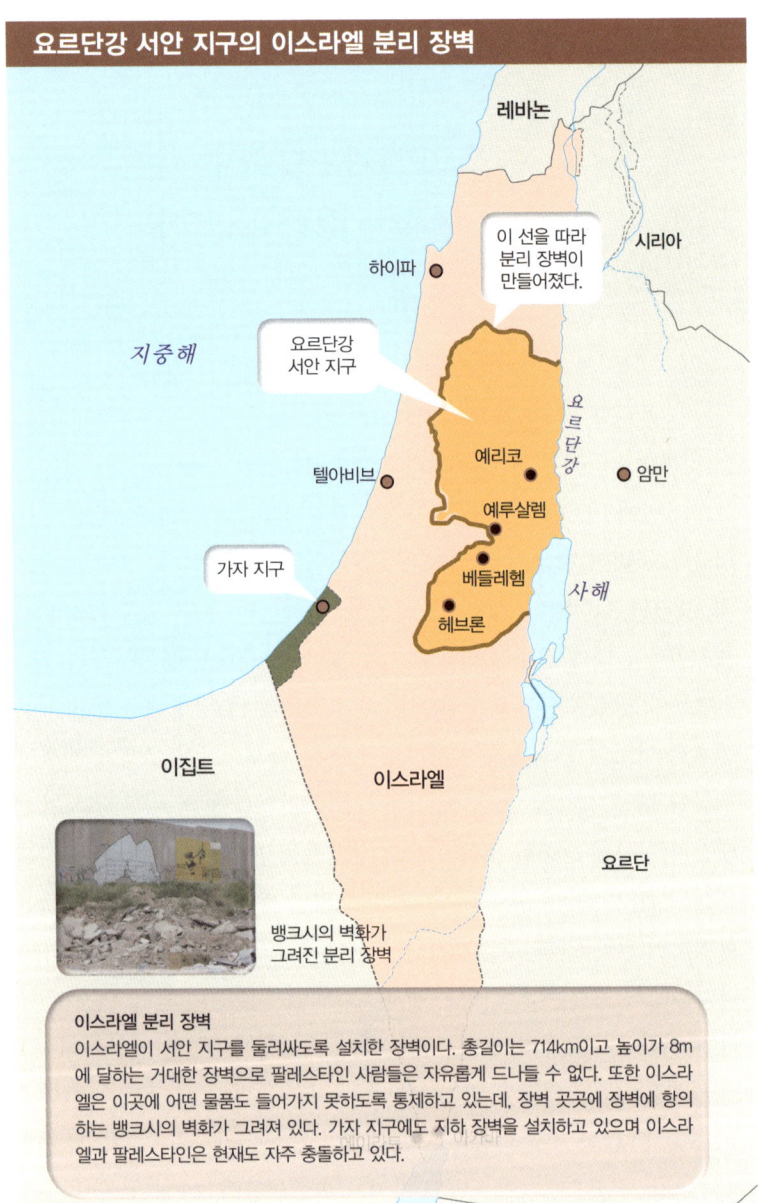

뱅크시의 벽화가
그려진 분리 장벽

이스라엘 분리 장벽
이스라엘이 서안 지구를 둘러싸도록 설치한 장벽이다. 총길이는 714km이고 높이가 8m 에 달하는 거대한 장벽으로 팔레스타인 사람들은 자유롭게 드나들 수 없다. 또한 이스라 엘은 이곳에 어떤 물품도 들어가지 못하도록 통제하고 있는데, 장벽 곳곳에 장벽에 항의 하는 뱅크시의 벽화가 그려져 있다. 가자 지구에도 지하 장벽을 설치하고 있으며 이스라 엘과 팔레스타인은 현재도 자주 충돌하고 있다.

거에서는 팔레스타인 자치정부 의장에 아라파트가 선출된다.

유대인 정착지와 팔레스타인인 거주지 사이의 분리 장벽

그러나 1995년에 체결된 오슬로 협정의 입안자 라빈 총리가 유대교 광신도에게 암살되는 사건이 발생한다. 유대교도의 땅을 이교도에게 팔아넘긴 배신자라는 이유를 내세웠는데, 일부 유대교 성직자는 그 암살이 정당한 행위라고 공개적으로 평가했다.

2001년 실시된 이스라엘 선거에서는 우파 리쿠드당의 샤론이 총리로 당선되어 평화 협상이 중단된다. 샤론 총리는 팔레스타인인의 봉기를 진압하고 점령 지역 내 유대인 정착지를 확대했으며, 군대를 동원해 팔레스타인 저항 운동을 무차별적으로 진압한다. 이로써 팔레스타인에 다시 격렬한 무력 충돌이 발생한다.

아라파트는 2001년 텔레비전에 출연해 무장 투쟁 중단을 선언했으나 테러는 멈추지 않았고 이스라엘군의 공격은 더욱 거세졌다. 2002년 이스라엘은 요르단강 서안 지구의 유대인 정착지와 팔레스타인인 거주지 사이에 거대한 분리 장벽을 세우기 시작한다.

2004년 요르단강 서안 라말라에 장기간 감금되어 있던 아라파트가 사망한다. 차기 팔레스타인 자치정부 의장에는 온건파 파타의 아바스가 선출된다. 2005년 이스라엘 강경파인 샤론 총리가 병으로 쓰러지고, 2006년에는 팔레스타인평의회에서 이슬람 과격파 하마스가 과반수를 얻는 등 사태가 급속도로 돌변한다.

현재 온건파 파타는 요르단강 서안 지구, 강경파 하마스는 가자 지구를 통치하고 있다. 2023년 10월에 하마스의 대규모 테러 공격을 받은 이스라엘의 보복 침공으로 가자 지구는 초토화되었다.

> 호메이니의 이란혁명 1979년

이슬람 원리주의 내세운 호메이니의 종교혁명

이란혁명은 이슬람 전통으로 회귀하는 종교혁명

1979년 이란에서 일어난 이슬람혁명은 중동 전체를 뒤흔들며 민족운동의 조류를 바꾼다. 백색혁명에 따른 미국식 근대화, 비밀경찰의 반대파 탄압, 빈부 격차 확대, 재정 악화는 수많은 이란인을 왕정에 반대하는 세력으로 뭉치게 했다. 그 중심에 선 인물이 시아파 최고 성직자(아야톨라) 호메이니였다.

1978년 시아파의 성지 콤을 비롯한 여러 도시에서 민중 시위가 일어났고, 이를 무자비하게 진압해서 희생자가 수천 명 발생한다. 이후에도 1년간 계속된 민중 시위는 수도 테헤란에서 수십만 명이 왕의 퇴위를 요구하는 거대 시위로 번진다. 연일 계속되는 격렬한 시위에 경찰과 군대까지 가세하는 등 벼랑 끝에 몰린 팔레비 국왕은 1979년 1월 망명길에 오른다.

팔레비 국왕이 이집트로 피신한 후, 망명지 파리에서 귀국한 호메이니는 고위 성직자인 자신이 직접 이슬람교에 입각한 법률을 제정하고 통치하겠다며 반대파를 숙청한다. 즉, 이란혁명은 이슬람 전통으로 회귀하는 이른바 종교혁명이었다. 유럽사로 치면 청교도혁명에 비유

중동을 뒤흔든 이란혁명의 의미와 영향

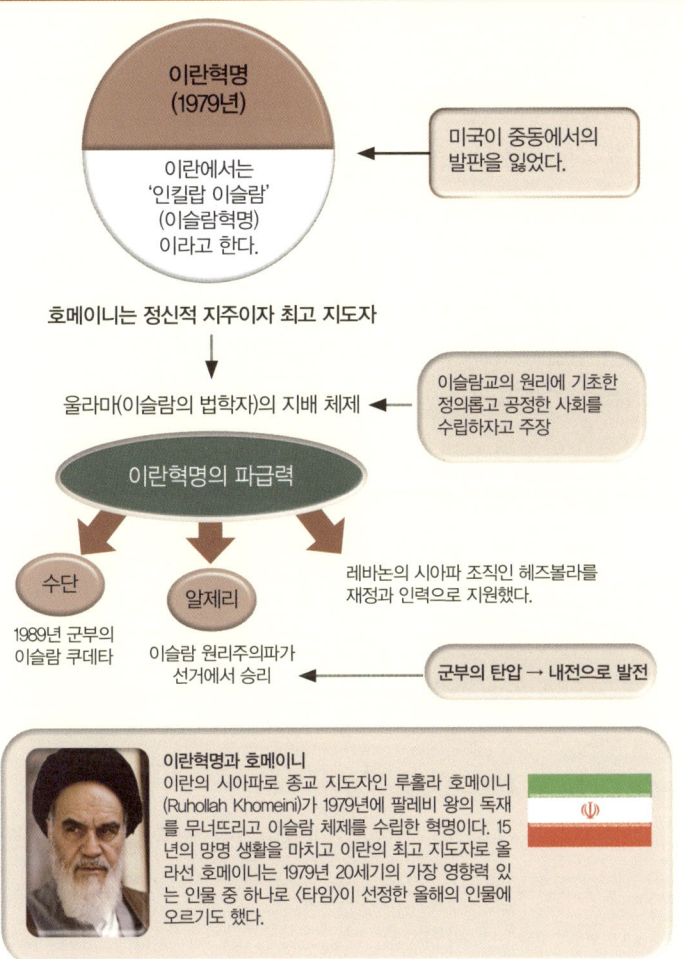

할 수 있을 것이다.

　미국과 소련은 물론 석유를 지배하는 페르시아만 연안국의 수장들

마저 이슬람 교리에 반하는 세력으로 규정하며 이슬람 도덕으로 회귀하라고 주장하자 주변 지역은 호메이니에게 위협을 느낀다.

혁명의 파급을 두려워한 소련의 아프가니스탄 침공

소련은 중앙아시아에 카자흐인, 타지크인, 우즈베크인 등으로 구성된 식민지나 다름없는 여러 이슬람 공화국을 거느리고 있었기 때문에 이란혁명의 영향이 인근 아프가니스탄을 거쳐 영내에 미칠 것을 우려했다. 그리고 아프가니스탄에서 이슬람 세력을 지속적으로 탄압한 공산당 아민 정권이 아프가니스탄에 이란혁명을 확산시킬 위험이 있다는 판단 아래 아민을 몰아내기 위해 1979년 아프가니스탄을 침공한다. 그러나 이유가 어쨌든 간에 이슬람교도들은 소련군의 침략에 반발했고, 9년 동안이나 전면적으로 저항하며 소련에 심각한 타격을 입혔다.

여러 이슬람 국가에서 수많은 의용군이 이슬람 전사(무자헤딘, 성스러운 전사라는 뜻으로 소련의 아프가니스탄 침공에 맞서 싸운 군인)를 자처하며 아프가니스탄에 모여들었고, 소련의 세력 확대를 우려한 미국은 파키스탄을 통해 게릴라 세력에게 적극적으로 무기를 공급하는 등 군사 지원을 했다.

1989년 고르바초프 서기장의 결단으로 소련군이 철수한 뒤에는 사병(私兵)을 보유한 부족과 민족 사이에 끊임없이 전투가 벌어져 아프가니스탄이 초토화되었다.

극심한 혼란 가운데 파키스탄 난민 캠프 인근에 있는 신학교에서 이슬람교를 공부한 원리주의자 무장 세력 탈레반이 1996년 수도 카불을 점령하고 이슬람법에 입각한 극단적인 통치에 들어간다. 소련은 파병에 실패해서 심각한 타격을 입은 채 철수하고, 아프가니스탄은 결국 우려하던 상황과 마주하게 된다.

> 이란 · 이라크전쟁 1980~1988년

이란 · 이라크전쟁에서 미국은 사담 후세인 지원

미국은 이슬람혁명을 막는 방어벽으로 사담 후세인을 선택

미국은 이란혁명(1979)으로 인해 중동의 강력한 동맹국을 잃는 큰 타격을 받는다. 또한 이란의 이슬람혁명이 페르시아만 연안국으로 확산되는 것을 저지해야 했다. 이란혁명과 같은 해에 일어난 바레인과 사우디아라비아 동부의 시아파 폭동, 메카 카바 신전 점거 사건 등이 페르시아만 연안국에 영향을 미칠까 우려한 것이다.

미국은 이슬람혁명을 막는 방어벽이 될 만한 세력으로 이라크 바스당의 지도자 사담 후세인을 선택하는 승부수를 던졌다. 사담 후세인은 《자서전》에도 밝혔듯이 젊은 시절 카셈 대통령을 저격하고 카이로로 망명했다가 다시 귀국한 후, 정계에서 승승장구하며 바스당 최고 자리를 꿰찬 야심만만한 인물이다.

두 차례에 걸친 석유 가격 급등으로 막대한 자금을 벌어들인 사담 후세인은 오일머니를 쏟아붓는 정책으로 민심을 장악한 후, 1970년대 말부터 바스당의 기존 친소 노선에서 이탈해서 서구 국가에 접근했다. 그는 군비를 확대하고 정적을 닥치는 대로 숙청하며 자신의 정치적 기반을 확고하게 다진 독재자였다.

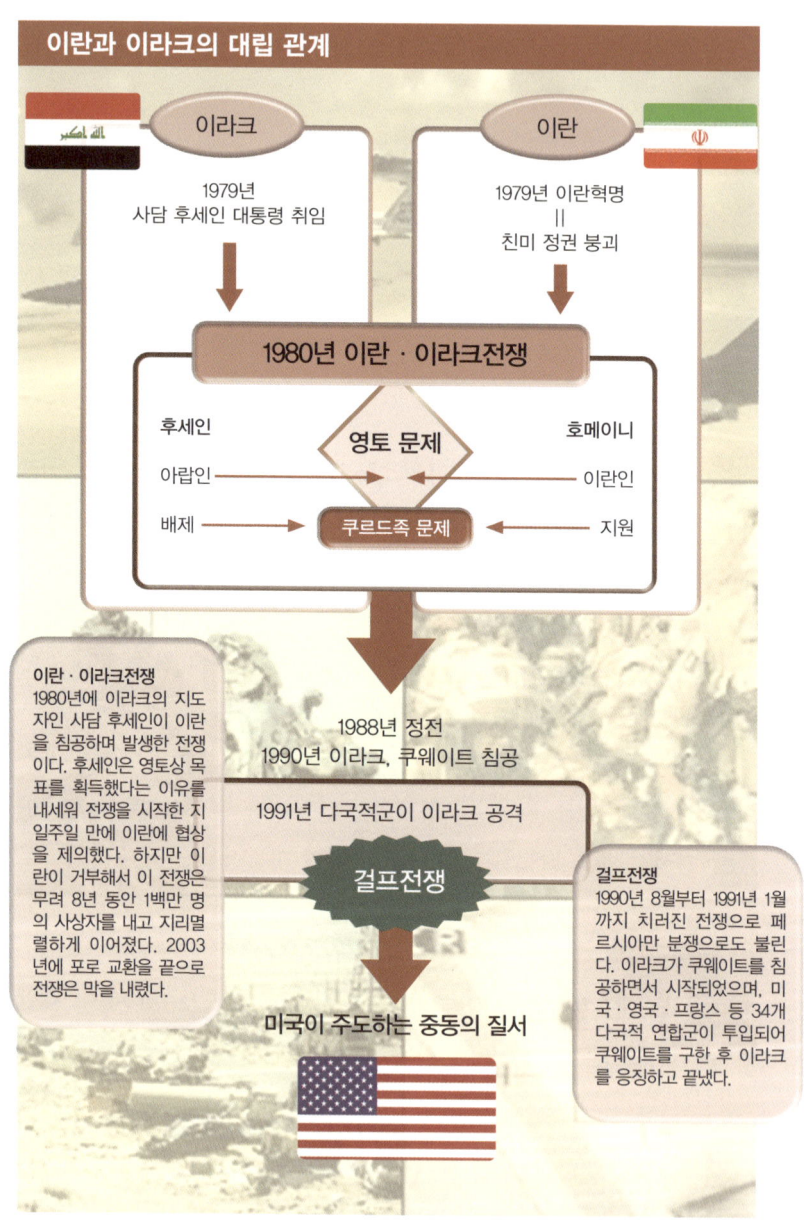

이란혁명이 일어나자 후세인은 이라크 남부 시아파로 혁명이 확산될 것을 우려한다. 이라크인의 다수파는 시아파이지만, 그의 강권 통치로 소수파인 수니파 정권을 유지하고 있었기 때문이다. 이란혁명 중에 군대가 해체되는 틈을 이용해 마침내 후세인은 이란을 침공하는 전쟁에 나선다.

1980년 후세인이 남부 국경을 넘어 이란을 공격하면서 이란·이라크전쟁이 시작되었다. 전쟁은 당초 예상과 달리 1988년까지 이어졌으며, 양국의 사망자는 약 40만 명과 전비가 1조 달러에 이르는 대규모 전쟁이 되었다. 산유국으로 석유 덕을 톡톡히 보던 양국의 재정 상태는 이 전쟁 때문에 바닥을 드러내게 된다.

1982년 이후 이란군이 점차 우세를 점하며 이라크를 공격하자, 미국은 단호한 결의로 1984년부터 이라크에 무기 조달과 경제 지원을 아끼지 않는다. 미국은 이라크를 동맹자로 대했고, 마침내 중동전쟁에 직접 개입하게 되었다. 후세인과 손을 맞잡은 것이다.

그러나 장기간의 무모한 전쟁으로 이라크의 대외 채무는 700억 달러에서 800억 달러로 불어난다. 후세인은 전쟁의 후유증에서 벗어나 명성과 권위를 되찾고 재정을 다시 회복해야 하는 상황에 놓인다.

1990년 이라크군 약 10만 명이 쿠웨이트를 침공

1988년 이란·이라크전쟁은 정전협정을 체결했으나 막대한 채무를 부담하게 된 사담 후세인은 건곤일척의 승부수를 띄웠다. 국경에 걸친 루마일라 유전을 놓고 분쟁하던 페르시아만 연안국 쿠웨이트를 침공하기로 한 것이다. 침공을 위한 후세인의 정치적 명분과 경제적 계산은 다음과 같다.

이라크에서는 쿠웨이트가 오스만제국 시대에 바스라주 일부였다는 주장이 뿌리 깊다. 따라서 쿠웨이트를 19번째 주로 병합하면 국내에서 정치적 기반과 명성을 확고히 다지는 한편, 전 세계 석유 매장량의 40퍼센트를 차지함으로써 재정을 충당할 수 있다는 속셈이었다. 게다가 이라크는 미국의 군사 원조 덕분에 근대 무기를 갖춘 전 세계 4위의 군사 대국으로서 중동의 패권을 장악할 수 있다.

이러한 계산에 따라 1990년 이라크군 약 10만 명이 쿠웨이트를 침공한다. 사태를 미리 인지한 쿠웨이트 총리 일족은 사우디아라비아로 긴급히 피신한다. 이라크의 쿠웨이트 점령은 싱겁게 끝났고 후세인의 야망은 실현된 것처럼 보였다.

그러나 후세인의 행동은 사우디아라비아와 페르시아만 연안에 대량의 석유 이권을 보유한 미국에 정면 도전하는 것으로 보이는 무모한 행동이었다. 미국은 중동에 강대국이 탄생하는 것을 원치 않았다.

후세인은 페르시아만 연안 산유 지대를 장악한 외국 세력과 봉건 왕족에게 도전하고 아랍의 통일을 외치며 제2의 나세르를 꿈꾸었다. 그러나 미국은 중동 질서의 변화를 허락하지 않았다.

걸프전쟁 1991년

쿠웨이트 방어를 위해
미국이 개입한 걸프전쟁

미국 등 다국적군의 공격으로 42일 만에 끝난 걸프전쟁

 냉전 시대에 미국이 내세운 3대 중동 정책은 반소련, 이스라엘 수호, 페르시아만 연안국 수호였다. 1960년대까지는 소련의 남하를 저지하고 민족운동을 진압하는 것이 외교 정책의 핵심이었다면, 1973년 제4차 중동전쟁 이후에는 석유 가격 급등으로 산유국의 중요성이 높아지면서 페르시아만 연안의 친미 국가들을 수호하는 것이 급선무가 된 것이다.

 또한 1980년대 말에서 1990년대 초에 걸쳐 일어난 동유럽혁명과 소련의 붕괴로 냉전이 종식되면서 반소련 정책은 유명무실한 상태가 되었다. 따라서 이란혁명이 페르시아만 연안국 지역에 미치는 영향을 차단하고, 급진적 이슬람혁명을 거듭하는 아프가니스탄과 군사 대국을 꾀하는 이라크 사담 후세인을 저지하는 것이 새로운 목표였다.

 아이러니한 것은 이들 세력들이 모두 미국의 직간접적인 지원의 영향으로 형성되었다는 점이다. 사담 후세인의 쿠웨이트 공습이 일시적으로 성공하자 미국의 부시(아버지) 대통령은 "타협으로 새로운 히틀러를 등장시킬 수는 없다. 단호하게 무력을 행사해야 한다"라는 영국

10장 석유 분쟁과 중동의 민주화 — 369

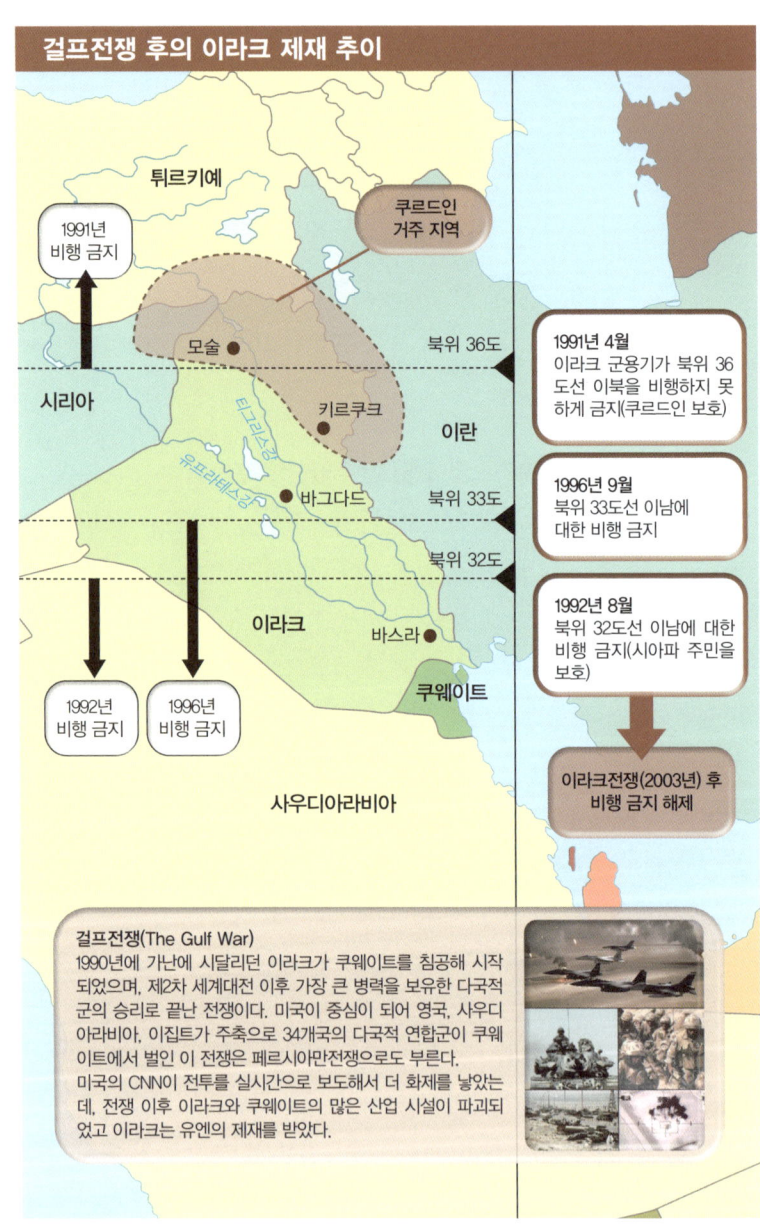

대처 수상의 주장을 받아들여 걸프전쟁에 나선다.

미국은 군인 15만 명(나중에 50만 명으로 증강)을 중동 최고의 석유 이권국인 사우디아라비아에 파견했고, 이라크를 침략자로 규정한 유엔 안전보장이사회는 이라크군을 쿠웨이트에서 몰아내기 위해 모든 수단을 동원한다는 결의를 했다.

소련도 미국의 주장을 지지하고 유엔은 1990년 11월 무력행사를 45일간 유예한다는 결의를 채택한다. 그러자 이라크는 이스라엘이 팔레스타인 점령 지역에서 철수하면 이라크도 쿠웨이트에서 철수하겠다며 팔레스타인 문제와 쿠웨이트를 엮어 아랍인의 지지를 얻으려 했다. 요르단, 예멘, 튀니지, PLO는 이라크의 입장을 지지했다.

유예 기간이 끝난 1991년 1월, 미국이 지휘하는 28개국 다국적군이 쿠웨이트를 점령한 이라크군과 전투(사막의 폭풍 작전)를 개시한다.

이미 군사무기 면에서 다국적군에게 크게 밀린 이라크군은 42일간의 전투에서 패하고 철수한다. 이것이 걸프전쟁이다. 이 전쟁으로 미국은 중동 세계에 힘을 과시한 셈이고, 동시에 이란의 백색혁명 때처럼 중동에 깊이 개입해서 페르시아만 연안의 현 체제를 수호하겠다는 미국의 의지를 명백히 드러낸 군사 행동이기도 했다.

미국이 이라크를 침공해 후세인을 체포한 다음 전범으로 처형

걸프전쟁에서 패한 이라크에서는 남부 시아파 민중이 사담 후세인의 독재에 반대하며 봉기하고, 북부 쿠르드인 또한 봉기해서 유전 지대를 점거한다.

이라크 국내 상황이 이렇게 돌아가자 미국은 추가 공격으로 후세인 정권을 몰아내려던 계획을 당분간 보류한다. 분열과 대혼란 속에 있는 이라크의 불안한 정세가 페르시아만 연안국에 확산될 것을 우려해서 반신불수 상태의 후세인 정권을 유지하기로 한 것이다.

그러나 후세인 정권은 시아파 주민 대량 학살 등 강압적인 국내 통치와 석유 이권 활용으로 재기에 성공한다. 2003년 미국이 대량살상무기를 제거한다는 명목으로 이라크를 침공해 후세인을 체포한 다음 전범으로 사형선고를 내리고 2006년 12월 30일 처형한다.

한편 중동 사회에서는 성스러운 아라비아반도에 방대한 미군이 주둔하는 것을 허용했다는 이유로 사우디아라비아의 입지가 흔들리고, 이라크를 지지한 PLO도 입장이 난처해지면서 아랍 국가들의 분열이 심화되는 후유증을 안게 된다.

미국은 정세가 불안정한 중동에 전쟁을 수단으로 삼아 깊이 개입하면서 많은 문제를 떠안게 되었다. 전쟁에서는 승리했지만 반미 테러가 빈번하게 일어나는 등 불안 요인이 증가한 것이다.

> 알카에다의 9.11 테러 2001년

알카에다가 여객기로
뉴욕 세계무역센터를 테러

오사마 빈 라덴은 알카에다를 통해 자신의 범행이라고 발표

 2001년 9월 11일, 네 대의 미국 국내선 여객기가 공중에서 납치되었다. 두 대는 승객을 태운 채 세계 경제 중심지 뉴욕을 상징하는 세계무역센터(쌍둥이빌딩)를 잇달아 들이받아 3,000여 명에 달하는 사망자를 냈다.

 또 다른 한 대는 국방부(펜타곤)로 돌진해서 건물 일부를 파괴했고, 나머지 한 대는 피츠버그 근교에 추락했다. 할리우드 영화에서나 볼 법한 대형 테러 사건이 일어난 것이다. 그 광경은 텔레비전으로 전 세계에 방송되었고, 아수라장이 된 현장의 모습은 전 세계인들을 경악하게 했다.

 사우디아라비아의 대표적인 부호 빈 라덴의 일족 오사마 빈 라덴은 자신이 이끄는 국제 테러 조직 알카에다를 통해 범행을 알리는 성명을 발표해 다시 한번 전 세계인들을 놀라게 했다.

 빈 라덴은 반소련 게릴라 활동에 깊이 공감해서 아프가니스탄으로 건너갔고, 자신의 경제력을 바탕으로 조직 내에 입지를 다졌다. 이슬람 원리주의 조직 알카에다를 이끈 빈 라덴은 아라비아반도에 대량의

아프가니스탄을 구성하는 주요 민족

파슈툰족
아프가니스탄의 최대 민족 집단이며, 전 인구의 44%를 차지하고 있다. '아프간족'이라고도 부르는데 주로 아프가니스탄 남동쪽에 모여 살고 있다.

타지크족
중앙아시아에서 살았던 유목민으로 타지키스탄보다 아프가니스탄에서 더 많이 살고 있다. 아프가니스탄 인구의 29%를 차지하고 있다.

하자라족
아프가니스탄 중부 산지에 살고 몽골인의 후예로 추정되고 있으며, 현재 아프가니스탄 인구의 약 16%를 차지하고 있다.

우즈베크족
중앙아시아에 사는 투르크계 민족으로 아프가니스탄 인구의 약 9%를 차지하는데, 우즈베크족의 80%가 우즈베키스탄에 살고 있다.

이란계 파슈툰 가족

바미안 석불. 아프가니스탄에 있던 간다라 양식의 석불로, 탈레반이 로켓으로 폭파해서 현재는 흔적만 있다. 2001년, ⓒ James Gordon, W-C

군대를 주둔시킨 미국이 이슬람 세계를 더럽히고 있다며 주도면밀하게 테러를 준비해서 실행했다고 한다.

그런데 아프가니스탄 산속에 있는 인물이 정말 미국을 비롯해 전 세계를 충격에 빠뜨리는 테러 행위를 저지른 것일까. 여러 의문에도 불구하고 미국은 알카에다의 범행으로 단정했고, 부시 대통령은 전 세계에서 활동 중이 이슬람 원리주의 테러 조직과의 전쟁을 선포한다. 대량 살상에 대한 공포와 복수심에 사로잡힌 미국 국민들도 부시의 전쟁을 전적으로 지지했다.

테러와의 전쟁에 표적이 된 아프가니스탄의 탈레반 정권

미국군과 영국군은 2001년 10월부터 12월까지 알카에다와 알카에다를 지지하는 아프가니스탄 탈레반 정권에 무자비한 폭격을 가했다.

탈레반은 1994년 무장 세력에 의한 내전이 끊이지 않던 아프가니스탄에서 두각을 나타냈고, 1996년 수도 카불을 장악하고 2000년 말에는 영토의 90퍼센트를 지배하게 되었다. 탈레반은 세계적으로 유명한 바미안의 거대 석불을 폭파해서 전 세계 이목을 집중시켰다.

파키스탄 난민 캠프에서 조직된 탈레반이 강력한 무기와 풍부한 자금을 사용해 단기간에 아프가니스탄을 장악할 수 있었던 것은 파키스탄 국군과 정보기관의 지원 덕분이었다. 다른 군벌에 비해 상식적인 규율을 적용한 탈레반은 각지의 민중에게 환영받았으나, 정권을 장악한 이후로는 이슬람법에 입각해서 엄격하게 통치하기 시작했다.

미국은 아프가니스탄 북부동맹과 손을 잡고 탈레반 정부를 침략하기로 결정했다. 아프가니스탄 북부동맹은 원래 구소련령 이슬람 국가에 이슬람 원리주의의 영향력이 미칠 것을 우려한 러시아로부터 무기를 지원받아 탈레반에 맞섰으나 역부족이었다. 그러다가 9.11 테러 사건으로 미국을 비롯한 다국적군의 지원을 받고서 수도 카불과 남부의 거점 칸다하르를 점령한 뒤 탈레반 정권을 무너뜨린다.

> 이라크전쟁 2003년

이라크의 민족과 종교 분쟁은 끝없는 분열의 악순환

부시 대통령은 이라크, 이란, 북한을 '악의 축'으로 규정

1991년 걸프전쟁이 끝나자 유엔은 이라크에 국제원자력기구IAEA의 사찰을 수용하라고 요구했다. 쿠웨이트에 대한 배상금 지급, 대량살상무기와 장거리미사일 폐기, 핵무기 계획 포기를 감시하기 위해서였다.

전쟁에서 패한 이라크는 유엔의 요구 조건을 수락했다. 미국은 이후 이라크에 비행 금지 구역을 설정해서 감시 비행을 하고, 간헐적으로 미사일 공격을 실시하며 계속해서 경제를 봉쇄했다.

그리고 이라크는 생화학 무기와 장거리미사일을 생산하는 제조 공장의 90퍼센트 이상이 1998년까지 검증 가능한 형태로 폐기되었다는 입장이었다. 하지만 여전히 숨겨둔 대량살상무기가 많다는 설이 있어서 유엔과 이라크는 사찰 방법을 놓고 의견이 엇갈리는 상황이었다.

2001년 미국 동시 다발 테러(9.11 테러)에 아프가니스탄 공격으로 대응한 부시 대통령은 2002년 연두교서에서 국제 테러를 지원하고 대량살상무기를 개발하며 민중을 억압하는 이라크, 이란, 북한을 '악의 축'으로 규정했다. 이들 국가를 반테러 전쟁의 두 번째 표적으로 삼겠다고 표명했다.

이라크는 유엔 결의에 따라 모든 시설에 대한 사찰에 응했고, IAEA 등은 이후에도 지속적으로 감시해야 한다고 주장했다. 그러나 미국은 이라크가 유엔 결의를 위반한 사례를 들어 틀림없이 대량살상무기를 은닉하고 있을 것이라고 주장했다.

마침내 미국은 전 세계의 반대(2003년 2월 15일에 일어난 시위에 세계 60개국에서 1,000만 명 이상이 참가)와 유엔안전보장이사회 내의 소수 의견을 무시하고 안전보장이사회의 결의 없이 영국과 연합해서 이라크를 공격했다.

무차별 테러와 반미 투쟁의 확산으로 국내 정세 불안

2003년 3월 20일 미국군과 영국군은 대량살상무기 제거, 후세인 정권 타도와 이라크 국민의 해방을 기치로 바그다드를 공습하는 동시에 쿠웨이트에서 이라크로 진격했다.

테러 조직 및 그 지원 국가에 대한 선제공격을 주장하는 부시 독트린을 최초로 실행한 대테러 전쟁이었다.

미국은 13만 명의 지상군 병력을 동원하고 GPS유도탄, 레이저유도탄 같은 신무기를 사용해 결사 항전으로 맞서는 이라크의 주요 기지를 폭격했다. 북부에서는 쿠르드인 부대와 함께 진격해서 약 한 달 만에 이라크 전역의 지배권을 장악했다.

전쟁 종결 선언 이후 미국은 이라크에 민주 정권을 세운다는 방침을 실현하려 했으나 팔루자에서 일어난 대규모 전투, 각지에서 벌어지는 무차별 테러와 반미 투쟁의 확산으로 새로운 정권을 수립하는 데 어려움을 겪는다. 전쟁에 협력했던 국가들도 이라크의 집요한 저항 운동으로 고전하다 잇달아 이라크 철수를 선언한다.

시아파는 사담 후세인과 정반대로 북부 쿠르드인과 연대

2005년 이라크에 새로운 헌법이 제정되면서 연방제와 의원내각제가 도입되었다. 그러나 형식적인 민주주의가 이라크에 뿌리를 내리는 데 실패함으로써 정정 불안은 계속되었다. 쿠르드인은 북부 자치정부에 만족하지 않고 중앙 정계로 진출했고, 다수파인 시아파는 쿠르드인과 결탁해서 정권을 잃은 소수파인 수니파를 억압했다.

2011년 오바마 정권이 미군을 이라크에서 전면 철수시키자 시아파 지도자 말리키는 수니파에 대한 해묵은 한을 풀기 위해 미군이 알카에다 계열 무장 조직에 대항하고자 조직한 수니파 민병 조직(이라크의 아들들)을 철저하게 파괴했다. 또한 테러를 지원했다는 이유로 수니파 세력을 정권에서 배제했다. 시아파는 사담 후세인과 정반대로 북부 쿠르드인과 연대해서 새로운 독재 정권으로 자리 잡은 것이다. 이러한 상황에서 권력을 빼앗긴 이라크 중앙부의 수니파는 IS의 군사력과 손잡고 시아파 정권에 반격을 꾀할 수밖에 없었다.

2014년 말리키는 실정을 책임지고자 총리 자리에서 물러났으나, 여러 갈래로 분열된 이라크의 정치적 안정은 더욱 요원한 일이 되고 말았다.

중동 아랍의 봄 2011~2012년

독재와 왕권 통치의 이중주, 아랍의 봄은 언제 오는가?

북아프리카와 중동 일대에서 독재 정권 타도 시위

2011년 말부터 이듬해에 걸쳐 북아프리카와 중동 일대에서 오랜 독재 정권을 타도하자는 움직임이 일어났다.

이 운동은 튀니지에서 시작되어 이집트, 시리아, 리비아, 예멘 등지로 확산되었다. 아랍의 민주화 시위를 주도한 것은 페이스북을 통해 연결된 청년들이었다.

2010년 말 튀니지 노점상에서 과일을 팔던 한 청년이 단속반의 철거로 일자리를 잃고 분신자살로 목숨을 잃는 사건이 발생했다. 심각한 청년실업 문제에서 비롯된 이 비극은 23년간 튀니지를 통치한 벤 알리 대통령에 대한 민중 봉기에 불을 붙였다.

이슬람 세계에서는 자살과 분신이 금기시된다. 그러나 청년의 가족이 페이스북에 자살 현장의 사진을 올렸고, 위성방송국 알 자지라가 그 사진을 방송에 내보내면서 추도 시위와 반정부 시위가 확산되었다. 결국 독재 정권은 군부와 정권 내부의 배신으로 한 달 만에 붕괴되었다(2011년 1월).

당시 리비아는 42년, 이집트는 30년, 예멘은 33년간 독재 정권의 장

중동의 독재 정권을 무너뜨린 '아랍의 봄'의 확산

튀니지
2011년 1월
벤 알리 정권 붕괴

시리아
2011년부터 아사드 정권에 대한 반정부 시위가 확산됐으나 내전 상황으로 발전

바레인
2011년 2월 시아파 주민들의 반정부 시위 발생해 사우디아라비아가 개입하여 진압

리비아
2011년 8월
카다피 정권 붕괴

이집트
2011년 2월
무바라크 정권 붕괴

예멘
2012년 2월
알리 압둘라 살레 대통령 퇴임

아랍의 봄(Arab Spring)
2010년 말에 중동과 북아프리카(알제리, 바레인, 이집트, 이란, 요르단, 리비아, 모로코, 튀니지, 예멘, 이라크, 쿠웨이트, 모리타니, 오만, 사우디아라비아, 소말리아, 수단, 시리아)에서 시작된 반정부 시위를 말한다.

특히 이런 여러 나라의 반정부 시위 중에서도 '아랍의 봄'의 도화선이 된 튀니지의 반정부 시위는 2011년 1월 재스민혁명으로 번졌고, 이집트는 2월 코샤리혁명으로 먼저 두 나라는 정권 교체에 성공했다.

또한 리비아는 카다피 대통령이 사망한 후 독재 정치의 막을 내렸으며, 예멘도 압둘라 살레 대통령의 권력 이양으로 33년 동안 지탱했던 철권 통치를 마감했다.

재스민혁명(Jasmin Revolution)
튀니지에서 시작한 민주화 혁명으로 대학교를 졸업하고 청과물상을 하던 부아지지의 분신자살이 확산 계기가 되었다. 벤 알리 대통령의 장기 집권, 만성적인 실업과 고물가로 시달려온 국민 감정이 폭발한 사건으로 튀니지의 국화(國花) 재스민의 이름을 따서 재스민혁명이라고 한다. 벤 알리 대통령의 망명으로 정권 교체에 성공했다.

코샤리혁명(Koshary Revolution)
재스민혁명이 이집트로 넘어가 장기 집권하고 있던 호스니 무바라크 대통령의 퇴진을 요구하며 벌어진 반독재 정부 시위이다. 이 혁명으로 이집트가 정권 교체에 성공하자 외신들이 이집트 국민들의 일상을 차지하는 코샤리(렌즈콩)를 상징적으로 붙여 혁명의 이름이 되었다.

기 집권이 계속되고 있었다. 이러한 현상에 불만을 품은 중동 젊은이들 사이에 튀니지의 시위 상황이 페이스북과 트위터를 타고 들판의 불길처럼 확산되었다.

인터넷으로 확산된 독재 정권 타도의 물결이 제일 먼저 덮친 곳은 이집트였다. 1월 25일 카이로에서 벌어진 대규모 시위를 시작으로 운동은 점점 확산되었고, 2011년 2월 무바라크 정권이 허무하게 무너졌다. 이후 대규모 시위는 순식간에 예멘, 리비아, 바레인, 시리아로 번졌다.

이처럼 중동 지역의 독재 정권과 빈부 격차에 항거하는 시민들의 민주화 운동을 '아랍의 봄'이라고 한다.

아랍의 봄 때 북예멘의 젊은이들이 데모를 하고 있는 모습, 2011년, ⓒ AlMahra67, W-C

나라마다 종파, 부족, 지방 간의 대립은 확산 일로

그러나 아랍 세계에는 민주적인 절차에 따르는 정권 이양 시스템과 경험이 없었다. 리비아에서는 카다피 정권이 몰락한 후 유력 부족과 결합한 각지의 민병이 군벌을 형성했고, 이슬람주의와 세속주의로 분열되어 군사 항쟁을 거듭하고 있다. 또한 뒤에 설명할 시리아에서는 진흙탕 싸움과 같은 내전이 시작되었다.

바레인에서는 사우디아라비아 등이 군사 개입을 해서 대규모 시위를 진압했다. 1918년 영국에 의해 남예멘(공산당)과 북예멘(공화정)으로 분리 독립한 예멘에서는 두 차례나 내전과 통일을 반복하며 나라가 초토화되었다. 아랍의 봄 당시 시위가 장기간 계속되자 정권이 무력화되어 살레 대통령이 퇴진하면서 다시 내전 상태에 빠져들었다. 사우디아라비아 등 주변국들이 내전에 개입해 정부군과 반군이 치열한 전투를 전개하고 있다. 이런 내전 상태에서 2018년 유엔이 정부군과 반군의 중재에 나서면서 평화협정을 맺지만 정치적 안정은 요원하기만 하다.

중동에서 대규모 민주화 시위로 각국의 독재 정권이 붕괴 또는 동요했지만 이를 대체할 세력이 없었던 탓에 각국의 정치적 불안은 불가피한 것이었다. 그러한 가운데 부족, 종파 중심의 전통 사회가 권력을 장악하면서 이슬람 온건파가 힘을 잃었고, 민주화라는 말로 민중을 현혹하는 과격파가 등장해 더욱 혼란을 부추겼다. 나라마다 통치 공백 지역이 증가해서 종파, 부족, 지방 간의 대립은 확산 일로에 있다.

시리아 내전 2011~2024년

50년 알아사드 정권을 축출한 시아파와 수니파의 종교 전쟁

알아사드 대통령의 바스당은 다수파 수니파를 강권 지배

시리아는 튀르키예, 이스라엘과 붙어 있는 중동의 요충지이다. 시아파의 분파 알라위파(시리아의 시아파 신비주의 일파. 산악 지대에 거주해서 존재감이 거의 없었으나 바스당의 혁명으로 지배 세력이 되었으며, 시리아 인구의 12퍼센트를 차지한다) 출신 알아사드 대통령이 이끄는 바스당은 시리아의 다수파인 수니파를 강권 지배함으로써 권력을 유지해왔다.

2011년 3월, '아랍의 봄'이라 불린 민주화 운동이 확산되자 권력 기반이 약했던 알아사드 정권은 반체제파를 유례없이 잔인하게 탄압했다. 그러나 이것이 오히려 누스라전선(시리아와 레바논 알카에다에 속한 조직으로서 시리아 내전이 고조된 2012년에 결성되었고, 이슬람국가(IS)와는 대립 관계이다)을 비롯한 알카에다 계열 무장 단체의 개입을 초래했고, 따라서 내전은 알아사드 정권, 반정부 세력, 알카에다 계열 무장 단체의 삼파전이 되었다.

알아사드 정권 측은 대다수가 시아파인 이란의 지원을 받았고, 여기에 1982년 이란의 지원으로 조직된 레바논 무장 조직 헤즈볼라까지 가담했다. 또한 구소련 시대부터 바스당을 원조했고 시리아에 해군

아흐마드 알샤라 시리아 대통령, 2024년 12월에 바샤르 알아사드 전 대통령을 축출한 후 2025년 1월에 과도기 정부 대통령으로 취임, 총선에서도 압승을 거두었다. 2025년 7월, W–C

기지를 두고 있던 러시아도 알아사드 정권 편에 섰다.

따라서 러시아는 유엔안전보장이사회의 대시리아 제재 결의에 반대했다. 알아사드 대통령의 아버지와 이집트 전 대통령 무바라크는 구소련에서 유학한 경험이 있었고, 알아사드의 아버지는 공군 조종사 출신이었다.

서구 국가는 알아사드를 타도할 수도, 인정할 수도 없는 진퇴양난

한편 미국, 사우디아라비아, 요르단 등은 수니파 반체제 측에 섰다. 이로써 시리아 내전은 강대국의 대리전쟁, 이슬람교의 종파 전쟁의 양상을 띠게 되었다. 시리아 내전으로 인한 사망자는 민간인 포함 60만 명 이상, 난민은 국내외에 걸쳐 1,000만 명에 이르는 것으로 추산된다.

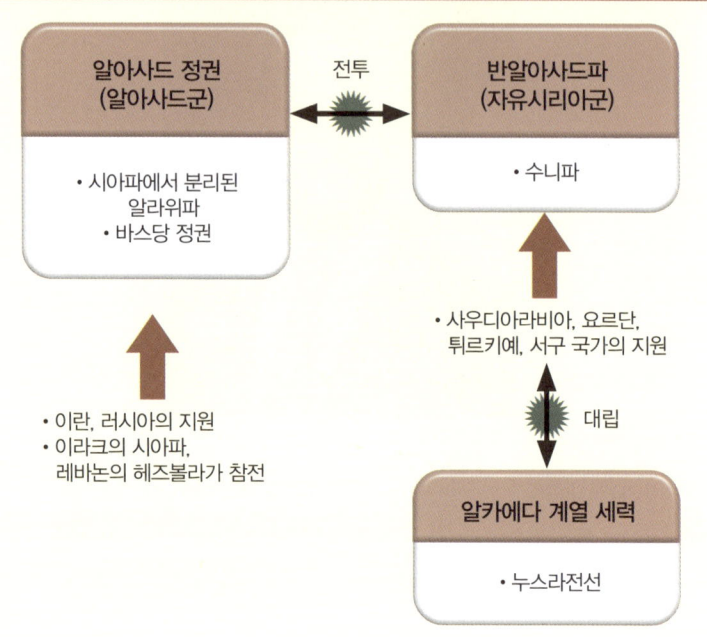

　서구 국가는 러시아와 이란이 밀어주는 알아사드 정권을 타도할 수도 없고, 그렇다고 알아사드 정권의 통치를 인정할 수도 없는 진퇴양난에 빠진 상태였다.
　시리아 내전은 종파 대립과 각국의 이해관계가 뒤얽힌 대리전쟁의 형태로 장기전에 돌입했다. 내전이 과열되자 알아사드 정권은 수도 다마스쿠스 중심부와 시리아 북서부를 집중 방어했다. 시리아 북서부는 알아사드 집안을 배출한 부족이 거주하며 알라위파가 다수를 점한 지역이었다. 반체제파가 득세하고 수니파 주민이 많은 지방 도시와 북부 및 북동부의 통치는 의도적으로 포기하기로 했다.

시리아 내전 당시의 다마스쿠스 검문소, 2012년, ⓒ 엘리자벳 아룻.

　내전이 장기화되면서 알아사드 정권의 배후를 자처했던 러시아와 이란이 지원을 줄이면서 전세가 역전되기 시작했다. 러시아는 우크라이나전쟁을 시작해 발목이 잡혔고, 이란은 가자 지구 분쟁에 참전했다가 이스라엘의 공격에 치명상을 입었다.

　속수무책으로 반군 세력에 수도 다마스쿠스를 점령당한 알아사드가 러시아로 도망치듯이 망명하면서 시리아 내전은 막을 내렸다. 시리아의 알아사드 정권을 붕괴시킨 반군 세력 HTS(하야트 타흐리르 알샴)은 원래 알카에다의 하부조직인 누스라전선으로 출발했다가 테러 활동에서 발을 빼고 반정부 무력투쟁에 집중했다. HTS의 수장 아흐마드 알샤라는 새정부의 대통령 자리에 올라 미국 등 서방의 지원을 받아 유엔 총회에 등장하는 등 시리아를 정상국가로 바꾸기 위해 적극적인 행보를 보이고 있다.

이슬람국가(IS) 2014~2019년

종파, 민족, 지역의 3대 불씨가 중동을 화약고로 만들었다!

이슬람 수니파 무장 단체 이슬람국가(IS)의 탄생 배경

2014년 6월 29일 시리아 내전으로 통치 공백 지역이 생긴 시리아 북부 및 북동부와 이라크 반정부 세력이 득세한 중부 수니파 거주 지역, 북부 쿠르드인 거주 지역 일대에서 이슬람교 수니파 과격 무장 단체인 이라크-샴 이슬람국가(ISIS, 알카에다를 계승한 테러 조직으로 2013년 공식적으로 창설되었으며 시리아와 이라크 일대를 지배했다)가 이슬람국가IS로 이름을 바꾸고 일방적으로 국가 수립을 선언했다. 이들은 자르카위(요르단 출신의 이슬람주의 활동가로 아프가니스탄 테러리스트 훈련 캠프에 있다가 이라크로 옮겨 수많은 폭파 사건을 조직했다. 2006년 미군의 공중폭격으로 사망했다)의 지휘로 이라크에서 수차례 자살 테러를 조직한 이라크 알카에다를 잇는 테러 단체였다.

이슬람국가는 내전으로 아수라장이 된 시리아에서 옛 도시 라카를 수도로 정하고, 알아사드 정권이 통치를 포기한 북부 알레포에서 이라크 바그다드 북부 디얄라주에 이르는 지역을 지배했다. 그들은 이라크 제2의 도시 모술을 함락해 이슬람법에 따른 행정부를 조직했다고 주장했다. 허울뿐인 국경을 무시하고 시리아 정부가 통치를 포기

IS 수장이었던 알바그다디(좌), 테러리스트 아부 무사르 알자르카위(우)

한 지역과 이라크의 반체제 수니파 부족의 세력권을 연결해서 지배한 것이다.

과격파가 단숨에 지배 영역을 확대할 수 있었던 것은 앞에 설명한 이라크전쟁과 미군 철수에 따른 이라크 내부의 분열, 진흙탕 싸움이 된 시리아 내전 외에도 아랍의 봄 이후 중동 국가에서 과격파가 온건파를 누르고 권력의 주체로 대두했기 때문이다.

이슬람국가는 전 세계적으로 활동하는 것이 특징이다. 인터넷을 능숙하게 활용하고 소셜 네트워크와 전자 우편으로 네트워크를 확장해 서구권 이민자 자녀들을 비롯한 수많은 외국인이 합류하기도 했다. 이러한 현상은 9.11 사건 이후 빈번해진 전 지구적 테러 활동, 이슬람 세계의 경제 침체와 실업 증가, 유럽 이민자의 생활고와 그에 따른 불만 증가, 미국의 애매한 중동 철수 정책 등 다양한 요인에서 비롯된다.

또한 이슬람국가는 분열된 리비아, 예멘 등지의 과격파에게 집단행동을 촉구하고, 전부원을 모집해서 각지에 위성 정권을 수립하려고 했다. 이들은 자신들에게 유리한 사회 상황을 만들기 위해 테러를 저지르며 서구 국가에 이슬람에 대한 공포심을 심어주려고 했다.

이슬람국가(IS)의 탄생과 소멸

2004년 10월~
이라크의 알카에다
후세인 정권 붕괴 후 결성됐으며 알카에다의 일파임을 자처했다.

2006년 1월~
이라크·이슬람국가(ISI)
이라크의 누리 알 말리키 정권에 대항한 수니파 세력으로 이슬람 세계의 통합을 강화했다.

2013년 4월~
이라크·샴 이슬람국가(ISIS)
'아랍의 봄' 이후의 혼란을 틈타 시리아로 진출했다.

2014년 6월~
이슬람국가(IS) 선언
지도자 알 바그다디가 국가 수립과 함께 '칼리파' 즉위를 선언했다.

2019년 10월
이슬람국가(IS) 소멸
이슬람국가 붕괴 후 복귀를 선언한 알 바그다디는 미군에게 쫓기다 자폭했다.

2019년 3월, 시리아 동부의 바구즈를 잃고 완전히 소멸

이슬람국가는 이슬람법을 강요하고 반대 세력은 학살과 잔혹한 공포 지배로 다스리며 질서를 유지했다.

전투원의 중추는 주로 이라크 사담 후세인 시절의 군인과 수니파 민병, 시리아의 반정부 세력이 담당하며 병사의 절반 이상이 시리아, 이라크, 기타 국가 출신이었다. 70퍼센트는 아랍 국가와 그 주변국 출신으로 이루어졌지만, 서구 국가와 체첸과 중국의 신장웨이우얼자치구 출신도 다수 있었다.

2014년 6월 이라크 제2의 도시 모술과 인근 유전 지역을 점령하면서 엄청난 기세로 세력을 확장한 이슬람국가는 미국이 주도하는 국제 동맹군이 참전하면서 밀리기 시작했다. 이라크와 시리아 정부군, 쿠르드족 및 이슬람 시아파 민병대들이 국제 동맹군의 지원으로 반격에 나섰기 때문이었다.

패전을 거듭하던 이슬람국가는 2017년 7월에 거점 도시였던 이라크 모술에서 쫓겨났고, 10월에는 수도 역할을 하던 시리아의 라카에서 패하면서 거의 붕괴 수준에 이르렀다. 여기에 2019년 3월, 마지막 근거지였던 시리아 동부의 바구즈를 빼앗긴 이슬람국가는 완전히 소멸되었다.

최고 지배자라 불리는 알 바그다디는 바그다드에서 이슬람법을 공부하고 이슬람학 박사 학위를 받은 지식인으로, 스스로 칼리파라 칭하며 제1차 세계대전 후 영국과 프랑스가 아랍 세계를 지배하기 위해 형성한 아랍 사회(사이크스-피코 비밀 협정에 따른 체제)를 부정했다.

그는 저항 조직 설립에 관여했다는 이유로 수용소에 구금되기도 했지만 이라크 알카에다와 시리아 알카에다를 총괄 지휘했으며, 이슬람국가를 이끌다가 2019년 10월에 미군에게 사살되었다.

이슬람국가는 일찍이 대정복 운동이 활발했던 시절처럼 광활한 이슬람제국의 영토를 칼리파가 되찾아야 한다는 시대착오적 종교 체제의 부활을 수상했다. 그들에게는 이슬람 교단이 거대 영역을 지배했던 정통 칼리파 시대의 부활이 궁극의 이상향인 셈이다. 유럽의 분할 지배, 미국의 모순된 중동 정책, 부족 간의 격차 확대, 산유국이 안고

이슬람국가와 관련된 주요 도시

이슬람국가(IS, Islamic State)

국제 테러 조직인 알카에다의 하부 조직으로 2006년에 결성되었으며, 주로 이라크에서 테러 활동을 하다가 2011년 시리아 내전을 계기로 거점을 옮겼다.

다른 이슬람 테러 단체들과의 차별점은 풍부한 인력과 자금력을 바탕으로 군사력이 막강하다는 점이다. 한때는 시리아에서 8개의 가스와 석유 매장 지역을 독점하며 원유를 팔고 정유 시설로도 많은 돈을 벌어들이며 세력을 극대화했다.

2014년 국가 수립을 선언하면서 IS로 이름을 바꿨지만 국가로는 인정받지 못했다. 중동 전역은 물론 유럽에서도 갖은 테러를 저지르며 세력을 넓히고 악명을 떨쳤지만 미국이 주도하는 동맹군에게 밀려 2017년부터 패전을 거듭했다.

결국 2017년에 거점 도시였던 이라크 모술에서 쫓겨나고, 그들의 수도나 다름없었던 라카를 잃은 후 2019년에 데이르에조르의 바구즈 마을마저 점령당하고 소멸되었다.

있는 모순 등이 알라가 정한 사회 질서에 반한다며 불만을 극도로 높이는 전략을 구사했다.

이슬람 세계의 역사와 문명을 존중하고 함께 협력할 필요

석유가 산출되는 페르시아만 연안 지역의 질서 유지를 가장 중시하는 미국은 걸프전쟁, 이라크전쟁, 아프가니스탄전쟁에 직접 군사 개입을 했다가 실패한다. 그래서 오바마 대통령 집권 당시 어쩔 수 없이 미군을 중동 지역에서 철수하기로 결정했다.

이라크는 앞에서 언급한 대로 질서 확립에 실패해서 분열이 확산되었고, 시리아의 내전 상태는 갈수록 혼란에 빠져들었다. 중동 지역에서 민주화를 추진하면 할수록 혼란이 가중되어 손을 쓸 수 없는 딜레마의 상태가 증폭되는 상황이었다.

경제 불황에 허덕이는 유럽은 저마다 이슬람 이민자 문제로 골머리를 앓고 있다. 러시아와 중국도 국내에서 자립을 요구하는 이슬람교도의 문제를 안고 있는 상태라 중동 문제에 적극적으로 나서지 않는 상황이다. 미국도 석유 등 에너지 문제와 중동 분쟁에는 한발을 뺀 입장이다.

우리는 주로 석유와 관련해서 페르시아만 연안국과 아랍 국가에 관심을 가질 때가 많은데, 앞서 언급했듯이 아랍 세계는 이슬람 세계의 극히 일부일 뿐이다. 이슬람 원리주의 또한 어디까지나 소수 세력이라는 것을 명심해야 한다.

십수 년 후에는 이슬람교도가 전 세계 인구의 3분의 1을 차지할 것으로 전망된다. 따라서 이슬람 세계의 역사와 문명을 존중하고 함께 협력하는 자세가 필요하다.

지도로 읽는다

불가사의
중동 이슬람 지식도감

개정판 1쇄 인쇄 | 2025년 11월 26일
개정판 1쇄 발행 | 2025년 11월 29일

지은이 | 미야자키 마사카츠
옮긴이 | 안혜은
펴낸이 | 황보태수
기획 | 박금희
편집 | 오윤
디자인 | 디자인 붐
교열 | 이동복
마케팅 | 유인철
인쇄·제본 | 한영문화사

펴낸곳 | 이다미디어
주소 | 경기도 고양시 일산동구 강석로 145, 2층 3호
전화 | 02-3142-9612
팩스 | 070-7547-5181
이메일 | idamedia77@hanmail.net
블로그 | https://blog.naver.com/idamediaaa
페이스북 | http://www.facebook.com/idamedia
인스타그램 | http://www.instagram.com/ida_media

ISBN 979-11-6394-082-1 04900
     978-89-94597-65-2(세트)

이 책은 저작권법에 따라 보호받는 저작물이므로 무단전재와 무단복제를 금지하며,
이 책 내용의 전부 또는 일부를 이용하려면 반드시 저작권자와 이다미디어의 서면동의를 받아야 합니다.